永續發展導論

簡又新 主編

東華書局

國家圖書館出版品預行編目資料

永續發展導論 / 簡又新主編. -- 1 版. -- 臺北市：
臺灣東華書局股份有限公司, 2024.08

272 面 ; 19x26 公分

ISBN 978-626-7130-99-5（平裝）

1.CST: 環境保護 2.CST: 永續發展

445.99　　　　　　　　　　113011188

永續發展導論

主　　編	簡又新
發 行 人	蔡彥卿
出 版 者	臺灣東華書局股份有限公司
地　　址	臺北市重慶南路一段一四七號三樓
電　　話	(02) 2311-4027
傳　　真	(02) 2311-6615
劃撥帳號	00064813
網　　址	www.tunghua.com.tw
讀者服務	service@tunghua.com.tw

2028 27 26 25 24　YF　7 6 5 4 3 2 1

ISBN　　978-626-7130-99-5

版權所有・翻印必究

序言

　　1987年聯合國世界環境與發展委員會發表「我們共同的未來」報告中，正式提出人類文明發展的新典範——「永續發展」，並正式將其定義為：「既能滿足我們現今的需求，又不損害子孫後代能滿足他們需求的發展模式」。1992年聯合國在巴西里約熱內盧召開「地球高峰會議」通過「二十一世紀議程」，並發表《里約宣言》，確定永續發展的理念與架構，旨在以平衡方式發展，兼顧經濟成長、社會公義和環境保護。2000年189個國家於「聯合國發展高峰會」共同發布八項「千禧年發展目標」(Millennium Development Goals, MDGs)，希望提升全球社會福利。但聯合國認為MDGs仍有進步空間，遂於2012年再次在里約熱內盧開會(Rio+20)，達成新的永續發展承諾，應面對新的挑戰，邁向綠色經濟。2015年聯合國發展高峰會發表「轉化世界：2030年永續發展議程」(Transforming Our World: The 2030 Agenda for Sustainable Development)文件，作為全球新一代的永續發展行動綱領，綜整與連結人(people)、地球(planet)、繁榮(prosperity)、和平(peace)、夥伴關係(partnership)等重要議題，促使全球團結努力，期盼至2030年時能夠消除貧窮與饑餓，實現尊嚴、公正、包容的和平社會，守護地球環境與人類共榮發展。其中特別針對MDGs未竟其功的部分，提出十七項永續發展目標(Sustainable Development Goals, SDGs)與一百六十九項細項指標，並於2016年正式生效。聯合國亦同時呼籲包括全球已開發、開發中及低度開發的所有國家共同採取行

動，整合社會、經濟、環境面向的相互關係，致力於消除貧窮，同時促進經濟、教育、環境衛生、社會正義及就業機會等需求，並對應氣候行動和環境保護，達成國際與國家的永續發展。

永續發展為我國所重視的核心價值之一，我國為積極邁向永續發展，於2004年頒布「國家永續發展政策綱領」，2010年頒布「環境教育法」，促使教育部積極推動「永續發展教育」，促進國民了解個人及社會與環境的相互依存關係，增進全民環境理論與責任，進而維護環境生態平衡、尊重生命、促進社會正義、培養環境公民與環境學習社群，以達到「永續發展」目標。之後為順應全球永續發展行動與國際接軌，同時兼顧在地化的發展需要，2016年啟動研訂「臺灣永續發展目標」作業，行政院國家永續發展委員會於同年參考聯合國 SDGs 內容，據以研訂「臺灣永續發展目標」，並已於2019年正式公告。

為使國內各界能更了解聯合國永續發展十七項目標意涵及國內外因應永續發展現況，財團法人台灣永續能源研究基金會邀集各領域專家學者撰擬《永續發展導論》教育專書，希冀國人深入思考與檢視國內目前生活方式、經濟架構、生產與消費模式，期能促使政府、民眾、NGOs 激發各種永續因應對策，並提供國內大專院校通識教育、研究單位及企業智庫參考用書使用，以提升產學研各界對永續發展之重視及永續教育素養。

本專書之編撰，特聘請顧洋講座教授擔任召集人，並邀集社會、經濟、教育、農業、工程、管理、環境、生物、氣候、能源等領域知名專家學者，包括（依章節順序排序）簡又新董事長、顧洋講座教授教授、申永順副教授、陳永仁副教授、郭財吉教授、古允文教授、周麗芳教授及楊君琦教授等作者共同編撰，各章節主題如下：

- **第一章至第三章：**全球環境困境、永續發展議題之緣起、願景與脈絡，以及永續發展目標。
- **第四章至第六章：**永續發展之環境議題（氣候議題、生態保育與環境污染及生產與消費）。
- **第七章至第九章：**永續發展之社會議題（貧窮、飢餓與教育、健康醫療、性別平等與多元共融）。

- **第十章至第十二章**：永續發展之經濟議題（就業與經濟、工業與創新、能資源使用）。
- **第十三章至第十四章**：永續發展之治理議題（和平與正義、全球夥伴關係）。
- **第十五章**：結論——挑戰與展望。

　　本專書得以順利出版，特別感謝本專書編審會委員的指導規劃、各章作者的費心撰寫、審查委員的細心審閱，以及國內外相關學協會與機構的資料文獻協助，再次感謝大家的努力及貢獻，期許本專書能夠成為國內外各界永續發展教育重要且實用的中文參考教材。

簡又新
財團法人永續能源研究基金會　董事長

作者群簡介

簡又新　董事長

　　現任中華民國無任所大使、台灣永續能源研究基金會董事長、中鼎教育基金會董事長、電訊暨智慧運輸科技發展基金會董事長、台灣淨零排放協會理事長，以及永續發展目標聯盟主席等職，曾任外交部長、交通部長、首任環保署長、立法委員、駐英國代表。近十餘年來致力我國各界企業永續、氣候變遷、永續能源及綠色金融等相關之全國性社會倡議，積極引進國際永續思潮，推動企業等各類機構永續績優評選、專業培訓及國際交流等工作，提升我國企業永續執行水平及國際能見度。

古允文　教授

　　國立臺灣大學社會工作學系特聘教授，英國曼徹斯特大學社會政策博士。曾任國立暨南國際大學社會政策與社會工作學系與國立臺灣大學社會工作學系教授、系主任，以及臺灣大學社會科學院副院長等職。其主要研究領域為臺灣社會福利發展，並擴及東亞社會福利的比較研究。

申永順　副教授

　　馬偕醫學院高齡福祉科技研究所專任副教授兼主任秘書，國立臺灣科技大學化學工程研究所博士。現任台灣永續能源研究基金會獎勵委員會秘書長，曾任經濟部能源署能源領域研究計畫績效考評會委員、環境部產品碳標籤審議委員會審查委員、經濟部標準檢驗局國家環境保護類及化學工程類標準起草委員。

周麗芳　教授

　　國立政治大學財政學系教授、綠色能源財經研究中心主任，以及衛生福利部全民健康保險會委員、高雄市政府永續發展暨氣候變遷因應推動會副召集人，德國基爾大學財政學暨社會政策研究所博士。曾任臺北市政府副市長、衛生福利部全民健康保險會主任委員、中央健康保險局副總經理、國立政治大學研發長。

陳永仁　副教授

　　臺北市立大學衛生福利系副教授兼系主任，台灣永續能源研究基金會社會影響力中心秘書長，國立臺灣大學公共衛生系學士，美國哥倫比亞大學環境科學碩士、博士。曾任前行政院環境保護署處長、主任秘書，以及臺北市政府環境保護局局長、臺北市政府副秘書長、臺北市政府秘書長、臺北市政府副市長。

郭財吉　教授

　　國立臺灣科技大學工業管理系系主任，台灣永續能源研究基金會秘書長，美國德州理工大學工業工程博士。獲頒全球 2% 頂尖科學家、國立臺灣科技大學傑出研究獎與優良研究獎、中國工業工程學會學術貢獻獎、中原大學傑出研究獎、台達文教基金會企業倫理獎。曾任環保署碳足跡產品及環保標章審議會委員、科技部自然科學及永續研究發展司永續學門共同召集人。

楊君琦　教授

　　輔仁大學企業管理學系教授、永續發展與管理研究中心主任、社團法人台灣社會企業創新創業學會監事、台灣企業永續獎評審委員，國立臺灣大學商學研究所博士；曾任輔仁大學國際教育長、人事室主任、企業管理學系主任。研究專長為策略性人力資源管理與組織學習，具二十多年公司治理實務經驗，長期關注企業永續管理議題，致力於培養負責任的商管人才，讓商業成為促進社會正向變革的力量（Business as the force for good）。

顧洋　講座教授

　　國立臺灣科技大學化學工程系講座教授，台灣永續能源研究基金會執行長，美國普渡大學環境工程博士。曾擔任中華民國環境工程學會理事長、台灣環境管理協會理事長、台灣綜合研究院副院長等。並曾任行政院永續發展委員會、行政院環境保護署顧問，以及環境影響評估、環境品質等委員會委員，長期致力於環境永續相關議題。

目錄

第一章	緒論：目前全球發展的困境	**1**
1.1	全球發展困境	2
1.2	結語	14
	習題	15
	參考文獻	16

第二章	永續發展議題之緣起、願景與脈絡	**17**
2.1	緒論	18
2.2	永續發展議題的緣起	19
2.3	永續發展議題的願景與脈絡	23
2.4	我國推動永續發展的歷程	26
2.5	結語	27
	習題	28
	參考文獻	29

第三章 聯合國永續發展目標的原則、主軸及內涵簡述　31

3.1　聯合國推動全球永續發展的歷程　32
3.2　聯合國千禧年發展目標的內容及執行績效　34
3.3　聯合國永續發展目標的原則與主軸　35
3.4　聯合國永續發展目標的內涵簡述　37
3.5　結語　42
　　習題　43
　　參考文獻　44

第四章 永續發展之環境議題：氣候議題──SDG 13　47

4.1　國際氣候變遷議題之發展歷程　48
4.2　永續發展目標 SDG 13：氣候行動　55
4.3　國際間政府及企業主要因應之淨零策略與行動　57
4.4　結語　59
　　習題　60
　　參考文獻　62

第五章 永續發展之環境議題：環境污染與生態保育──SDG 6、11、14、15　65

5.1　永續發展之環境議題　66
5.2　環境污染影響與生態保育　69
5.3　永續發展目標對環境污染與生態保育影響範例　73
5.4　結語　76
　　習題　77
　　參考文獻　78

第六章　永續發展之環境議題：責任消費與生產 —— SDG 12　　**81**

　　6.1　消費經濟體的介紹　　83
　　6.2　責任消費　　85
　　6.3　責任生產　　90
　　6.4　案例說明　　95
　　6.5　結語　　97
　　　　習題　　97
　　　　參考文獻　　98

第七章　永續發展之社會議題：貧窮、飢餓與教育 —— SDG 1、2、4　　**101**

　　7.1　前言　　102
　　7.2　議題背景與發展現況　　102
　　7.3　聯合國永續發展目標第 1、2 與 4 項內容　　106
　　7.4　相關理論與原理　　109
　　7.5　推動案例與反思　　114
　　7.6　結語：永續發展目標第 1、2 與 4 項的整合　　116
　　　　習題　　118
　　　　參考文獻　　119

第八章　永續發展之社會議題：健康福祉 —— SDG 3　　**121**

　　8.1　議題背景與發展現況　　122
　　8.2　聯合國永續發展目標 UNSDG 3：健康福祉　　127
　　8.3　臺灣永續發展目標 T-SDG 3：健康福祉　　129
　　8.4　推動案例　　133
　　8.5　結語　　136
　　　　習題　　137
　　　　參考文獻　　140

第九章　永續發展之社會議題：性別平等與多元共融 ── SDG 5、10　　141

9.1　發展背景與內容　　142
9.2　性別平等與多元共融目標之內容與指標　　144
9.3　相關理論與原理　　150
9.4　推動案例與反思　　151
9.5　結語　　153
習題　　154
參考文獻　　155

第十章　永續發展之經濟議題：就業、經濟與平等 ── SDG 8　　157

10.1　合宜工作　　159
10.2　合宜工作與工作環境指標　　161
10.3　GRI 對應合宜工作議題　　162
10.4　案例　　164
10.5　結語　　165
習題　　165
參考文獻　　166

第十一章　永續發展之經濟議題：工業、創新與基礎建設 ── SDG 9　　169

11.1　工業創新　　171
11.2　新興科技　　171
11.3　新興科技與永續發展目標　　173
11.4　案例說明　　176
11.5　結語　　180
習題　　180
參考文獻　　181

第十二章　永續發展之經濟議題：能源使用 —— SDG 7　　183

- 12.1　前言　　184
- 12.2　永續能源之理念與情境發展　　186
- 12.3　SDG 7 之內容與成果　　187
- 12.4　2023 年世界能源展望報告摘要　　190
- 12.5　政府及企業主要因應永續能源發展之策略　　195
- 12.6　結語　　199
  - 習題　　200
  - 參考文獻　　202

第十三章　永續發展之治理議題：和平與正義 —— SDG 16　　205

- 13.1　前言　　206
- 13.2　議題背景與發展現況　　207
- 13.3　聯合國永續發展目標第 16 項內容　　210
- 13.4　相關理論與原理　　211
- 13.5　推動案例與反思　　216
- 13.6　結語　　219
  - 習題　　219
  - 參考文獻　　222

第十四章　永續發展之治理議題：全球夥伴關係 —— SDG 17　　225

- 14.1　發展背景與內容　　226
- 14.2　全球夥伴關係目標的內容與指標　　227
- 14.3　相關理論與原理　　234
- 14.4　推動案例與反思　　235
- 14.5　結語　　237
  - 習題　　238
  - 參考文獻　　239

第十五章　結論：挑戰與展望　　　　　　　　　　**241**

　　15.1　永續發展目標現況與推動之關鍵領域　　　242
　　15.2　企業永續之關鍵性議題　　　　　　　　　247
　　15.3　結語：政府與企業之因應　　　　　　　　251
　　　　習題　　　　　　　　　　　　　　　　　　252
　　　　參考文獻　　　　　　　　　　　　　　　　254

第一章

緒論：目前全球發展的困境

台灣永續能源研究基金會　董事長
簡又新

學習目標

- 人類在社會、經濟及環境等面向所面臨的全球發展困境。
- 聯合國「全球永續發展報告」內容。

自工業革命以來，由於過度開採自然資源、燃燒化石燃料造成溫室氣體排放，導致全球暖化及氣候變遷，其所造成的生態環境破壞，以及衍生的經濟發展及社會公義問題，已成為人類存續的關鍵議題。這些因人類人口增長、過度消費、過度開發、工業污染和森林砍伐等活動，直接或間接對生態環境造成的嚴重影響，包括氣候變遷、環境退化和生物多樣性喪失等，特別是氣候變遷與生物多樣性喪失這二個議題，已被認為是危及人類生存的全球性危機。聯合國自二十世紀 80 年代起，已透過積極推動全球性環境保護與永續發展相關國際公約及倡議，呼籲人類社會應建立新的文明發展模式，改變經濟生產模式，以為人類及地球生態系統救亡圖存。本章將以聯合國十七項永續發展目標 (Sustainable Development Goals, SDGs) 為主軸 (UNSDGs, 2024)，說明人類社會在社會、經濟及環境等面向所面臨的全球發展困境，有關聯合國永續發展之歷程與 SDGs 內容將於後續章節中詳述。

1.1　全球發展困境

以下參採聯合國「全球永續發展報告」(Sustainable Development Goals Report, 2023) 內容 (UN, 2023)，依十七項聯合國 SDGs 順序，說明各永續發展目標所面臨的推動困境。

一、SDG 1：無貧窮

近幾十年來，極端貧困大幅下降，目前聯合國將極端貧困依定義為，按 2017 年購買力平價計算，每人每日生活費不足 2.15 美元。然而，全球新冠肺炎 (COVID-19) 疫情倒轉了之前極端貧困大幅下降的趨勢，但即使在 COVID-19 大流行之前，其實減貧的步伐就已在放緩，極端貧困率從 2015 年的 10.8% 下降到 2019 年的 8.4%。2015 年至 2019 年期間，年均貧困減少率為 0.54%，不到 2000 年至 2014 年期間觀測數據 1.28% 的一半。2020 年，生活在極端貧困中的人數上升至 7.24 億，比疫情前的預測人數多出 9,000 萬，因而倒轉了大約三年來減輕貧困工作所取得的進展。

COVID-19 大流行後的恢復相當緩慢且不均衡，極端貧困率從 2020 年的 9.3% 降至 2021 年的 8.8%。與前一年相比，約有 41% 的低收入國家在 2021 年經歷了較高的貧困率，而中上收入國家貧困率只有 13%。俄烏二國間的衝突擾亂了全球貿易，導致生活成本上升，這對窮人的影響尤為嚴重；此外，氣候變遷對減輕貧困亦形成巨大威脅。實時監測數據顯示，到 2022 年底，8.4% 的世界人口，即多達 6.7 億人，可能仍生活在極端貧困中。如果目前的趨勢繼續下去，到 2030 年，估計全球人口的 7%，即大約 5.75 億人，仍將生活在極端貧困中，其中大多數是分布在撒哈拉以南非洲。按照此一預測，貧困人口與 2015 年的數據比較，減少幅度將十分有限（低於 30%）。

二、SDG 2：零飢餓

2015 年以來，面臨飢餓以及糧食無保障的人數不斷上升，COVID-19 大流行、衝突、氣候變遷和日益嚴重的不平等現象使情況更加惡化。2022 年，面臨著長期飢餓的世界人口大約 9.2%，相當於 7.35 億人，比 2019 年多了 1.22 億人，預計全球約有 29.6% 的人口，即 24 億人，中度或嚴重糧食缺乏，無法獲得足夠的糧食。儘管國際社會已作出相對應努力，但至 2022 年，預估有 4,500 萬名五歲以下兒童出現體重消瘦、1.48 億名兒童有發育障礙，以及 3,700 萬名兒童超重。人們需要從根本改變發展方向，才能實現 2030 年營養具體目標。2022 年，營養不良人數相比 2021 年沒有變化，不過在 2020 年時，由於 COVID-19 大流行，此人數大幅上揚，2021 年則上升緩慢。為實現 2030 年零飢餓目標，必須採取緊急政策與行動。

儘管非洲面臨饑餓和糧食短缺的人口比例高於其他地區，然而大多數面臨饑餓的人群卻是在亞洲。根據預測，至 2030 年，全世界超過 6 億人將面臨饑餓，凸顯實現零饑餓具體目標存在巨大挑戰。饑餓和糧食安全問題發展上的全球趨勢，反映兩種對立因素的相互作用，一方面，經濟活動的恢復使人們收入得以增加，糧食供應得以改善；另一方面，糧食價格飆升侵蝕了收入增加的利基，阻礙糧食的供應。但這些因素在不同的地區表現不同，在西亞、加勒比和非洲，饑餓現象持續加劇；相反地，亞洲和拉丁美洲的糧食安全問題卻得到了改進。

三、SDG 3：良好健康與福祉

近年來，提高全球健康水平工作取得了一些進展，例如，在 200 個國家或地區中，有 146 個已經實現關於五歲以下兒童死亡率的永續發展具體目標或正走在實現此一目標的道路上。2010 年以來，愛滋病毒的有效治療使得全球愛滋病相關死亡人數減少 52%，有 47 個國家至少消除了一種被忽視的熱帶疾病；然而，其他領域卻進展不足，如降低孕產婦死亡率和提高全民健康保險等。以全球範圍而言，2020 年每天約有 800 名婦女死於懷孕或分娩；而 2019 年，3.81 億人因為醫療自費支出而陷入或進一步陷入極端貧困。

COVID-19 大流行和持續存在的各種危機阻礙了達成 SDG 3 目標的進展，兒童疫苗接種的數量經歷了三十年來最大的跌幅，與 COVID-19 大流行前的水平相比，結核病和瘧疾導致的死亡人數有所增加。為了克服這些挫折並解決長期存在的衛生保健不健全情況，需要增加對衛生系統的投資，支持各國疫後恢復，並建設抵禦未來衛生健康威脅的保護網。

四、SDG 4：優質教育

相對於 COVID-19 大流行前，推進優質教育的進展已經放緩，該疾病的爆發對教育產生了嚴重影響，在所調查的 104 個國家中，對 80% 的國家造成了學習損失。如不採取額外的措施，到 2030 年，只有六分之一的國家能實現普及中學教育的目標，估計仍有 8,400 萬兒童和青年失學，約 3 億學生仍將缺乏生活所需的基本計算和識字技能。對於 SDG 4 的目標，即使是按已下修目標期望值的國家基準來看，仍有 79 個低收入和中低收入國家面臨每年平均 970 億美元的融資缺口。

2015 年至 2021 年期間，全世界小學畢業率從 85% 提高到 87%，國中畢業率從 74% 提高到 77%，高中畢業率從 53% 提高到 58%；然而，與 2000 年至 2015 年期間相比，改善的步伐大幅放緩。大多數地區的小學畢業率接近 90% 或更高，但撒哈拉以南非洲地區，只有不到三分之二的兒童完成小學教育，在貧困地區，學習成績不佳導致較高的輟學率和延期畢業率。在撒哈拉以南非洲地區，儘管有 80% 的小學適齡兒童在校學習，但僅有 62% 的兒童按時

畢業，如書本和校服等費用的經濟負擔，加上許多機會成本，也會導致學童無法順利完成學業。

2019年以來，聯合國教科文組織成員國參與了國家 SDG 4 目標的基準制定進程，據以制定本國教育具體目標。儘管都有普及中學教育的意願，但基於各國制定的具體目標，發現只有六分之一的國家致力於至 2030 年實現此一目標。而即使這些具體目標得以實現，估計到 2030 年仍將有 8,400 萬兒童和青年失學。

五、SDG 5：性別平等

全球在提高婦女參與管理和政治的人數方面進展仍相當緩慢。截至 2023 年 1 月 1 日，全球婦女在本國議會中所占比例為 26.5%，顯示情況自 2015 年以來，略有改善，增加了 4.2 個百分點，但平均僅年增 0.5 個百分點。在地方一級行政單位中，2023 年婦女在地方政府中占有 35.5% 的席位，相比 2020 年的 33.9%，有所上升。如果目前的趨勢持續下去，將需要四十多年的時間才能消除國家議會代表中的性別差距，而在地方一級行政單位則需要三十年。執行法定性別配額的辦法已被證明是有效的，在 2022 年的議會選舉中，採用配額的國家，婦女代表平均占 30.9%，而在沒有實行配額的國家，婦女代表則僅占 21.2%。配額還有助於提高婦女在地方政府中的代表性，平均提高幅度可達 7 個百分點。

2021 年全球婦女在就業總人數中占近 40%，但在管理職位中僅占 28.2%。管理層中增加婦女代表性的進展較為緩慢，2015 年以來只增加了 1%，按照目前的速度，需要一百四十多年才能實現管理職位的性別平等。在全球所有地區，婦女在管理層的比例仍然低於其在就業總人數中所占比例，然而，撒哈拉以南非洲地區取得的進展最大，2021 年此一比例達到 38.2%；相反地，北非和西亞以及中亞和南亞的婦女在管理職位中的比例最低，約為 15%，其與這些地區的女性就業率較低有關。

六、SDG 6：清潔用水與衛生設施

2015 年到 2022 年期間，世界人口中獲得安全管理的飲用水服務比例從 69% 提高到 73%；安全管理的公共衛生服務從 49% 提高到 57%；基本的個人衛生服務從 67% 提高到 75%，表示分別新增 6.87 億、9.11 億和 6.37 億人獲得這些基本服務。在此期間，露天排泄人數從 7.15 億減少到 4.19 億。然而，2022 年仍然有 22 億人缺乏安全管理的飲用水，包括 7.03 億人沒有基本飲用水服務；35 億人缺少安全管理的公共衛生服務，包括 15 億人沒有基本公共衛生服務；20 億人家中沒有用水和肥皂洗手的基本設施，包括 6.53 億人根本就沒有洗手設施，其中撒哈拉以南非洲地區發展最為滯後。在此期間，儘管農村人口獲取以上服務的情況有所改善，但城市人口這些方面的服務獲取情況很大程度上沒有改變或有所下降。為了在 2030 年前實現全民覆蓋，目前的進展速度需要提高三到六倍。

七、SDG 7：可負擔的清潔能源

全球供電普及率從 2015 年的 87% 增加到 2021 年的 91%，有近 8 億人得以通電；然而，2021 年仍有 6.75 億人尚未獲得供電，他們大多居住於最不發達的國家。儘管在過去六年中取得了穩步進展，但 2019 年至 2021 年期間 0.6% 的年度用電接入增長率仍落後於 2015 年至 2019 年所看到的 0.8%。在撒哈拉以南非洲，由於人口增長，自 2010 年以來，沒能接入用電的人數一直停滯不前，使得 2021 年仍有 5.67 億人無法獲得用電。電氣化可以幫助提高教育水平，改善醫療保健，助力農業發展，減少性別不公，促進氣候行動，創造商業機會和就業機會。但是，如果按照目前的速度繼續下去，到 2030 年仍將有約 6.6 億人無法使用電力。為在 2030 年實現普及用電，2021 年至 2030 年期間，用電接入率必須每年增加 1%。

八、SDG 8：就業與經濟成長

全球經濟正在努力應對持續通膨、利率不斷上升及不確定性的加劇。2015 年至 2019 年，全球實際人均 GDP 年均增長率為 1.8%，2020 年由於

COVID-19 大流行而急劇下降了 4.1%，之後在 2021 年出現反彈，穩健增長 5.2%，結果在 2022 年卻減緩到 2.2%。根據估計，增長將進一步減少，預期 2023 年將達到 1.4%，接著 2024 年將有 1.6% 的小幅增長。在最不發達國家，實際國內生產總值的年增長率從 2019 年的 5% 下降至 2020 年的僅 0.2%，接著 2021 年恢復到 2.8%。不過，估計之後將恢復增長，2022 年的年增長率上升到 4.3%，2023 年和 2024 年則分別進一步增加 4.1% 和 5.2%。然而，這些增長率仍未達到 SDG 8 中 7% 的具體目標。

在 COVID-19 大流行之前，非正規就業的發生率一直在緩慢下降，從 2015 年的 58.6% 下降到 2019 年的 57.8%。然而，由於 COVID-19 而採取的封閉和控制措施導致了非正規就業工人，特別是婦女失業比例遠遠高於其他群體。隨後的復甦是由非正規就業推動的，其就業率稍有上升，2022 年達到 58.0%，這相當於約有 20 億工人在沒有社會保障的情況下從事不穩定的工作。最不發達國家的情況尤其嚴重，2022 年其非正規就業率高達 89.7%，自 2015 年以來一直沒有改善。撒哈拉以南非洲地區以及中亞和南亞地區也持續具有很高的非正規就業率，分別為 87.2% 和 84.8%。在就業復甦期間，婦女的情況更糟，2022 年為婦女創造的工作中，五分之四都是非正式的，而對男性而言此一比例為三分之二。

九、SDG 9：產業創新與基礎建設

自 2021 年全球逐漸擺脫 COVID-19 疫情影響，經濟成長率彈升至 7.4%，估計 2022 年全球製造業增長放緩至 3.3%。此主要是由於高通貨膨脹、能源價格衝擊、原材料和中間產品供應的持續中斷，以及全球經濟減速等因素所致。2021 年，全球製造業就業率恢復到大流行前的水平；然而，製造業就業人數占全球總就業人數的比例持續下降，從 2015 年的 14.3% 下降到 2021 年的 13.6%。

儘管經濟放緩，全球人均製造業增加值 (Manufacturing value added, MVA) 從 2015 年的 1,646 美元上升到 2022 年的 1,879 美元；歐洲和北美在 2022 年達到了歷年最高的 5,093 美元，而最不發達國家的人均製造業增加值達到 159 美元。雖然最不發達國家的製造業占國內生產總值的比例從 2015 年的 12.1% 上升到 2022 年的 14.0%，但此一速度不足以達到 2030 年將其比例增加一倍的具

體目標。儘管亞洲的最不發達國家已經取得了相當大的進展，但非洲的最不發達國家則需要改變目前的路線，大大加快進展速度，以在 2030 年實現 SDG 9 目標。

十、SDG 10：減少不平等

2009 年至 2022 年期間曾將數據回報給聯合國的國家中，超過一半的國家中最貧窮的 40% 人民收入已有增長，且增長速度高於其全國平均水平。但在高收入和中等收入地區，人民平均所得增高的國家比例高於脆弱和低收入的地區。歐洲和北美超過四分之三的國家以及東亞和東南亞 60% 的國家，人口中最貧窮的 40% 收入增長速度都高於其全國平均水平。

如前述資訊，在其中 50 個有數據報告的國家中，三分之二的國家人口中最貧窮的 40% 者，收入增長高於其全國平均水平。然而，此一趨勢主要是由歐洲和北美所造就的，因為這些地區收集了較多的數據，而且大規模的轉移方案減輕了 COVID-19 對收入分配底層的經濟影響。新的證據表明，國家內部的不平等可能因為 COVID-19 大流行而加劇，2021 年的調查顯示，失去收入和工作的較貧窮家庭比例略高於較富裕家庭。

十一、SDG 11：永續城鄉與社區

2022 年 11 月，世界人口達到 80 億，其中一半以上 (55%) 生活在城市區域，預計到 2050 年將增至 70%。大部分的城市人口增長出現於小城市和中等城鎮，因而加劇不平等和城市貧困。2014 年至 2020 年期間，儘管生活在貧民窟的城市人口比例稍有下降，從 25.4% 降至 24.2%；但隨著日益都市化進程，貧民窟居民的總人數持續上升，2020 年，約有 11 億城市居民生活在貧民窟或類似貧民窟環境中。在今後三十年裡，預計將有 20 億人生活在此類定居區，即每天增加約 18.3 萬人，其中大多數在開發中國家。如今，85% 的貧民窟居民集中在三個地區：中亞和南亞（3.59 億）、東亞和東南亞（3.06 億）以及撒哈拉以南非洲（2.3 億）。貧民窟人口攀升是住房危機的表現，因而凸顯住房安排要多樣化，公共交通和基本服務要公平，以滿足城市居民的不同需求。

十二、SDG 12：責任消費與生產

　　當前高收入國家的人均物料足跡是低收入國家水平的十倍，世界所努力的方向也嚴重偏離在 2030 年前人均糧食浪費和損失減半之目標。全球政治及戰爭危機引發化石燃料補貼再次抬頭，2020 年到 2021 年幾乎增加一倍。雖然關於企業永續發展和公共採購政策的報告有所增加，但涉及永續消費和監測永續旅遊業的報告則有所減少。負責任的消費和生產必須成為各國從 COVID-19 大流行中恢復和實現永續發展目標加速計畫的組成部分，實施支持轉向永續做法的政策，並將資源使用與經濟增長脫鉤，至關重要。

　　2000 年到 2019 年期間，全球國內物料消耗量（即直接用於國內生產過程的原材料數量）增加了 66%，是上世紀 70 年代的三倍，達到 951 億公噸。2019 年，相應的物料足跡（即為滿足國內最終消費需求的原料提取量）為 959 億公噸，雖然全球範圍內兩者總量相似，但對比結果顯示，環境的影響存在著區域間的差異。2019 年，在北非和西亞，以及在歐洲和北美洲，物料足跡分別超過國內物料消耗量 18% 和 14%，而拉丁美洲和加勒比海地區以及撒哈拉以南非洲的物料足跡分別比國內物料消耗量低 17% 和 32%。這些差異凸顯了進口導向型國家與出口導向型國家之間的責任不平等和消費差距，也大致反映出高收入國家與低收入國家之間的責任不平等和消費差距，高收入國家的人均物料足跡是低收入國家水平的十倍。因此，必須採取永續政策並提高人們意識，以確保到 2030 年能有效並永續地管理有限和開發不均的自然資源。

十三、SDG 13：氣候行動

　　全球氣候災難迫在眉睫，而目前氣候行動計畫的進展速度和規模卻完全不足以有效應對氣候的變化。日益頻繁和劇烈的極端天氣事件已經影響到地球上的各個地區。氣溫的持續上升將進一步加劇氣候危害，從而構成嚴重的風險。氣候變遷的不利影響對生態系統和人類生活造成了巨大破壞和日益無法補救的損失，從而引發了糧食短缺、房屋和基礎設施損失、人口遷移等眾多問題。隨著氣溫進一步升高，這些極端事件將會加劇，變得更加難以控制。此外，氣候變遷因應措施的有效性也會隨著氣溫升溫的加劇而降低 (UNFCCC, 2015)。

聯合國政府間氣候變化專門委員會 (Intergovernmental Panel on Climate Change, IPCC) 強調，從現在開始的十年裡，所有部門大幅、快速、持續減少溫室氣體排放是至關重要的。為將全球氣候升溫限制在比工業化前水平 1.5°C 的範圍內，排放量必須在 2030 年之前削減接近一半，而期限已越來越接近。IPCC 最新的綜合報告明確指出，人類活動，特別是一個多世紀以來化石燃料的燃燒、不永續的能源和土地的使用以及難以為繼的消費和生產模式，已使全球氣溫比工業化前水平高出 1.1°C，進而導致各個地區的極端天氣和氣候事件激增，成為氣候變遷的常態。儘管脆弱社區對造成氣候變遷的責任最小，但受到的影響卻相當嚴重，2010 年至 2020 年期間，擁有約 33 億至 36 億人口的高度脆弱地區因洪水、乾旱和風暴造成的人口死亡率是低脆弱地區的十五倍。IPCC 並警告，如果不加強跨部門政策，世界很可能在 2035 年之前突破關鍵的 1.5°C 的臨界點 (IPCC, 2023)。

從《聯合國氣候變化綱要公約》最新的國家自主貢獻綜合報告發現，193 個締約方根據《巴黎協定》所作的氣候承諾，到 2030 年能將年溫室氣體排放量相比 2019 年小幅降低 (0.3%)。然而，這遠遠低於聯合國政府間氣候變遷問題小組根據 1.5°C 升溫限幅所要求的 43% 的減排量，可能使世界於本世紀末達到 2.5°C 左右的不永續潛在暖化。

對今世後代，地球的宜居程度都將取決於人類今日所作出的選擇，為遏制氣候變遷，從現在開始，所有行業快速、大幅、持續地減少溫室氣體排放量是至關重要的。為此需要全球採取提高氣候韌性的發展行動，加速因應和緩解影響的措施，以及利用永續發展目標實施的協同作用。有效且公平的氣候行動迫切需要增加資金、政治承諾、政策協調、國際合作、生態系統管理和包容性治理等措施。採取緊急變革性的行動是關鍵舉措，要超越單純的計畫和承諾，必須提高管制標準，並涵蓋各個經濟與社會層面，同時勾勒出實現淨零排放的明確路徑。目前時間所剩無幾，因此需要立即採取措施，以避免災難性的後果，並確保為子孫後代提供一個永續的未來。

十四、SDG 14：海域生態與保育

　　海洋處於危急狀態是由於日益嚴重的優養化、酸化、海洋暖化和塑料污染等因素，造成海洋生態平衡狀況惡化；此外，過度捕撈的趨勢長期持續，導致全球超過三分之一的魚類資源枯竭。儘管在擴大海洋保護區、打擊非法、未報告和無管制的捕撈、禁止捕撈補貼和支持小型漁戶方面有所進展，但這些行動並沒有達到 SDG 14 目標所需的速度或推進規模。

　　為扭轉此趨勢，採取迅速而協調一致的全球行動勢在必，需要加強對海洋科學的資助及養護工作，推進基於自然和生態系統的各種解決方案，解決相互溝通和人為壓力所導致之影響，緊急扭轉氣候變遷的趨勢以保護地球上最大的生態系統。

　　塑料是海洋垃圾中危害性最大的一種廢棄物，2021 年超過 1,700 萬公噸的塑料充斥於海洋，預估至 2040 年將會增加一倍或兩倍。在過去四十年中，塑料生產量暴增了四倍，而回收率則不到 10%，導致所有海洋生態環境，包括脆弱的北冰洋冰層中都普遍存在塑料碎片。要衡量此環境危機的程度，一個有效的方法就是測量海灘的塑料垃圾密度，許多公眾科學倡議活動，經常依靠公眾志願者在海灘清理活動中所收集的數據，提供關鍵的定性和定量見解，以彌補監測的不足。在過去十年中，海洋垃圾相關的公眾科學倡議行動不斷地增多，許多人會使用手機應用程序來收集和發布數據，標準化規程和完善的監測系統也在不斷制定中，以加強解決此緊迫的全球環境議題。

十五、SDG 15：陸域生態與保育

　　陸地生態系統對維持人類生活至關重要，因其貢獻了全球一半以上的國內生產總值，並蘊藏著多種文化價值、精神價值和經濟價值。然而，世界面臨著氣候變遷、污染和生物多樣性喪失等三重危機，森林消失、土地退化和物種滅絕的趨勢日益加劇，對地球和人類都構成了嚴重威脅。儘管人類在永續森林管理、保護區、國家生物多樣性價值的提升和自然資本預算等方面取得了一些進展，但大多數進展都是有限的。聯合國近期通過的「昆明—蒙特利爾全球生物多樣性框架」為 SDG 15 提供了新的動力，勾勒出 2050 年將實現的四個結果導向性目標和 2030 年要實現的二十三個具體目標。

森林是地球上最大的碳匯和生物多樣性儲存庫，對緩解氣候變遷和提供基本貨品、服務及生計至關重要。然而，在過去二十年中，森林淨面積減少近 1 億公頃，全球森林覆蓋率從 2000 年的 31.9%（42 億公頃）下降到 2020 年的 31.2%（41 億公頃）。農業擴張是全球近 90% 森林砍伐的直接驅動因素（耕地占 49.6%，畜牧業占 38.5%），從 2000 年到 2018 年期間，僅油棕採收就占全球森林砍伐的 7%。2015 年至 2020 年期間，拉丁美洲、加勒比、撒哈拉以南非洲和東南亞許多國家的農業使用了大片森林；相反地，亞洲、歐洲和北美洲的許多國家同期卻新增或保持了森林面積。全球及各區域的努力對維持森林生態系統及其社會、經濟和環境功能至關重要，特別是對開發中國家和熱帶地區而言。

十六、SDG 16：和平正義與有力的制度

世界各地持續存在的和新出現的暴力衝突，正在使全球脫離通向和平和實現 SDG 16 的道路。令人驚訝的是，2022 年衝突相關的平民死亡人數增加了 50% 以上，而這主要與烏克蘭發生的戰爭有關，截至 2022 年底，全球有 1.084 億人被迫流離失所，與 2021 年底相比增加了 1,900 萬，也是十年前的 2.5 倍。2021 年，世界遭遇了過去二十年來最多的故意殺人事件，結構性不公正、不平等現象和新出現的人權挑戰，使得和平和包容的社會更加遙不可及。為於 2030 年前實現 SDG 16 目標，需要採取行動恢復信任和加強各機構能力，以確保人人享有正義，並促進向永續發展的和平過渡。

故意殺人案在全球造成的死亡人數超過了衝突和恐怖主義殺戮所造成死亡人數的總和，2021 年，大約有 45.8 萬起故意殺人案，這是過去二十年來的新高。2021 年殺人事件的明顯激增部分歸因於 COVID-19 相關的限制所帶來的經濟影響，以及一些國家相關暴力集團和社會政治暴力的升級等因素。2021 年的凶殺率為每 10 萬人口有 5.8 人，略低於 2015 年的每 10 萬人口有 5.9 人，即使假設 2021 年對未來趨勢沒有影響，依據 2015 年至 2020 年的資料顯示，與 2015 年相比，到 2030 年凶殺率將僅下降 24%，遠未達到將 2015 年水平減半的目標。2021 年，成人男子和男孩占全球所有凶殺案受害者的 81%，其比

率是成人婦女和女孩的四倍。凶殺暴力案總體水平較高的地區，如拉丁美洲和加勒比以及撒哈拉以南非洲地區，凶殺案男性受害者所占的比例高於其他地區。此外，來自 101 個國家的數據顯示，10 個故意殺人案的嫌疑人中有 9 個以上是成人男子或男孩。

十七、SDG 17：永續合作夥伴

　　發展中國家正在努力應對 COVID-19 大流行後空前上升的外債水平，同時更受到創紀錄的通膨、不斷攀升的利率、相互衝突的優先事項以及窘迫的財政能力等挑戰，凸顯了債務減免和財政援助方面的迫切需求。儘管官方發展援助流量持續達到創紀錄的高峰，但 2022 年的增長主要在於對捐助國難民的支出和對烏克蘭的援助。雖然自 2015 年以來，互聯網接入率提高了 65%，但在之後 COVID-19 大流行時期，彌合數字鴻溝的進展已經放緩。因此，需要繼續努力，以確保所有人都能公平地使用互聯網。地緣政治的緊張局勢和民族主義的重新抬頭阻礙國際合作和協調的開展，凸顯增加集體合作行動的重要性，例如為開發中國家提供必要的融資和技術，以加快實施永續發展目標等。

　　許多國家的債務水平在 COVID-19 大流行期間達到新高，對經濟增長構成了潛在的威脅。2021 年低收入和中等收入國家的外債總額達到 9 萬億美元，比 2020 年增加 5.6%，此一上升原因主要是由短期債務增加所驅動。與 2015 年相比，2021 年 10 個最不發達國家和內陸開發中國家裡有近 7 個國家的債務與出口比率有所上升。此外，如高通膨、借款成本上升等多種壓力，加劇許多國家債務困境的風險，截至 2022 年 11 月，世界一半以上的最貧窮國家（69 個國家中的 37 個），陷於債務困境的高度風險或已經陷入債務困境。同時，每 4 個中等收入國家中就有 1 個面臨財政危機的高度風險，而大多數極端貧困人口都處於這些國家中。雖然一些具有不永續償債水平的國家已經選擇了主權債務重組，但其他國家仍然十分脆弱。

1.2 結語

聯合國 2030 年永續發展議程及永續發展目標擘劃了全球未來十五年人類世界的文明進展路線，而《巴黎協定》則開啟了人類走入低碳永續的未來。目前已有超過 140 個以上的國家宣示或將淨零政策列入立法，預計於 2050 年前達到淨零。因應氣候變遷帶來人類生存與文明的風險，如果不思改變，將造成實體的風險與環境惡化，例如極端的旱災或暴雨等。因此為迎接 2050 年世界的大翻轉，人們必須先改變思考模式與達成共識、改變行為與行動，接著才能達到發展與保育並行，減少轉型風險。

永續發展目標 2030 年最後期限已越過中點，對世人發出響亮的警示，要求人類需要加倍努力，消除貧困和飢餓，促進性別平等，克服氣候變化、自然損失和生物多樣性喪失及生境污染等地球危機。如沒有積極因應，將使各國政治更加不穩定和人民流離失所情況加劇，進一步削弱對公共部門的信任，顛覆經濟行為，並導致自然環境發生不可逆轉、危及生存的變化；最重要的是，將給今世後代，特別是世界上最貧窮和弱勢人民和國家，帶來巨大痛苦。但人類仍然可以扭轉局面，雖然整體情況仍然令人深感擔憂，但所呈現的數據也使我們能夠預見可以做到的事情，例如人類已從能源到互聯網等一系列關鍵領域取得了進展；此外，還有充分證據顯示，永續發展目標所要求的轉型訴求，會是一個巨大的市場與商業機會。

永續發展目標仍然是一個真正鼓舞人心和凝聚人心的指引，即使在逆境中仍可以取得變革性進展。此外，我們這一代人正擁有歷史上前所未有的知識、技術和資源，並有廣泛的規範框架可以利用，要為所有人創造更美好的未來，人類就必須利用此一優勢，使數億人擺脫貧困、促進性別平等，在 2030 年使人類世界走上低碳排放道路，並確保所有人的人權。世界各國領導人應在永續發展目標上建立共識、尋找突破口，積極制定拯救人類和地球的計畫，為永續和包容性的轉型配置治理結構和機構，優先制定政策和投資，以推動公正轉型並在各項目標上取得進展，並確保永續發展目標融資的增加，為開發中國家創造有利的全球環境。2023 年「全球永續發展報告」提供的證據足以說明，人類可以引導文明發展轉型方向，實現永續和公平的目標與成果。

習題

1. 因人類人口增長、過度消費及開發、工業污染、森林砍伐等活動，在直接或間接對生態環境所造成的問題中，哪兩個議題最為嚴重？

解答 氣候變遷與生物多樣性喪失。

2. 依目前聯合國的定義，何謂「極端貧困」？

解答 按 2017 年購買力平價計算，每人每日生活費不足 2.15 美元。

3. 世界上哪一個地區饑餓人口最多？根據預測，至 2030 年全世界將有多少人口面臨饑餓？

解答 亞洲；超過 6 億人。

4. 全球大多數地區的小學畢業率接近 90% 或更高，但在哪一個地區只有不到三分之二的兒童完成小學教育？

解答 撒哈拉以南非洲地區。

5. 如按照目前速度繼續發展，至 2030 年將有多少人無法使用電力？為在 2030 年實現普及用電，2021 年至 2030 年期間，用電接入率必須每年增加多少比例？

解答 約 6.6 億人；每年增加 1 個百分點。

6. 請說明全球國內物料消耗量及物料足跡定義之差異？其比例大小與進口導向型國家與出口導向型國家之間的物料使用責任之關聯性為何？

解答 1. 國內物料消耗量為直接用於國內生產過程的原材料數量，物料足跡為滿足國內最終消費需求的原料提取量。
2. 在歐洲和北美洲，物料足跡分別超過國內物料消耗量 18% 和 14%，此數字表示歐洲和北美洲為進口導向型國家，物料使用相對較多，應負擔更多的使用責任。

參考文獻

United Nations. (2003). *The Sustainable Development Goals Report*. Retrieved from https://unstats.un.org/sdgs/report/2023/.

United Nations Intergovernmental Panel on Climate Change. (2023). *Sixth Assessment Report*. Retrieved from https://www.ipcc.ch/assessment-report/ar6/.

United Nations Framework Convention on Climate Change. (2015). *Paris Agreement*. Retrieved from http://unfccc.int/resource/docs/2015/cop21/eng/l09r01.pdf.

United Nations Sustainable Development Goals. (2024). The 17 Goals. Retrieved from http://www.un.org/sustainabledevelopment/sustainable-development-goals/.

第二章

永續發展議題之緣起、願景與脈絡

國立臺灣科技大學化學工程學系　講座教授
顧洋

學習目標

- 永續發展之意義。
- 永續發展議題之願景與脈絡。
- 我國推動永續發展的歷程。

2.1 緒論

　　回顧人類文明的發展歷程是極為複雜的整體系統成果，幾百萬年來人類在與自然生態環境互動中持續生活、生產、發展，自然生態系統是相互依存、緊密聯繫的鏈結，自然生態環境體系的正常運作，是人類生存與發展的基礎。自然生態環境雖提供卻也限制了社會經濟發展的空間和潛力，全球各區域自然生態環境條件的獨特性與多樣性，使得人類能因地制宜，組織成形形色色的社會架構，造就全球多元的歷史文化以及社會經濟發展。

　　人類發展歷經漁獵及農業時代，自從十六世紀歐洲資本主義開始興起，推動十八世紀的工業革命，從此進入經濟面向主導人類快速發展的工業時代，也開啟人類重塑社會架構及環境系統的時代。資本主義與工業化數百多年以來，推動全球經濟快速發展、促使社會生產消費型態大幅改變、全球人口急遽增加，以及平均生活水準顯著提升，對於刺激經濟成長、創造財富及促進科技發展確實有顯著貢獻，但其強調競爭、效率、卓越的本質，經常忽略公平、多元、共利，對社會資源的大量需求導致剝削霸凌，甚至衍生成帝國殖民主義，國家或家戶間貧富不均、勞資對抗及社會不公的現象日益嚴峻。而由於資本主義與工業化的經濟發展與社會公義的爭議持續不斷，以致十九世紀後社會主義的訴求逐漸興起，其後兩百年間資本主義國家與社會主義國家因為爭取典範轉移，引發長期激烈摩擦、衝突、對抗的暗黑歷史，時至今日仍為全球人類造成難以抹滅的傷害與災難。

　　基於過去發展的經驗，改善人類生活必會增加生產消費，造成自然資源的耗用及環境品質的破壞。對於自然資源大量需求的資本主義與工業化發展，更造成自然資源瀕臨枯竭、環境品質惡化以及生態浩劫，導致全球各國持續不斷發生公害糾紛及抗爭，環境相關議題愈加受到重視。自1950年代環境保護理念開始興起以後，環境思潮已逐漸形成新的社會認知及規範，尤其是近年來不斷增加的全球性環境問題，不只對自然生態造成了極大的破壞，也使社會經濟遭受嚴重損失。人類生存需仰賴空氣、水、食物等自然環境服務，地球自然生態環境為全人類所必要且必須共享的資源，但是當人類在追求無限的經濟發展

模式時，顯然並未善加維護提供有限資源的自然環境，導致環境生態系統運作及人類福祉受到危害。

1960 年代以來，在經濟持續增長、社會持續失衡與環境持續破壞下所凸顯的深刻矛盾，已經在世界各國、企業間不斷激化，彼此間衝突越來越嚴重，也更受到全球關注，似乎目前強調資本主義與工業化的發展路徑終將把人類文明推向崩潰。但是全球大多數政府、企業對於經濟成長及資源需求仍然抱有著無止境的期望，無論是國家、企業或是人類個體，似乎都不願以犧牲既得的眼前利益，來避免加諸於未來世代不可預知的傷害。許多國家都曾樂觀期望能達到經濟繁榮、社會公平和環境保護兼籌並顧的發展目標，並將環境、社會與經濟視為三項議題，嘗試分別因應處理，但無論是已開發國家、開發中國家、低度開發國家，現今都面臨到不同的發展困境，這些矛盾讓一些有識之士開始深刻反省人類發展的意義及內涵，並檢討調整全球現今的發展模式。

2.2　永續發展議題的緣起

永續發展議題其實是人類對於過往數百年來追求無限成長的經濟發展模式，造成社會正義及自然環境品質快速惡化的深刻反省，並嘗試扭轉過去幾世紀以來著重經濟、創造財富的發展方向。經過數十年的探討論辯，永續發展思潮已逐漸成為國際社會重要的共同價值及典範，且開始認知人類福祉應同時兼顧經濟、社會和環境的均衡發展。

自 1960 年代開始，一些以「環境保護」為主要考量的國際倡議，逐漸開始討論環境保護與人類發展的關聯，其範疇擴及至涵蓋環境保護與「社會公平」及「經濟發展」面向等相關議題。其中 1966 年英國經濟學家 Kenneth E. Boulding 提出地球太空船 (Spaceship Earth) 概念，強調地球在宇宙間如同太空船一樣渺小，地球自然環境脆弱且資源有限，人類發展的肆意破壞及對資源的無止境需求，未來終將把人類千萬年來發展的文明推向崩潰。因此人類社會應學習模仿已存在數十億年的地球自然環境生態系統的運作方式，有效運籌循環使用有限的自然資源 (Boulding, 1966)。1968 年美國生態學家 Garrett J. Hardin

將傳統公共財悲劇 (tragedy of common) 理論延伸至環境資源相關領域，認為多數人必須共享的利益（包括自然環境體系提供的環境利益），由於自掃門前雪的自私觀念深植，往往受到大家最少的關注及照顧。這是個人利益與公共利益的矛盾衝突，為造成當前環境嚴重破壞及資源匱乏的根本原因，所以應匯集所有利害相關者的參與及考量其立場，一起共同維護環境品質並規劃共享環境資源的方式 (Hardin, 1968)。1972 年羅馬俱樂部 (Club of Rome) 發表「成長的極限」(Limits to Growth) 報告，模擬地球環境自然資源和人類社會系統的互動機制，由於地球自然環境資源的供給是有限的，因此模擬結果顯示未來全球經濟成長有其極限，更是引起國際社會的廣泛迴響 (Meadows, et al., 1972)。

1972 年聯合國召開「聯合國人類環境會議」(United Nations Conference on the Human Environment)，首次與成員國討論全球環境保護相關議題與策略，會後通過《聯合國人類環境會議宣言》(Declaration of the United Nations Conference on the Human Environment)，也被稱為《斯德哥爾摩宣言》(Stockholm Declaration)，提出內容廣泛的二十六項基本原則及一百零九項行動方案，確認環境維護和改善是關係人類發展的基本條件，也是全球民眾的迫切希望和各國政府的責任。所以在決定推動任何發展行動時，必須更加審慎地考慮其對環境產生的後果，避免由於無知或不關心，對人類生活的地球環境造成無法挽回的破壞與損害。這次會議並決定成立聯合國環境署 (United Nations Environment Programme, UNEP)，這是聯合國及世界各國政府正視全球環境保護的開端 (United Nations, 1972)。

至於永續發展 (sustainable development)，或稱為可持續發展，首先是由國際自然暨自然資源保育聯盟 (International Union for Conservation of Nature and Natural Resources, IUCN) 於 1980 年出版的《世界保育策略》(World Conservation Strategy) 所提出，以自然生態保育為具體訴求基礎，將永續發展理念定義為「在不超出維生系統承載能力 (carrying capacity of life-supporting system) 的條件下發展，以改善人類的生活品質」(IUCN, 1980)，認為人類可在自然環境系統承載能力的容許範圍內，追求自由、平等和適宜的生活，以維持人類生命的基本尊嚴和福祉。這項定義確認永續發展必須調和環境、社會與經濟的矛盾，確保自然環境穩定與人類社會正義，以為未來永續發展建立堅實

的基礎。這項永續發展的理念受到國際間的廣泛重視及接受，其後由於影響全球永續發展的考量因素相當複雜，因此相關討論的內容，逐漸納入許多與環境、社會、經濟等相關的議題。其後更由於全球化概念自 1990 年代開始推波助瀾，永續發展相關討論也由過去局部性、區域性的議題，擴展到涵蓋許多影響全球發展的關鍵議題。

然而由於政治、區位、經濟和產業等因素的差異，各國政府、企業、民眾對於許多永續發展議題具體內涵的看法往往相當分歧，並經常以各自特定的價值理念來詮釋評判永續發展相關議題，要建立利害相關者間的共識相當不易。結果導致各自闡述永續發展的具體內容與行動，並且經常發生推動的永續發展行動成果與預期有明顯落差，因此永續發展理念被質疑是核心理論基礎空洞模糊、內容詮釋不具體的新口號而已。以政治而言，所謂已開發國家是否願意摒除己私，正視其數百年來的發展歷程，對全球環境及開發中國家造成的長期且深遠的傷害？已開發國家、跨國企業是否應調整其基於資本主義及工業化的發展路徑，率先負起推動全球永續發展的國際責任？並願意平視平等的尊重其他開發中國家對於永續發展相關議題的立場及參與權益？願意對開發中國家的永續發展，提供適當補償、支持與協助？而開發中國家應考量是否要複製強調資本主義與工業化的發展歷程，重蹈已開發國家覆轍？這些考量對於需要國際參與、共同推動的全球永續發展相關行動至為重要。

除了需要各國政府及國際間共同重視永續發展相關議題外，由於企業對於國家發展及國際政治決策的影響力日益深遠，企業為了追求持續成長與獲利，左右政治決策、操縱扭曲市場運作、排放污染破壞環境，造成全球經濟、社會、環境的劇變。而全球貿易自由化的趨勢，更加劇了企業對全球社會及環境的影響。現今國際貿易協定的基本原則為國內外商品必須一視同仁，亦即在加入這些國際貿易協定後，原則上將不允許推動獎勵在地經濟的政策措施，這不僅嚴重打擊各國在地企業的發展，也可能加速國際間環境資源的掠奪及破壞。

由於企業對於社會的影響越來越重要，為了探討企業在永續發展相關議題的角色及責任，自 1950 年代開始，國際間對於企業社會責任 (Corporate Social Responsibility, CSR) 的觀念開始萌芽，企業利益（自利）與社會利益（公益）

間的權衡考量被廣泛探討，但是對於企業應擔負的社會責任仍無一致的共識及明確的定義範疇。一般認為企業營運為資方創造最大利潤（經濟發展）的過程，仍應涵蓋社會正義及環境永續的考量，公正對待其他所有利害相關者（包括勞工、價值鏈、環境等），不應傷害這些利害相關者的權益，對社會及環境負責應為企業長久經營的基礎。美國管理學家 Archie B. Carroll 於 1970 年代提出企業社會責任金字塔 (Carroll Pyramid of CSR) 觀念，將企業應擔負的社會責任區分為經濟 (economic)、法律 (legal)、倫理 (ethical)、慈善 (philanthropic)等四個層次 (Carroll, 1979; Carroll, 2016)，成為廣泛被接受的企業社會責任架構，如圖 2-1 所示。依據企業社會責任金字塔的觀念，廣泛的經濟責任包括企業應為正常持續運作的營利組織、資方（股東）應得到合理的利潤、勞方（員工）應得到穩定且合理的工資、價值鏈（包括供應商及客戶）應得到品質及價格合理的產品或服務；企業法律責任是指企業營運應遵守並符合社會各類法律規範，不應忽視、曲解或規避其法律責任；企業倫理責任則為因應利害相關者（包括民眾與政府）期望，企業願意負擔並非法律規範的社會責任；而企業慈

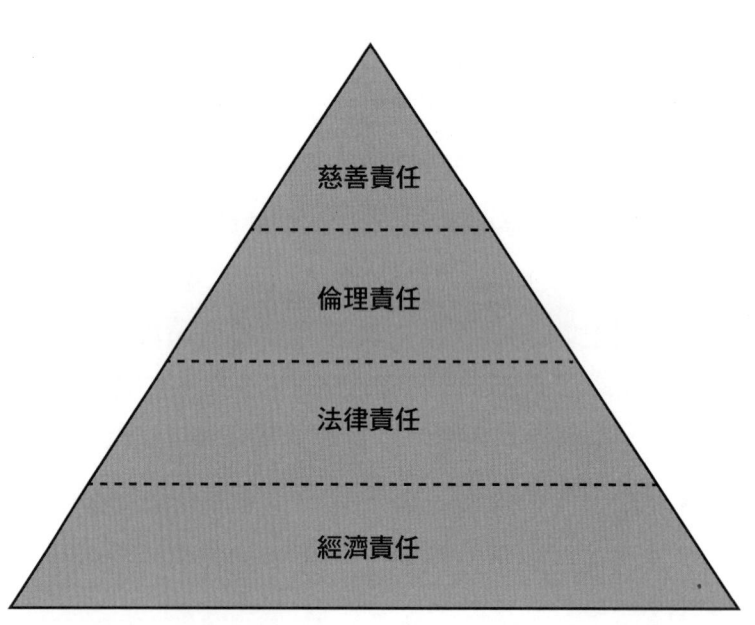

資料來源：Carroll, 2016

圖 2-1　企業社會責任金字塔

善責任是指企業願意自發履行的社會責任。自 1990 年代初期開始，一些跨國大型企業依據企業社會責任金字塔的理念架構，積極自發的將社會正義及環境保育等相關議題納入其營運考量，啟動了企業社會責任的具體實踐。

另外在 1990 年代以前，除了提出財務報告外，國際間很少有企業願意公開其他運作議題（包括環境、員工、社會互動等）相關資訊，大部分企業也忽視或避免與利害相關者溝通財務以外其他議題的表現績效，以免引起利害相關者對於相關議題的負面反應，反而增加營運困擾。自 1990 年代以後，企業開始願意將營運相關資訊公開，主要原因是由於利害相關者認為許多企業決策被少數所謂菁英管理階層所壟斷，因此強烈訴求應將其營運相關資訊公開。為回應此趨勢，許多企業開始彙整發行其在環境、社會、經濟等方面的相關資訊，編撰客觀、完整、易讀，且經得起考驗的企業永續報告書 (Corporate Sustainability Report, CSR) 或類似出版品，以廣泛呈現其營運狀況及績效，並滿足民眾對相關資訊「知的權利」。企業永續報告書很快被認為是組織（包括企業）面對利害關係者溝通環境、社會相關議題時的有效工具，目前全世界不僅已經有許多大型企業持續發行永續報告書，也有越來越多中小企業開始發行永續報告書。而各國政府（包括我國）也開始要求上市公司提出的年度報告內容，須包含永續相關議題的風險評估，並將其資源投入和績效成果透明化，以提供投資大眾等利害相關者參考。

2.3 永續發展議題的願景與脈絡

自從 1980 年代以來，國際間對於永續發展理念的關注及探討，逐漸確立永續發展的基本精神，也就是追求經濟、社會與環境三面向持續均衡的發展，因此永續發展具有跨面向、跨領域、跨國界及跨世代的特性，且需具備三面向整合的觀念，以下謹就此經濟、社會與環境面向的內涵作簡要說明：

1. **經濟面向 (economic aspect)**：永續發展理念主張經濟的持續發展，應建立在維持並維護人類社會及自然環境的基礎上，唯有確保人類社會及自然環境的穩定，才能支持經濟的持續發展。任何發展行為都不應僅考慮追求短

期經濟利益,而忽略長期永續發展的目標。因此應充分考量推動發展行為的過程,可能造成的社會及環境壓力及其所衍生的經濟成本,並應將這些衍生的經濟成本視為推動發展行為的內部成本,而非不予考量的外部成本。

2. **社會面向 (social aspect)**:永續發展理念主張社會應滿足當代及後代全體人類對食物、空氣、飲水、居住、能源等生存的基本需求,及確保人類公平取得並享有這些基本需求的權利。基於環境及社會資源非屬少數人類、少數國家或現世代人類所獨享,發展行為必須考慮到利害相關者的看法,並尊重認同人類社會的文化財產和傳統價值。因此推動發展行為,應匯集所有利害相關者參與討論溝通,共同參與決策機制,一起規劃相關環境及社會資源的維持及公平使用,以建制符合永續原則的社會。

3. **環境面向 (environmental aspect)**:永續發展理念主張人類社會應與自然環境和諧相處,尊重並維持地球自然生態運作系統、生物多樣性和生態資源,充分掌握推動發展行為過程的所有環境考量面,有效推動環境相關管理機制和技術應用,包括調整人類社會生產消費體系、大幅提升能資源使用運作效率、盡量降低人類社會對自然環境生態的衝擊等,以提升人類社會體系與自然生態系統的相容性。

自 1990 年代以來,國際間對於永續發展中經濟、社會與環境三面向間的複雜互動關係,經常是以三葉草式的交集關係來表示,亦即經濟、社會與環境面向彼此關聯,但仍有其獨立性,如圖 2-2 所示。三面向交集的部分,表示發展行為的經濟、社會與環境需求都已滿足,應是最有共識、最可能符合永續發展期望的部分;而三面向尚未交集的部分,則表示對於發展行為的經濟、社會與環境需求仍未建立共識且尚未滿足永續發展期望的部分。

近年來對於永續發展理念中的經濟、社會與環境三面向關係,已逐漸發展出不同的解讀,大部分人認為應該回歸至 1980 年國際自然暨自然資源保育聯盟以自然生態為範疇。因此部分專家學者提出行星邊界 (planetary boundaries) 理論,認為行星地球的自然環境有其多樣且不應跨越的邊界極限,並提出目前有些地球環境的邊界極限似乎已經被跨越,這突破邊界極限的趨勢將可能造成

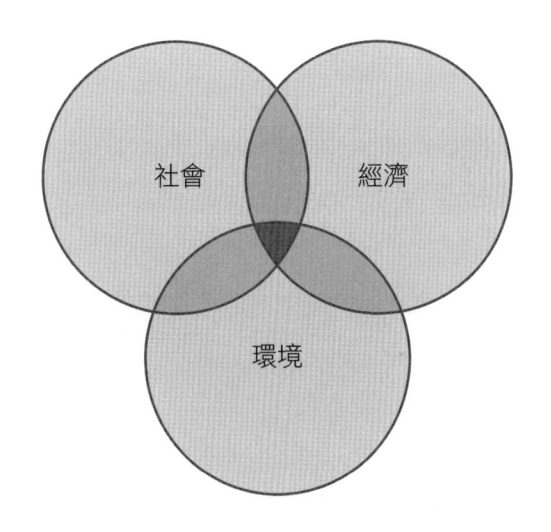

🌱 **圖 2-2　永續發展中經濟、社會與環境三面向間三葉草式的交集關係**

未來非線性、不可逆性的災難變化及衝擊,包括全球氣候變化、生物多樣性喪失、土地使用過當,以及營養源循環破壞等 (Rockström, et al., 2009),因此維持行星地球自然環境的邊界極限及穩定運作,才是人類得以永續發展的基礎。這些專家學者提出永續發展議題中經濟、社會與環境三面向應為同心圓式包容關係,認為近三百年來,即使經濟面向一直是人類社會運作的重要核心活動,但仍應包容於社會面向內運作;人類社會是人類生存的邊界,但是整個人類社會仍應該包容於地球環境邊界的安全範圍內運作 (Raworth, 2012),即使未來人類社會經濟體系消失,地球自然環境生態依然能夠繼續運作,因此永續發展議題中經濟、社會與環境三面向,應如圖 2-3 所示的同心圓式包容關係。

　　經歷過去多年以來的努力,許多永續發展相關議題複雜互動的因果關係,藉由科學研究、糾紛抗爭和其他方式陸續被具體展現且逐漸被人類了解,而應對調解這些因果關係的策略行動也不斷被提出。藉著簽訂國際公約、規範指令或制定國內法令規定,有些永續發展相關的議題,已得到部分改善紓解;但是仍然有更多與永續發展相關的議題不斷被發掘提出,需要受到全球更積極的關注及投入更多的資源,以期能在未來非常有限的期間得到有效改善。以目前的全球發展趨勢來看,也許人類永遠無法實現絕對理想的永續發展,但永續發展的價值仍然應是值得全體人類共同努力追求的目標。

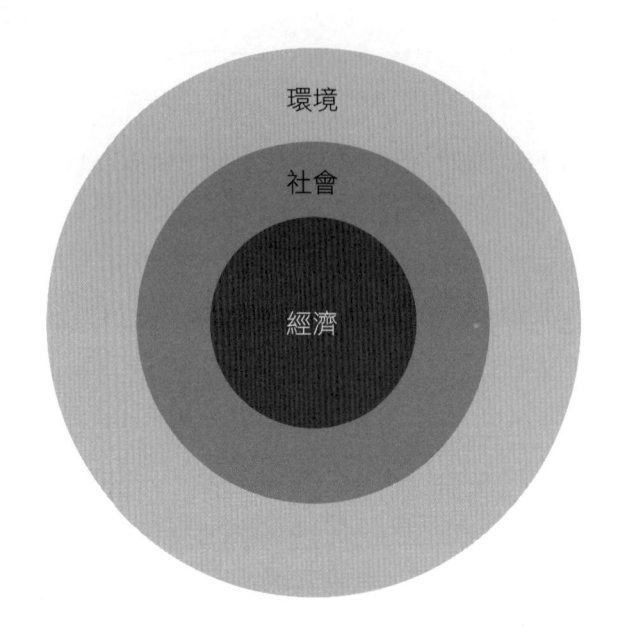

圖 2-3　永續發展中經濟、社會與環境三面向間同心圓式的包容關係

2.4　我國推動永續發展的歷程

　　我國於 1997 年成立跨部會的「行政院國家永續發展委員會」（簡稱行政院永續會），2000 年通過「中華民國永續發展政策綱領」，提出以「當代及未來世代均能享有寧適多樣的環境生態、活力開放的繁榮經濟及安全和諧的福祉社會」為政策綱領，涵蓋「寧適的環境」、「多樣的生態」、「繁榮的經濟」，與「福祉的社會」四項願景內涵的永續發展目標，其政策基本原則包括：世代公平原則、平衡考量原則、環境承載原則、優先預防原則、社會公義原則、健康維護原則、公開參與原則、科技創新原則、政策整合原則，及國際參與原則等十項，以作為我國推動永續發展工作的基本策略及行動方針。其後又於 2002 年通過「環境基本法」，該法第 29 條提及「行政院應設置國家永續發展委員會，負責國家永續發展相關業務的決策，並交由相關部會執行」，賦予行政院永續會法定位階，由原來的任務編組提升為法定委員會。2004 年因應聯合國二十一世紀議程的呼籲，我國制訂「台灣二十一世紀議程——國家永續發展願景與策略綱領」，以永續海島臺灣願景，提出以「環境承載、平衡考

量」、「成本內化、優先預防」、「社會公平與世代正義」、「科技創新與制度改革」、「國際參與與公眾參與」為基本原則，做為我國後續推動永續發展的策略及行動方針（行政院國家永續發展委員會，2020）。

行政院永續會自 2015 年起開始探討我國永續發展政策綱領與聯合國永續發展目標 (Sustainable Development Goals, SDGs) 的連結，參考聯合國永續發展目標的架構及內涵，並根據國內現況及需要，作為我國調整永續發展相關目標的參考依據，並於 2019 年 8 月提出「臺灣永續發展目標」，以 2030 年為期程，提出十八項核心目標、一百四十三項具體目標與對應指標，宣示我國推動永續發展的決心。其中第 18 項核心目標為「逐步達成環境基本法所訂非核家園目標」，是我國特定的永續發展目標，其他臺灣永續發展目標與聯合國永續發展目標的內容比較亦略有不同。政府各部會將積極推動相關目標，未來將定期檢討我國推動永續發展的進程（行政院國家永續發展委員會，2019）。

2.5 結語

實施永續發展目標涉及社會正義、經濟發展及環境永續，須考量國家、區域、領域、世代間的差異，內外部利害相關者及邊緣群體的需求，鑑別應優先關注的永續發展目標及指標。因此除了推動短期因應措施外，還應努力建立長期願景的共識，以創造共同的福祉。

面對未來永續發展的各種挑戰，將有賴於政府、企業、民眾以勇敢創新的思維，主動前瞻的方式，學習環境生態全球一命、平視平等、互利共享的精神，基於生命週期理念，匯集重視社會整體均衡發展價值的共識，建立堅強的合作夥伴關係，建構有效的社會參與機制，規劃永續治理架構，發展基於永續發展考量的技術與管理工具、法律及行政體系，為永續發展投入必要投資及培養相關專業人才。永續發展內容多元複雜，其實是極為複雜而艱鉅的挑戰，在在需要政府、企業、民眾團結合作，共同努力翻轉目前的困境，打造一個更永續、更韌性的治理模式，以保障所有人都能受到基本的服務及保護，達到發展公平共享的目的。

習題

1. 請說明全球永續中環境、社會、經濟三面向理念的內涵。

解答　經濟面向：主張經濟的持續發展，應建立在維持並維護人類社會及自然環境的基礎，確保人類社會及自然環境的穩定，才能支持經濟的持續發展。任何發展行為都不應僅考慮追求短期經濟利益，而忽略長期永續發展的目標。社會面向：主張社會應滿足當代及後代全體人類生存的基本需求，及確保人類公平取得並享有這些基本需求的權利。基於環境及社會資源非屬少數人類、少數國家或現世代人類所獨享，發展行為必須考慮到利害相關者的看法，並尊重認同人類社會的文化財產和傳統價值。環境面向：主張人類社會應與自然環境和諧相處，尊重並維持地球自然生態運作系統、生物多樣性和生態資源，充分掌握推動發展行為過程的所有環境考量面，有效推動環境相關管理機制和技術應用，盡量降低人類社會對自然環境生態的衝擊等，以提升人類社會體系與自然生態系統的相容性。

2. 請簡要說明企業社會責任金字塔的觀念及意義。

解答　企業社會責任金字塔的觀念，將企業應擔負的社會責任區分為經濟、法律、倫理、慈善等四個層次，廣泛的經濟責任包括企業應為正常持續運作的營利組織，資方（股東）應得到合理的利潤、勞方（員工）應得到穩定且合理的工資、價值鏈（包括供應商及客戶）應得到品質及價格合理的產品或服務。企業法律責任是指企業營運應遵守並符合社會各類法律規範，不應忽視、曲解或規避其法律責任。企業倫理責任則為因應利害相關者（包括民眾與政府）期望，企業願意負擔並非法律規範的社會責任；而企業慈善責任是指企業願意自發履行的社會責任。

3. 請簡要說明比較永續發展理念對於環境、社會、經濟三面向關聯的三葉草及同心圓概念。

解答　永續發展議題中經濟、社會與環境三面向的三葉草式交集關係，顯示經濟、社會與環境面向彼此關聯，但仍有其獨立性。三面向交集的部分，表示發展行為的經濟、社會與環境需求都已滿足，應是最有共識、最可

能符合永續發展期望的部分；而三面向尚未交集的部分，則表示對於發展行為的經濟、社會與環境需求仍未建立共識且尚未滿足永續發展期望的部分。永續發展議題中經濟、社會與環境三面向的同心圓式包容關係，認為即使經濟面向一直是人類社會運作的重要核心活動，但仍應包容於社會面向內運作；人類社會是人類生存的邊界，但是整個人類社會仍應該包容於地球環境邊界的安全範圍內運作，即使未來人類社會經濟體系消失，地球自然環境生態依然能夠繼續運作。

4. 請簡要說明台灣二十一世紀議程——國家永續發展願景與策略綱領。

解答 我國「台灣二十一世紀議程——國家永續發展願景與策略綱領」，以永續海島臺灣願景，提出以「環境承載、平衡考量」、「成本內化、優先預防」、「社會公平與世代正義」、「科技創新與制度改革並」、「國際參與與公眾參與」為基本原則，做為我國後續推動永續發展的策略及行動方針。

參考文獻

Boulding, K. E. (1966). The Economics of the Coming Spaceship Earth. Retrieved from https://web.archive.org/web/20060927091611/http://dieoff.org/page160.htm.

Carroll, A. B. (1979). A Three-Dimensional Conceptual Model of Corporate Social Performance. *Academy of Management Review*, *4*, 497-505.

Carroll, A. B. (2016). Carroll's Pyramid of CSR: Taking Another Look. *International Journal of Corporate Social Responsibility*, *1*(3). https://doi.org/10.1186/s40991-016-0004-6.

Hardin, G. (1968). The Tragedy of the Commons. *Science*, *162* (3859), 1243-1248.

International Union for Conservation of Nature and Natural Resources (IUCN). (1980). *World Conservation Strategy*. Retrieved from https://portals.iucn.org/library/efiles/documents/wcs-004.pdf.

Meadows, D. H., Meadows, D. L., Jørgen, R., & Behrens III, W. W. (1972). *The Limits to Growth*. New York, NY: University Books.

United Nations. (1972). *Declaration of the United Nations Conference on the Human Environment*. Retrieved from https://legal.un.org/avl/ha/dunche/dunche.html.

行政院國家永續發展委員會 (2019)。**臺灣永續發展目標**。取自 https://nsdn.iweb6.com/wpcontent/uploads/2019/12/1080920臺灣永續發展目標.pdf。

行政院國家永續發展委員會 (2020)。**永續發展政策綱領**。取自 https://ncsd.ndc.gov.tw/_ofu/download/about/永續能源政策綱領.pdf。

第三章

聯合國永續發展目標的原則、主軸及內涵簡述

國立臺灣科技大學化學工程學系　講座教授
顧洋

學習目標

▌聯合國推動全球永續發展之歷程。
▌聯合國千禧年發展目標之推動歷程及績效。
▌聯合國永續發展目標之意義及內容。

3.1 聯合國推動全球永續發展的歷程

聯合國「世界環境與發展委員會」(World Commission on Environment and Development, WCED) 於 1987 年發表「我們共同的未來」(Our Common Future) (WCED, 1987)，也被稱為「布倫特蘭報告」(Brundtland Report)，將永續發展定義為「滿足當代人的需要，又不危及後代人滿足其需要的發展模式」，說明永續發展的理念必須包含公平性、共同性及持續性原則，特別強調生生不息、世代公平的觀念，得到全球各國政府、企業、民眾的廣泛回響與認同。

聯合國於 1992 年舉行地球高峰會議 (World Summit)，通過「二十一世紀議程」(Agenda 21) 及《里約環境與發展宣言》（Rio Declaration，簡稱里約宣言），作為全球各國共同推動永續發展的依據，呼籲全球各國政府應制訂並實施永續發展策略，落實其政策制度的實踐，加強國際共同合作推動永續發展 (United Nations Conference on Environment and Development, 1992)。聯合國又於 1993 年成立「永續發展委員會」(Commission on Sustainable Development, UNCSD)，協助及監督全球各國政府後續推動永續發展相關策略與行動。2000 年聯合國各會員國及國際組織共同簽署《聯合國千禧年宣言》(United Nations Millennium Declaration)，承諾全球應致力於推動八項「千禧年發展目標」(Millennium Development Goals, MDGs)，作為 2001 年至 2015 年期間全球發展的共同努力目標 (United Nations, 2015)。

基於企業經營者或投資者的社會責任以及企業風險管理的考量，聯合國於 2000 年推動自願性的全球契約 (United Nations Global Compact, UNGC) 倡議，整合全球企業、聯合國相關機構及許多國際非政府組織，提出關於人權、勞工、環境及反貪腐的十項原則，明確表達對企業社會責任的支持立場。2004 年全球契約發布「誰在乎就贏」(Who Cares Wins) 報告，除了延續先前企業社會責任的理念架構，特別說明目前企業治理未將環境及社會議題納入企業長期經營及財務表現的重要考量，因此提出企業應重視環境、社會及治理 (Environment, Social and Governance, ESG)，並評估其與企業投資決策的關聯性 (United Nations, 2014)。相較於先前企業社會責任的理念，全球契約提出的

環境、社會及治理內容更具體廣泛且更具實用性，是促成全球企業永續轉型，呼應後續聯合國推動永續發展目標 (Sustainable Development Goals, SDGs) 的重要推手。

2005 年聯合國環境計畫署 (United Nations Environment Programme, UNEP) 發布「責任投資原則」(Principles for Responsible Investment, PRI)，強調應將環境、社會及治理納為投資者評估投資標的企業的決定要項 (United Nations, 2005)。目前全球投資市場常出現永續投資、社會責任投資、道德投資和影響力投資等不同名稱，其實都可以被認為是責任投資 (Responsible Investment, RI) 或環境、社會及治理投資的一部分。聯合國又於 2012 年發布永續保險原則 (Principles for Sustainable Insurance, PSI) (United Nations, 2012)，2019 年發布責任銀行原則 (Principles for Responsible Banking, PRB)(United Nations, 2019a)，呼籲全球保險業與銀行業共同支持並協助企業推動環境、社會及治理。至此，金融界的投資業、保險業及銀行業開始全面積極協助企業推動環境、社會及治理相關行動。

聯合國於 2012 年舉行永續發展會議（United Nations Conference on Sustainable Development，或稱為 Rio+20 會議），發表「我們想要的未來」(The Future We Want)，並決議應考量國家現況、發展程度、能力，共同研議全球適用的永續發展目標。為有效建立各國政府有關永續發展的溝通平台，並具體評量全球及各國永續發展目標落實進度，聯合國於 2013 年成立永續發展高階政治論壇 (High-level Political Forum on Sustainable Development, HLPF)，取代原設的永續發展委員會。其後聯合國於 2015 年提出「2030 年永續發展議程」(Agenda 30 for Sustainable Development)，其內容包括十七項永續發展目標 (United Nations Sustainable Development Goals, UNSDGs) 及一百六十九項指標 (targets)，作為聯合國及全球各國於 2016 年至 2030 年期間推動全球永續發展的架構 (United Nations, Department of Economic and Social Affairs, 2019)。

3.2 聯合國千禧年發展目標的內容及執行績效

　　全球各國於 2000 年簽署的《聯合國千禧年宣言》，承諾共同努力於 2015 年前實現千禧年發展目標，其執行架構、績效及經驗，是後續規劃推動永續發展目標的主要依據，聯合國千禧年發展目標包括以下八項目標：

1. 消除極端貧窮和飢餓。
2. 全面普及基本教育。
3. 促進兩性平等及婦女權力。
4. 降低兒童死亡率。
5. 改善產婦保健。
6. 對抗愛滋病、瘧疾以及其他疾病。
7. 確保環境永續。
8. 促進全球發展的伙伴關係。

　　自 2000 年以來經過全球各國政府及聯合國多年來的共同努力，八項千禧年發展目標在全球大致都得到了顯著的進展。依據聯合國發表的「2015 年千禧年發展目標報告」(Millennium Development Goals Report 2015)，彙整說明全球推動千禧年發展目標的總合績效，即使是全球一些最貧窮國家在推動貧窮、飢餓、健康、教育、性別、環境等方面，也都取得相當可觀的進展。其中具體成果包括：全球生活在極端貧窮狀況的人口數已從 1990 年約 19 億人降低至 2015 年約 8.36 億人，減少達一半以上；全球大多數國家已實現小學教育普及與性別平等，全球各國女性擔任民意代表平均比例增加近一倍；全球五歲以下兒童死亡率從 1990 年的每千人約 90 人死亡降低至約 43 人，減少達一半以上；全球孕產婦死亡率下降約 45%；拯救全球約 620 萬人避免死於瘧疾，約 3,700 萬人避免死於結核病；全球衛生設施大幅改善，露天便溺比例幾乎減半；已開發國家提供的政府發展援助增加 66% 等 (United Nations, 2015)。

　　然而「2015 年千禧年發展目標報告」亦強調，雖然全球在千禧年發展目標的整體表現較 2000 年的狀況有顯著進展，但其中很大部分的改善成果，歸因於幾個大型開發中國家發展狀況的迅速提升，尤其是中國與印度等國大力推

動的各項千禧年發展目標。但這些大型開發中國家的亮眼成果，可能會掩蓋掉其他開發中國家的發展仍然停滯甚至倒退的現象，部分目標的發展程度遠遠落後，留下許多未來全球尚待努力改善的空間，其中包括：全球仍有超過 8 億人口生活在極端貧窮及飢餓狀態下；無論國家間或家戶間，財富、資源、權力落差依然相當顯著；全球醫療資源分配不均，許多人民健康狀況亟待改善；全球女性在工作、經濟、決策參與仍不平等；許多與永續發展相關的基本數據及資訊缺乏、過時、品質欠佳、規格不一致等 (United Nations, 2015)。

3.3 聯合國永續發展目標的原則與主軸

自 2010 年開始，聯合國召開多次會議，檢討自 2000 年以來全球推動千禧年發展目標的執行狀況及成果，考量將多項尚未納入千禧年發展目標，但確為當前推動全球永續發展所面臨的重要議題，納為下階段發展目標，包括：分歧衝突、暴力、恐怖主義；氣候變化；生產與消費失衡；經濟、就業、科技發展落差越發顯著；能資源匱乏及效率仍待大幅提升；城市與社區基本服務及建設不足；國際間發展援助規模仍然嚴重不足等，許多尚待全球各國及聯合國持續合作共同努力解決的議題。

因此聯合國於 2015 年提出「2030 年永續發展議程」，作為全球於 2016 年至 2030 年十五年期間全球各國及聯合國繼續推動全球永續發展的努力目標，強調「基於人權的作為」(Human Rights-based Approach, HRBA)、「一個都不能放棄」(Leaves No One Behind, LNOB)，及「性別平等及女性賦權」(Gender Equality and Women's Empowerment) 三項基本原則。

1. **基於人權的作為**：探討全球過去發展過程（尤其是帝國殖民時期）造成的歧視、不公平、權力不均及壓榨人權現象，以保障並提升全球發展永續發展的目的。
2. **一個都不能放棄**：這是永續發展理念的重要核心變革，特別強調應尊重邊緣群體，所有國家及人民都應參與並共享永續發展。
3. **性別平等及女性賦權**：不同性別的人民在全球都遭遇社會、政治、經濟不平等，因此性別平等一直是永續發展的關鍵議題。

聯合國 2030 年永續發展議程並提及全球永續發展應涵蓋人類 (people)、地球 (planet)、繁榮 (prosperity)、和平 (peace)，及夥伴關係 (partnership) 等五項主軸 (pillars)。其中人類是以社會面向為主要考量，是期望在 2030 年終結貧窮與飢餓，使所有人都能有尊嚴且公平的發揮其潛力。地球是以環境面向為主要考量，是期望能保護地球環境免於被破壞，以支持當代及後代人的需要。繁榮是以經濟面向主要考量，是期望能保障所有人都可享受繁榮滿足的人生，以及與自然和諧的經濟、社會及科技發展。對於和平的考量，是期望全球都能建立和平、公正及共融的社會，讓所有人都能免於恐懼及暴力。對於夥伴關係的考量，是期望能基於強化團結合作的精神，重塑全球夥伴關係，以落實 2030 年永續發展議程 (UN Sustainable Development Knowledge Platform, 2015)。

聯合國 2030 年永續發展議程提及五項發展主軸間的關係，一般有兩種不同的詮釋：五項主軸相互配合，形成的五角關係 (Global Development Research Center, 2015)，如圖 3-1 所示；或強調基於和平與夥伴關係的良善治理，以達成經濟、社會、環境綜效的內外環關係 (UNSSC, 2017)，如圖 3-2 所示。

資料來源：Global Development Research Center, 2015

圖 3-1　永續發展目標主軸間的五角關係

資料來源：United Nations System Staff College, 2017

圖 3-2　永續發展目標主軸間的內外環關係

3.4　聯合國永續發展目標的內涵簡述

聯合國 2030 年永續發展議程的內容，基於三項原則及五項主軸，提出包括十七項永續發展目標的架構，如圖 3-3 所示。

圖 3-3　聯合國十七項永續發展目標

以下是對於聯合國各項永續發展目標的簡要說明 (UNSDG, 2019; UNSDG, 2020; UNSDG, 2021; UNSDG, 2022)：

1. **消除貧窮 (No Poverty)**：全球各國應致力於在 2030 年前消除各種形式的貧窮，讓每個人都能夠享有基本生活水準及社會保障，確保全球所有人在經濟資源、基本服務、財產、繼承、天然資源、新科技與財務服務等都有公平的權利。同時致力提升窮人和弱勢群體抵禦各種天然及人為災害的能力，降低其遭受經濟、社會、環境衝擊的災害風險和影響程度。全球應有效運用資源，協助開發中國家規劃實施適當的政策與行動計畫，並考量發展狀況，建立國家、區域與國際層級的政策架構，共同努力加速推動消除貧窮的行動。

2. **消除飢餓 (Zero Hunger)**：應實現全球各國所有人民都能擁有充足且優質的食物供給，特別是要滿足對於兒童、青少女、孕婦、哺乳婦女以及老年人的營養需求。全球各國應採取有效的農業政策與行動計畫，以提高農業生產力，尤其應增加小規模糧食生產農民的收入，並協助維護改善土地與土壤生態系統，確保糧食生產系統的永續發展。透過國際合作，提高針對鄉村基礎建設、農業科技發展、農村研究服務、基因保存相關的投資。國際間應避免對於全球農業市場的操控、扭曲與限制，確保相關全球糧食產品市場發揮正常功能。

3. **良好健康與福祉 (Good Health and Well-Being)**：全球應確保所有人民在各生命階段的健康及福祉，尤其是提高生殖健康、孕產婦、嬰幼兒及兒童健康水準。持續努力降低傳染性疾病、非傳染性疾病及環境污染造成的疾病，及非疾病造成的健康影響，包括交通事故、藥品濫用、自殺、中毒、災害等。應實現涵蓋所有人民的醫療保險，確保能獲得安全、有效、可負擔的藥物及疫苗。全球各國應致力強化所有國家的早期預警及健康風險管理的能力。

4. **優質教育 (Quality Education)**：全球各國應確保所有人民能在各教育發展階段（包括學前教育）接受廣泛、公平且優質、可負擔的教育機會，尤其要確保弱勢族群接受各種教育與職業訓練的管道。各國應確保學生學習永

續發展相關知識與技能，包括永續生活模式、人權、性別平等、和平及非暴力提倡、全球公民、文化差異欣賞，以及文化對永續發展的貢獻等。設置及提升適合孩童、身心障礙者以及兩性的教育設施及學習環境。補助開發中國家提升其高等教育受教率及師資培訓。

5. **性別平等 (Gender Equality)**：全球應致力消除一切針對性別的歧視和暴力，包括肢體暴力、言語暴力、性暴力以及童婚習俗等。各國應強化性別平等政策及立法，提升所有女性的權能，確保女性在工作、婚姻、政經及公共決策等領域有平等的決策參與機會，保障發展的永續平等，並擁有性健康、生育健康和生育的自主權利，享有公私領域真正的公平權利，以促進兩性平等。強調婦女家庭照護與家事操勞的無給貢獻，提倡由家人共同分擔家事。

6. **淨水與衛生 (Clean Water and Sanitation)**：全球各國應重視水資源對於地球生態和人類生存的關鍵作用，強調水資源對於推動人民健康、教育及減貧等領域發展的重要作用。全球各國應致力保護及恢復與水資源有關的自然生態系統，確保水資源供應的品質和永續性，強化水資源與衛生設施的管理，大幅改善廢水處理及回收再利用；規劃實施水資源整體管理計畫，鼓勵地方社區參與，支援開發中國家的水資源與衛生相關行動計畫與能力培養。

7. **可負擔且潔淨的能源 (Affordable and Clean Energy)**：全球各國能源取得及使用形式各異，目前全球能源的供需情況與實現永續目標所需的進展有相當大的落差。全球各國應確保所有人都可享用及負擔穩定、潔淨的現代化能源服務，改善潔淨能源相關科技，積極推動相關基礎建設，並全面改善全球能源效率。各國應大幅推動全球再生能源技術的共享，並為開發中國家提供現代及永續的能源服務。

8. **尊嚴就業與經濟發展 (Decent Work and Economic Growth)**：共融且永續的經濟成長可為所有人創造就業機會，有助於提高人民的生活水準，尤其是低度開發國家和開發中國家應加速經濟成長，以縮小與已開發國家的明顯落差。全球各國應透過多元化、科技升級、創新及金融機構功能提升，推動高附加價值與勞動力密集產業的發展，並應協助微型與中小企業的成

長；實現所有人都能全面就業、同工同酬，保護勞工權益；提供開發中國家貿易資源及整合架構，以利其經濟發展。

9. **工業、創新與基礎建設 (Industry, Innovation and Infrastructure)**：工業可促進經濟發展及就業，進而縮小收入差距；創新可拓展工業部門的技術能力，進而發展新科技；基礎建設為社會與產業發展的基礎硬體設施。全球應促進具包容性及永續性的工業，提高工業就業率與 GDP 占比；促進提升科研能力及能資源使用效率，並採用綠色科技與製程；發展高品質、永續、可負擔、公平，以及具有韌性的基礎建設；增加小規模工商業取得服務的管道；提供開發中國家財務、科技與技術支援等。

10. **減少不平等 (Reduce Inequalities)**：本目標要求應降低國家內部及國家間的收入及基於性別、年齡、殘疾、種族、階級、宗教、遷徙的不平等，尤其是提升底層人口的所得。全球各國應確保機會平等不受各種因素影響，維持安全、有序及正常的國際遷徙；關注並提升開發中國家在全球經濟金融組織的代表性；對開發中國家，尤其是最低度開發國家，實施特別且差異對待原則並提供援助。

11. **永續城市與社區 (Sustainable Cities and Communities)**：全球各國應致力降低城市和社區運作對於自然環境生態的影響，其中包括空氣品質與廢棄物管理；應對城市和社區進行妥善的風險規劃和管理，降低各種災害的影響；確保居民都可取得適當、安全、及可負擔的住宅與基本服務；催化創新和成長，保護城市與社區文化與自然遺產，並支援最低度開發國家。

12. **責任消費與生產 (Responsible Consumption and Production)**：要求全球各國規劃永續消費與生產計畫，促進符合永續發展的公共採購流程，實現資源永續管理；鼓勵企業採取永續生產消費模式，並定期報告其永續性資訊；降低全球生產、銷售與消費層級的糧食損失；檢討改革對於化石燃料的補助；國際間應制定管理對環境有害物質的具體政策和相關國際協定；協助開發中國家強化其科技能力，以朝向更永續的消費與生產模式。

13. **氣候行動 (Climate Action)**：氣候變化是當前對全球永續發展的最大威脅，其引發的影響空前廣泛，尤其是加重最貧困及最弱勢人民的負擔。全球各國應將氣候變化措施納入國家政策，採取緊急行動，降低溫室氣體排放，

提升氣候風險管理及災害保護復原能力。已開發國家應盡快落實募集氣候基金的承諾，以協助開發中國家推動相關氣候行動的財務需求。

14. **水下生命 (Life below Water)**：海洋及海洋資源對人類福祉、全球經濟和社會發展至關重要。全球各國應預防並大幅減少對於海洋的污染排放，尤其是來自陸地的各種污染流入；各國應以永續方式管理及保護海洋與海岸生態，有效監管過度捕撈；全面落實聯合國海洋法公約；保障小規模漁撈業者進入海洋資源市場的管道。

15. **陸域生命 (Life on Land)**：全球各國應保護、恢復並促進永續利用陸地及其他生態系統，特別是以永續方式管理森林，制止和改善土地及自然棲息地退化；遏制生物多樣性的喪失；採取緊急措施終止受保護動植物遭到盜採、盜獵與非法走私；避免外來物種入侵本地陸域與水域環境，並應將生態系統與生物多樣性價值納入其國家與地區的規劃發展策略的重要考量。

16. **和平、正義與有力制度 (Peace, Justice and Strong Institutions)**：在尊重人權、依法治理，及建立透明、負責且有效機構的基礎上，促進全球社會的和平與共融。目前很多人民因為政府行政能力薄弱，而無法享有充分的司法、資訊及其他基本權利，應確保所有人民都有公平的司法管道，促進及落實無歧視的法律與政策；發展及推動有效、負責且透明的制度，並降低各種形式的貪污賄賂；全球各國應強化國家法制，並透過國際合作，以預防暴力並對抗恐怖主義與犯罪行為。

17. **夥伴關係 (Partnership for the Goals)**：全球各國應整合並鼓勵促進社會多邊合作，分享知識、專業、科技與財務資源；尊重其他國家或不同群體的政策與領導空間，以建立及落實其永續發展所需的相關政策；促進國際間知識與科技的交流合作；加強對開發中國家的援助；提高全球總體經濟貿易在世界貿易組織 (World Trade Organization, WTO) 架構下的穩定性。

聯合國為積極有效達成 2030 年永續發展議程的願景，敦促各國政府或組織（包括企業）應參考聯合國永續發展目標，訂定對應其國家或組織（包括企業）需求的永續目標；再藉由不同的倡議推動、法規制定或誘因提供等方式，引導國家或組織（包括企業）達成其永續發展目標。

而 2019 年新冠疫情的爆發，對於推動全球永續發展造成巨大的衝擊，聯合國提及新冠疫情除了帶給全球人民空前的健康風險，更暴露出全球治理脆弱的嚴重危機，以致疫情後續引發嚴重飢餓貧窮、經濟衰退、供應鏈中斷、產銷失調等現象，大幅傷害了幾十年來全球推動永續發展的努力，導致全球永續發展的步伐減緩甚至倒退。而區域間、國家間、世代間的認知差異，造成全球各國對於新冠疫情治理的應對方式和社會恢復能力表現出極大差異，許多國家人民質疑政府治理策略不明確、不均衡，也不足夠，以致疫情治理的成效飽受責難。雖然新冠疫情挑戰嚴峻，但因應嚴重風險的相關經驗，說明全球必須共同面對自然生態系統保育及基因技術管制的必要性，更是防範未來全球性突發風險事件及增加重要公共基礎投資的關鍵契機；而全球展現的社區韌性以及各領域的無私奉獻，將是有助於未來建立推動社會保障、數位轉型及全球合作等永續發展相關的基礎 (United Nations, 2020b)。

3.5 結語

人類社會正處於前所未見、快速變化的新時代，在環境方面，面臨氣候變遷、資源耗竭現象；在社會方面，面臨價值衝突、公民意識崛起；在經濟方面，面臨科技創新、治理模式的挑戰。而永續發展目標涉及對於環境永續、社會正義及經濟繁榮的期望，因此除了推動永續發展相關的短期因應改善措施外，還應努力建立社會對於中長期永續發展願景的共識及行動。所以需廣泛考量並尊重國家、區域、領域、世代間對於永續發展期望的差異，包括內外部利害相關者及邊緣群體的需求，並嘗試鑑別應優先共同關注的永續發展目標及指標，以期創造全民共同的福祉。

我國自然環境屬於結構脆弱且具隔離性的海島生態系統，由於氣候、地質、地形、生態條件複雜多樣，自然資源相對匱乏，天然災害發生頻繁，加以地狹人稠以及國際地位特殊等因素，應比其他國家更具追求永續發展的迫切性。加以近年由於國際政局變動、國際環保意識提升、國際貿易自由化等趨勢日益複雜，對我國經濟發展、社會公平及環境資源的壓力更為迫切沉重。然而

我國在追求永續發展的過程，亦面臨諸多國內現實挑戰，其中包括經濟開發與環境保育的平衡、科技發展與社會公平的平衡、當代與未來世代的機會均衡、人民參與、權利與責任及生活品質的均衡、中央政府與地方政府權責的均衡等，都是未來必須持續溝通調和的議題。

聯合國永續發展目標的內容涵蓋多元複雜、相互呼應、環環相扣且無法切割，其具體推動的確是極為艱鉅的挑戰，也是發展典範轉型的機會。有賴於政府、企業、民眾建立堅強的合作伙伴關係，匯集社會均衡發展價值的共識，以主動前瞻的方式、勇敢創新的思維，共同努力翻轉目前的發展困境，建構有效且具韌性的永續發展治理架構，發展基於永續發展考量的工程與管理技術工具、法律及行政體系，投資及培養永續發展所需的相關專業人才，基於全球一命、平視平等、互利共享的精神，以保障所有人都能享受到發展的基本服務及福祉，達到公平共享的目的。

習題

1. 請簡要列出四項聯合國千禧年發展目標的內容。

解答 聯合國千禧年發展目標包括以下八項目標：消除極端貧窮和飢餓；全面普及基本教育；促進兩性平等及婦女權力；降低兒童死亡率；改善產婦保健；對抗愛滋病、瘧疾以及其他疾病；確保環境永續。

2. 請簡要說明聯合國永續發展三項基本原則的意義。

解答 聯合國永續發展的三項基本原則包括：基於人權的作為：探討全球過去發展過程（尤其是帝國殖民時期）造成的歧視、不公平、權力不均及壓榨人權現象，以保障並提升全球發展永續發展。一個都不能放棄：永續發展理念的重要核心變革，特別強調應尊重邊緣群體，所有國家及人民都應參與並共享永續發展。性別平等及女性賦權：不同性別的人民在全球都遭遇社會、政治、經濟不平等，因此性別平等一直是永續發展的關鍵議題。

3. 請簡要說明聯合國永續發展的五項主軸的內涵。

解答 聯合國永續發展的五項主軸為：人類、地球、繁榮、和平及夥伴關係。其中對於人類的考量，是期望終結貧窮與飢餓，使所有人都能有尊嚴且公平的發揮其潛力。對於地球的考量，是期望能保護地球環境免於破壞，以支持當代及後代人的需要。對於繁榮的考量，是期望能保障所有人都可享受繁榮滿足的人生，以及與自然和諧的經濟、社會、科技發展。對於和平的考量，是期望全球都能建立和平、公正及共融的社會，讓所有人都能免於恐懼及暴力。對於夥伴關係的考量，是期望能基於強化團結合作的精神，重塑全球夥伴關係。

參考文獻

Global Development Research Center. (2015). Sustainability Dashboard. Retrieved from https://sdg.gdrc.org/post/128479353317/the-five-key-elements-5-ps-that-led-to-the.

United Nations. (1972). *Declaration of the United Nations Conference on the Human Environment*. Retrieved from https://legal.un.org/avl/ha/dunche/dunche.html.

United Nations. (2005). Principles for Responsible Investment. Retrieved from https://www.unpri.org/pri/about-the-pri.

United Nations. (2012). Principles for Sustainable Insurance. Retrieved from https://www.unepfi.org/insurance/insurance/.

United Nations. (2015). *The Millennium Development Goals Report*. Retrieved from https://www.un.org/millenniumgoals/2015_MDG_Report/pdf/MDGOverview.pdf.

United Nations. (2019a). Principles for Responsible Banking. Retrieved from https://www.unepfi.org/banking/bankingprinciples/.

United Nations. (2019b). *The Sustainable Development Goals Report*. Retrieved from https://unstats.un.org/sdgs/report/2019/.

United Nations. (2020a). *The Sustainable Development Goals Report 2020*. Retrieved from https://unstats.un.org/sdgs/report/2020/.

United Nations. (2020b). The Sustainable Development Goals: Our Framework for COVID-19 Recovery. Retrieved from https://www.un.org/sustainabledevelopment/sdgs-framework-for-covid-19-recovery/.

United Nations. (2021). *The Sustainable Development Goals Report 2021*. Retrieved from https://unstats.un.org/sdgs/report/2021/.

United Nations. (2022). *The Sustainable Development Goals Report 2022*. Retrieved from https://unstats.un.org/sdgs/report/2022/.

United Nations Conference on Environment and Development. (1992). *Agenda 21*. Retrieved from https://sustainabledevelopment.un.org/content/documents/Agenda21.pdf.

United Nations Department of Economic and Social Affairs. (2016). Sustainable Development. Retrieved from https://sustainabledevelopment.un.org/sdgs.

United Nations Global Compact. (2014). *Who Cares Wins*. Retrieved from https://www.unepfi.org/fileadmin/events/2004/stocks/who_cares_wins_global_compact_2004.pdf.

第四章

永續發展之環境議題：氣候議題──SDG 13

馬偕醫學院高齡福祉科技研究所　副教授
申永順

學習目標

- 氣候變遷的成因與對地球環境之影響。
- 聯合國《氣候變化綱要公約》與《巴黎協定》等國際法令內容。
- 永續發展目標第 13 項氣候行動中之減緩與調適兩大策略。
- 國際間政府及企業主要因應之淨零策略與行動發展趨勢。

全球暖化引發之氣候變遷現象已被認定為本世紀人類社會所要面臨的最嚴重之環境挑戰，已發生的氣候影響似乎比過去所預測的更加頻繁、激烈，尤其是對於環境脆弱或貧窮地區的影響更為顯著，因此世界各國面對未來的氣候緊急狀態，都必須完善規劃因應策略，才能降低因氣候變遷現象所引發的環境衝擊。本章主要說明國際氣候變遷議題之發展歷程、聯合國《氣候變化綱要公約》與《巴黎協定》，以及永續發展目標 SDG 13 氣候行動，並介紹國際間政府及企業主要因應之淨零策略與行動。

4.1　國際氣候變遷議題之發展歷程

一、氣候變遷議題之成因與發展

1. 全球暖化的成因與溫室氣體排放現況

氣候變遷是指長期的氣候變化現象。過去一個多世紀以來，人類大量地燃燒煤炭和石油等化石燃料，造成大氣中的二氧化碳濃度增加，加上大幅度開墾林地、拓展農業和工業發展，致使大氣層中的溫室氣體 (greenhouse gases, GHGs) 濃度越來越高。當大氣層中溫室氣體過量，可見光照射至地表及海洋反射回大氣層的紅外線被二氧化碳吸收，導致全球暖化，平均氣溫和海洋溫度升高，極地的冰川開始融化，海平面上升，全球各地低海拔的沿岸地區將被淹沒。此外，全球暖化會導致暴雨、水患、熱浪、乾旱及森林大火等極端天氣的頻率及衝擊增大，造成糧食危機、水資源枯竭、生態危機等嚴重的生命與財產損失，以及隨之引發的全球經濟與政治危機。

根據聯合國政府間氣候變化專門委員會 (Intergovernmental Panel on Climate Change, IPCC) 2022 年的報告 (UN IPCC, 2022)，全球人為溫室氣體自 1850 年起二氧化碳淨排放量不斷累積，在 2010 年至 2019 年期間淨排放總量持續上升，如圖 4-1 所示。2010 年至 2019 年平均溫室氣體年排放量雖高於之前任何十年，但 2010 年至 2019 年間的成長率已低於 2000 年至 2009 年間。2019 年全球人為溫室氣體淨排放量為 59 ± 6.6 GtCO$_{2-eq}$（Gt 為十億公噸），

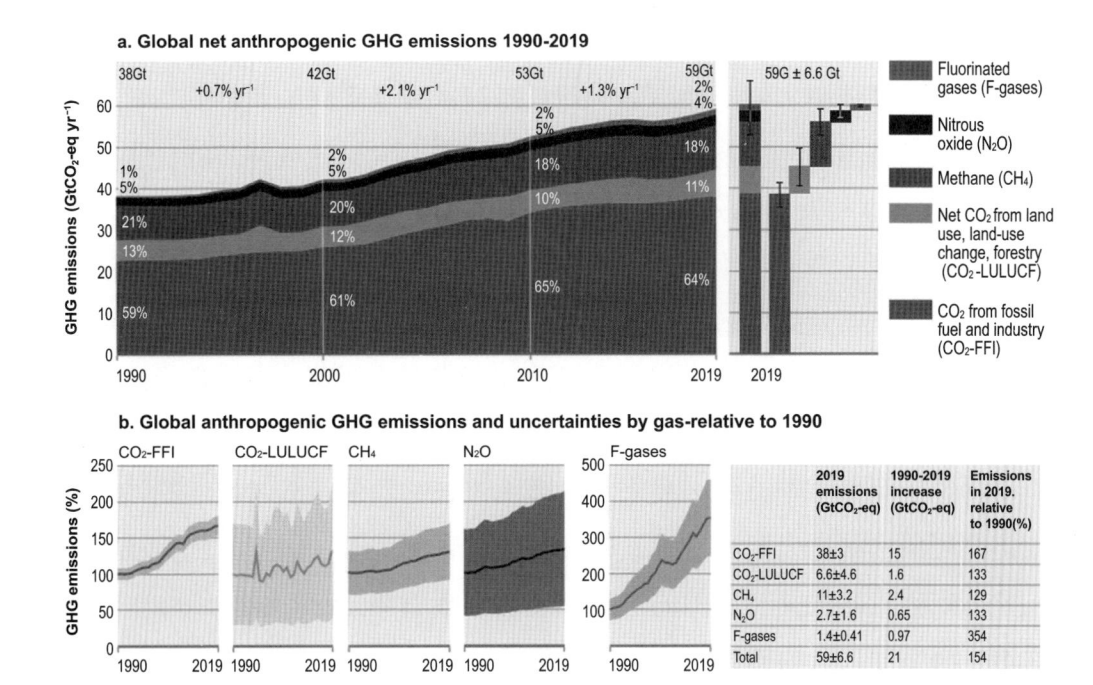

a. Global net anthropogenic GHG emissions 1990-2019

Year	Total	Annual growth
1990	38Gt	+0.7% yr⁻¹
2000	42Gt	+2.1% yr⁻¹
2010	53Gt	+1.3% yr⁻¹
2019	59Gt	2%

2019: 59G ± 6.6 Gt

Composition (1990 → 2019):
- CO₂ from fossil fuel and industry (CO₂-FFI): 59% → 61% → 65% → 64%
- Net CO₂ from land use, land-use change, forestry (CO₂-LULUCF): 13% → 12% → 10% → 11%
- Methane (CH₄): 21% → 20% → 18% → 18%
- Nitrous oxide (N₂O): 5% → 5% → 5% → 4%
- Fluorinated gases (F-gases): 1% → 2% → 2% → 2%

b. Global anthropogenic GHG emissions and uncertainties by gas-relative to 1990

	2019 emissions (GtCO₂-eq)	1990-2019 increase (GtCO₂-eq)	Emissions in 2019, relative to 1990(%)
CO₂-FFI	38±3	15	167
CO₂-LULUCF	6.6±4.6	1.6	133
CH₄	11±3.2	2.4	129
N₂O	2.7±1.6	0.65	133
F-gases	1.4±0.41	0.97	354
Total	59±6.6	21	154

The solid line indicates central estimate of emissions trends. The shaded area indicates the uncertainty range.

資料來源：UN IPCC, 2022

圖 4-1　1990 年至 2019 年全球人為溫室氣體淨排放量 (GtCO$_{2-eq}$ yr^{-1})

比 2010 年高出約 12% (6.5 GtCO$_{2-eq}$)，比 1990 年高出 54% (21 GtCO$_{2-eq}$)。2010 年至 2019 年十年間的年平均值為 56±6.0 GtCO$_{2-eq}$，比 2000 年至 2009 年平均值高出 9.1 GtCO$_{2-eq}$，這是有紀錄以來平均十年排放量的最高增幅。而平均年增長率則是從 2000 年至 2009 年期間的 2.1% 放緩至 2010 年至 2019 年期間的 1.3%。

1850 年至 2019 年累計二氧化碳淨排放量為 2,400±240 GtCO$_2$，其中一半以上 (58%) 發生在 1850 年至 1989 年之間 (1,400±195 GtCO$_2$)，約 42% 發生在 1990 年至 2019 年之間 (1,000±90 GtCO$_2$)，約 17% 發生在 2010 年至 2019 年間 (410±30 GtCO$_2$)。如將升溫限制在 1.5°C 的機率設定為 50%，則 2020 年以後全球所剩餘的碳預算（carbon budget，以升溫不超過臨界點為基準，評估全球還有多少額度的溫室氣體可以排放）預估為 500 GtCO$_2$；如將升溫限制在 2°C 的機率設定為 67%，全球所剩餘的碳預算預估為 1,150 GtCO$_2$ (UN IPCC, 2022)。

氣候變遷的問題，對臺灣地區而言更加值得重視，主要原因是臺灣是個小島，島嶼生態系統原本就比較脆弱，而且臺灣本身受到構造運動的影響，地質岩性構造亦較為脆弱，加上地震、颱風豪雨頻仍，容易造成許多的災害。集水區的上游、中游、下游都分別受到不同地表作用的影響，面對颱風豪雨的衝擊，尤其是暴雨，造成集水區的治理更加困難。而都市地區因為不透水面的增加、地下水排水系統的阻塞，逐漸導致都市系統的脆弱化，抵抗天然災害的能力減少，並承受更多的壓力。因此，氣候變遷帶來的問題，成了各級政府必須面對的挑戰。

臺灣位於亞熱帶季風區，夏季常因颱風帶來的雨量造成山坡地的沖刷、崩塌，這些現象都讓過去開發、建設的設計標準受到挑戰，這些設計與規劃的標準，會造成經費的提高及風險的增加。氣候變遷主要面臨的氣候風險，包含極端暴雨、海平面上升與極端溫度等氣候事件，進而影響都市與海岸地區淹水、乾旱、坡地災害，甚至引起其他類型的氣候變遷衝擊。主要的氣候變遷調適課題，包含郊山坡地災害、都市洪患災害、海岸侵蝕與都市熱島效應等危害衝擊，以及會影響都會區用電、用水安全的水資源與能源供給系統。臺灣北部都會區的人口密度高達 4,103 人／平方公里（2016 年 8 月），是臺灣平均人口密度 649 人／平方公里（2016 年 8 月）的 6.3 倍，極大的暴露度將嚴重提高氣候變遷衝擊程度（林俊全，2016）。

減少氣候變遷的影響、提高承受氣候變遷的能力，是國家永續發展的挑戰。這些挑戰包括：海平面的變遷、海岸侵蝕、國土流失的問題；能源、水資源、糧食資源的永續問題；災害防治的問題等。這些問題有些是關於防災、避災，例如適當的國土規劃，避免不當的土地使用方式，像是山坡地、海埔地與河川地的任意開發；有些是救災、減災的相關議題，因為土沙流失即是地表作用的反應，如何避免在災害發生時，造成更大的生命財產損失，必須積極防制。還有人謀不臧的問題，例如在高潛勢災害地區開發，所造成的許多經濟損失，也是國家無法永續發展的重要原因，也就是說，天災仍可為，人禍不可免。

2. 國際社會之因應歷程

氣候變遷議題自 1970 年代以來逐漸獲得人類的重視。聯合國在 1972 年 6 月 5 日至 16 日，於瑞典首都斯德哥爾摩召開「人類環境會議」，為世界各國政府共同探討當代環境問題與策略的濫觴。聯合國世界氣象組織於 1979 年瑞士日內瓦召開第 1 屆世界氣候大會，為聯合國推動全球氣候變遷因應所召開的第一個國際會議。隨著世界經濟快速發展，化石能源、土地使用量大增，以及砍伐森林等對自然環境資源的破壞，造成全球的衝擊，全球暖化現象及其對氣候的影響日益顯著。

2007 年 IPCC 於西班牙瓦倫西亞公布的「綜合報告」指出，即使各國每年花費數十億美元減少二氧化碳排放量，效果仍有限。氣候變遷的問題，已「急遽且不可逆轉」，因此面對氣候衝擊，各國須努力調適與其共存。因應氣候變遷對生態環境與人類生存造成的衝擊，已成為國際間最急迫的永續議題。

聯合國《氣候變化綱要公約》(UN Framework Convention on Climate Change, UNFCCC) 第 21 屆締約國大會 (COP 21) 所通過的《巴黎協定》(Paris Agreement) 目標之一，即為將全球平均溫升幅度控制在工業化前的 2°C 以下，同時有 196 個國家一致決定共同解決氣候問題，其中有 186 個國家自願設立節能減排目標。此外，COP 21《巴黎協定》規定各方應根據不同國情，逐步增加當前「國家自定預期貢獻」(Intended Nationally Determined Contribution, INDC)，除了符合聯合國《氣候變化綱要公約》之「共同但有差異之國際責任」的精神外，並為 2020 年後全球因應氣候變化設定更加清晰的目標 (UNFCC, 2015)。臺灣雖非聯合國《氣候變化綱要公約》之締約國，但我國政府已於 2015 年 9 月 17 日主動提出國家自定預期貢獻，彰顯出臺灣善盡共同保護地球環境責任的意願（環境部，2015）。

二、聯合國氣候變化綱要公約與巴黎協定之內容

2015 年聯合國《氣候變化綱要公約》第 21 屆締約國大會，在巴黎召開，國際上視此為自 1997 年《京都議定書》之後最重要的會議，是對抗氣候變化的重要里程碑。會中，首度納入「非締約方利害關係人」的參與，明確肯定城市與次國家層級政府為氣候行動的重要角色，同時也凸顯區域尺度的氣候變遷

調適重要性（林俊全，2016）。會中各國再次集結努力達成減少溫室氣體排放的《巴黎協定》，展現挽救人類免於氣候變化帶來毀滅的重要一步，同時宣告工業革命後仰賴化石燃料（煤炭、石油和天然氣等天然資源）帶來成長的時代即將步向終結，正式揭示全球必須面對的低碳未來，並宣告低碳與永續時代的來臨。

《巴黎協定》減緩目標的特色，包括所有國家都參與以國家自定貢獻 (Nationally Determined Contributions, NDCs) 機制進行的減排或限排，反映共同但有區別的責任和各自能力，其中工業化國家必須提出絕對減量目標值，並依發展中國家的發展情勢加大其協助行動力度。《巴黎協定》以公平為基礎，考量各國國情以達成公約目標，全文計二十九條如表 4-1 所示（12/Dec/2015，編號：FCCC/CP/2015/L.9/Rev.1）。

《巴黎協定》之重點可摘錄如下：

1. 全球目標升溫低於 2°C，並致力於限制在 1.5°C 以內。
2. 所有國家以國家自定貢獻作為減量目標之機制進行減排或限排，已開發國家必須提出絕對減量目標值。

表 4-1　《巴黎協定》條文大綱

1. 定義	11. 能力建構	21. 生效
2. 目的	12. 教育宣導與公共參與	22. 修訂
3. 國家自定貢獻	13. 透明度	23. 附件
4. 減緩	14. 全球總結	24. 爭議解決
5. 溫室氣體匯／庫	15. 促進執行與遵約	25. 表決
6. 相關機構、機制	16. CAM*	27. 保留
7. 調適	17. 秘書處	28. 退出
8. 損失與損害	18. SBSTA & SBI	29. 語文（英、中、阿、法、俄、西）
9. 資金	19. 本協議其他附屬機構	
10. 技術開發與轉移	20. 簽署及批准、接受、核准或加入文件	
* Conference of the Parties serves as the meeting of the Parties to this Agreement		

資料來源：彙整自《巴黎協定》

3. 全球溫室氣體排放峰值盡快達成，並於本世紀下半期達成碳排放與碳匯間的平衡。
4. 由已開發國家籌集每年 1,000 億美元之綠色氣候基金，協助開發中國家進行減緩與調適。
5. 具有法律拘束的申報制度，從 2023 年起每五年一次全球盤點執行進度。
6. 生效門檻為至少 55 個締約方，並占全球溫室氣體排放量 55% 以上，提交其批准、接受、核准或登錄之日後三十天起生效。
7. 上述每年 1,000 億美元綠色氣候基金是由已開發國家提供，作為加強現行發展中國家減緩和適應方面的政策、策略、規章、行動計畫和氣候行動，於 2025 年前在考慮到發展中國家的需要和優先事項情況下，設定新的集資目標，再增加金額。
8. 《巴黎協定》提出所有締約方都可運用涉及國際減緩績效轉移 (Internationally Transferred Mitigation Outcomes, ITMOs) 之自發性合作方式於其 NDC，並授權締約方公私部門之參與。

　　《巴黎協定》之達成深具歷史性意義的原因，在於全球 195 個國家一致承諾共同實際參與解決氣候變化問題，且世界各國的減碳進展將在一個有法律拘束性的當責系統中，作透明公開的呈現，並以 NDC 做為各國減碳目標，每五年重新檢討一次。隨著每年 1,000 億美元綠色氣候基金之帶動，清潔經濟 (clean economy) 將為全球經濟發展的重大轉型。

　　IPCC 已著手研究如何將溫升控制在低於 1.5°C。有關《巴黎協定》之後續展望與重要進程目標整理如表 4-2 所示。

　　自 1995 年起，《聯合國氣候變遷綱要公約》簽署國家每年舉行一次締約方會議 (Conference of the Parties, COP)，簡稱聯合國氣候大會，大會期間匯聚全球 198 個國家的領袖、專家、民間團體、企業，共同尋求減緩氣候變遷的對策。根據《巴黎協定》第 14 條之規定，各締約國自 2023 年起，每五年需進行一次全球盤點，以評估並檢視各國 2015 年簽署《巴黎協定》以來之減碳進展。根據 2023 年 9 月聯合國公告的全球盤點技術評估報告，目前全球的減碳進度緩慢，若要達成限溫 1.5°C 的目標，需要在 2030 年減碳 43%（以 2019 年

表 4-2　《巴黎協定》之後續展望與重要進程目標

年	重要進程與目標
2016	《巴黎協定》開放簽署（55 國且全球涵蓋量 ≥ 55%）
2017	《巴黎協定》生效
2018	1. 開始提交 NDC 2. IPCC 提交排放路徑技術文件
2020	1. 先進國家提供減緩調適基金 ≥ 1,000 億美元 2. 提交更新版 NDC 期限
2023	第一次全球總結盤點 (first global stocktake)，爾後每五年一次
2030	全球 GHGs 排放量須降至 400 億噸（以目前提出之 INDC，預計達 550 億噸）
2050	全球各國須在 2050 年減少 2010 年基準年排放量 50-80%

資料來源：彙整自《巴黎協定》

為基準）。2023 年第 28 屆會議在阿拉伯聯合大公國杜拜舉辦，近 200 國達成能源轉型、擺脫化石燃料的歷史性決議，呼籲各國 2030 年底前以「公正、有序和公平方式」加速全球擺脫暖化元凶之一的化石燃料，以利在本世紀中葉達成淨零排放。此外，大會也呼籲各國在 2030 年底前將風力、太陽能等再生能源的裝置容量提高為目前的三倍，減少較二氧化碳更易致暖的甲烷排放（中央社，2023）。

三、巴黎協定對企業永續之影響

隨著國際間氣候變遷及溫室氣體減量議題的興起，國際間與化石燃料相關的產業，在市場上已明顯地受到衝擊，國際間的投資者已逐漸撤離化石燃料產業，各國銀行紛紛宣布修訂的煤礦業投資政策，表示未來將減少對煤礦開採行業的融資，以避免未來因更嚴格的法令規範及天然氣競爭衍生的投資風險。此外，在低碳永續的投資方面，各國政府皆全力推動低碳科技及清潔能源研究之相關政策。由比爾·蓋茲、傑夫·貝索斯、馬克·祖克柏及馬雲等國際企業負責人集結巨額資金所組成的「能源突破聯盟」(Breakthrough Energy Coalition)，表明支持重大再生能源布局，承諾鉅額投資低碳經濟。國際著名的低碳投資登錄平台 (Climate Bonds Initiative, CBI)，亦早已在能源、建築、工

業、廢棄物及污染控制與碳封存、運輸、資訊通訊科技、農業與林業、多重管道金融措施等領域布局，推動全球性的低碳投資倡議。

碳排放管理與風險相關資訊已成為企業永續內容的重中之重，國際間主要企業已相繼開始推動內部碳定價及相關機制，以因應國際供應鏈及其他利害相關人的碳資訊揭露與管理要求。碳定價係指由經濟學家所提出為降低二氧化碳排放量，對排放者收取排放費用的方法，所收取的費用稱為碳價格 (carbon price)，即每排放一噸二氧化碳至大氣所須付出的費用。碳定價通常以碳稅 (carbon tax) 或要求購買排放許可 (permit) 或允排額度 (allowance) 之形式執行，視各國家地區之施行制度與現況而定。

4.2　永續發展目標 SDG 13：氣候行動

一、聯合國永續發展目標：UNSDG 13

聯合國永續發展高峰會 (Unite Nations Sustainable Development Summit) 於 2015 年 9 月在美國紐約聯合國總部舉行，並於高峰會開幕當天決議通過了以人類 (people)、地球 (planet)、繁榮 (prosperity)、和平 (peace) 及夥伴關係 (partnership) 五大面向為主軸的「聯合國 2030 年永續發展議程」(Transforming Our World: the 2030 Agenda for Sustainable Development)。聯合國 2030 年永續發展議程是由聯合國 193 個會員國共同完成之成果文件，永續發展目標為其核心重點，內容包含：宣言、願景、承諾、執行方法、後續行動與審查機制及永續發展目標，並從環境、社會、經濟的永續發展三大面向來推展相關行動計畫，預計在 2016 年至 2030 年之十五年內達成終結貧窮、消除不平等以及因應氣候變遷的願景。

在十七項永續發展目標中，與本章主旨較相關者為目標第 13 項：「氣候行動：採取緊急措施以因應氣候變遷及其影響」，重點在於強調國家對於氣候變遷風險調適政策與能力之建構，其主要內容如下：

13.1：強化所有國家對天災與氣候有關風險的災後復原能力與調適能力。
13.2：將氣候變遷措施納入國家政策、策略與規劃之中。

13.3：在氣候變遷的減險、適應、影響減少與早期預警上，改善教育，提升意識，增進人與機構的能力。

13.A：在 2020 年以前，落實《聯合國氣候變遷綱要公約》已開發國家締約國的承諾，目標是每年從各個來源募得 1,000 億美元，以有意義的減災與透明方式解決開發中國家的需求，並盡快讓綠色氣候基金透過資本化而全盤進行運作。

13.B：提升最低度開發國家中的相關機制，以提升能力進行有效的氣候變遷規劃與管理，包括將焦點放在婦女、年輕人、地方社區與邊緣化社區。

「聯合國 2030 年永續發展議程」為人類未來提供了全球化且兼具整合性與改革力的願景，聯合國呼籲世界各國以議程中的十七項永續發展目標為藍圖開始行動，並建立嶄新的全球夥伴關係，使人們跨越國界並跳脫短期利益的思維模式，改採團結行動的方式來長期規劃與經營。聯合國也將持續傾力支持各會員國在此領域做的努力，確保十七項永續發展目標於世界各地都能確切落實。

二、我國永續發展目標：T-SDG 13

我國行政院呼應聯合國永續發展目標所制定之首版「臺灣永續發展目標」，於 2019 年 7 月 31 日公布，後於 2022 年 12 月 29 日核定修正本，共包含十八項核心目標，一百四十三項具體目標及三百三十七項對應指標。其中與氣候行動相關之核心目標第 13 項：「完備減緩調適行動以因應氣候變遷及其影響」，共有三項具體目標，五項對應指標，如表 4-3 所示。

表 4-3　我國永續發展目標 SDG 13 之具體目標及對應指標

具體目標	對應指標
13.1：增進氣候變遷調適能力、強化韌性並降低脆弱度	13.1.1：盤點氣候風險，訂定調適行動計畫據以施行
13.2：執行溫室氣體階段管制目標	13.2.1：達成各期溫室氣體階段管制目標
13.3：提升氣候變遷永續教育與民眾素養	13.3.1：推動氣候變遷教育與永續校園
	13.3.2：推動全民行為改變，落實低碳在地行動
	13.3.3：因應氣候變遷之調適科學能力建構與服務

資料來源：國家永續發展委員會，2023

4.3 國際間政府及企業主要因應之淨零策略與行動

針對全球氣候變遷問題,聯合國全球氣候變遷綱要公約委員會提出兩項主要因應策略:減緩 (mitigation) 與調適 (adaptation) 策略。減緩策略主要是針對幾個特定的溫室氣體主要排放部門(如能源部門、產業部門、交通部門、住商部門等),進行溫室氣體之減量或將溫室氣體捕捉儲存,以降低其排放至大氣。調適策略則是針對整體社會經濟面向(包含了土地使用、水資源、農業生產、公共衛生及公共建設等),進行全面性策略調整,以適應全球氣候變遷衝擊的影響。由於氣候公約附件一締約方(以已開發國家為主)受到溫室氣體排放管制,因此一直是將減緩策略視為因應全球暖化的主要策略;而大多數非附件一締約方(以開發中或低度開發國家為主)尚無溫室氣體減量壓力,但因基礎建設不足或區域地理因素,環境脆弱度高,所以應採行調適策略為主。近年來,世界各國已認知到氣候變遷調適策略和溫室氣體減緩策略是必須同時推動且相輔相成的,但由於可投入策略執行的資源(包括人力、財務、技術等)有限,必須將推動調適策略和減緩策略的資源投入及效益產出間之競合納入考慮(簡又新等,2017)。

一、國際間政府及企業之因應與發展趨勢

茲將國際間政府及企業主要之策略因應與影響摘述如下:

1. 政府與企業積極因應氣候變遷實體風險,承諾 2050 年達成淨零目標

2015 年的《巴黎協定》期望能減少全球溫室氣體排放,共同阻止全球暖化趨勢。目前已有包括我國在內超過 140 個以上的國家宣示或將淨零政策列入立法,預計於 2050 年前達到淨零。面對全球性的氣候危機與永續浪潮,臺灣自然無法置身事外,如政府與企業無法跟上此轉變,將成為社會轉動的阻力,而若阻力來自負責願景與政策制定的政府,對國家競爭力與社會轉型將有非常巨大的影響。面對氣候變遷所帶來的人類生存與文明風險,如果不改變,將造成實體的風險與環境惡化,例如極端的旱災或暴雨等。因此為迎接 2050 年世界的大翻轉,人們必須先改變思考模式並達成共識,改變行為與行動,接著才能達到發展與保育並行,減少轉型風險。

2. 國際間已建立氣候變遷風險共識，積極推動相關氣候風險資訊揭露規範

2015 年由國際金融穩定委員會 (Financial Stability Board, FSB) 所成立的氣候相關財務揭露 (Task Force on Climate-related Financial Disclosures, TCFD) 工作小組，於 2017 年 6 月完成建議書並公布一套具一致性的自願性氣候相關財務資訊揭露建議，協助投資者與決策者了解組織重大風險，可更準確評估氣候相關之風險與機會，並提供金融機構評估申請融資或保險企業，以及企業自評氣候風險評估之用途。TCFD 小組將企業所面臨的氣候相關風險分為「轉型風險」(transition risk) 和「實體風險」(physical risk)，前者討論為將全球升溫控制在 2°C 甚至是 1.5°C 內，企業面臨低碳轉型時所產生之風險；後者則討論若不幸全球升溫超過 2°C，企業將面臨氣候變遷造成之極端氣候與災害影響。並且需將此部分納入組織既有的風險管理，藉此幫助投資者、財務機構、企業或政府等利害關係人更有效地評估，判斷全球暖化對全球經濟帶來巨大風險的同時，企業是否已做好因應準備。

為因應 2050 年淨零碳排之國際趨勢，我國政府除在 2023 年 2 月通過「氣候變遷因應法」，全面應對極端氣候帶來的影響，2020 年金管會亦公告「公司治理 3.0 永續發展藍圖」，以加速提升企業永續發展。根據金管會考量國際投資人及產業鏈日益重視環境保護、社會共融及公司治理 (Environment, Social and Governance, ESG) 相關議題，為提醒企業重視 ESG 相關利害關係議題，並提供投資人有用的 ESG 資訊，自 2023 年起，規定資本額 20 億以上的上市櫃公司均須編製並申報永續報告書，參考包括 TCFD 在內的國際相關準則，強化企業永續及氣候韌性資訊揭露。

二、企業提升氣候治理與韌性之作法

近年國內相關政府單位針對淨零與永續議題相關政策之推動相當積極，如「臺灣 2050 淨零排放路徑及策略總說明」、「淨零排放路徑 112-115 綱要計畫」、「氣候變遷因應法」、「公司治理 3.0 永續發展藍圖」、「上市櫃公司永續發展路徑圖」及「上市櫃公司永續發展行動方案」，以及「綠色金融行動方案 3.0」等，積極因應國際發展趨勢，不斷地調校修正政府相關政策與策略，因應速度之快、推動力度之高、影響之深遠，誠然為過去前所未見，確實

值得肯定。我國政府已與國際 2050 年淨零排放進程齊步，企業也須學習調整經營模式與運作系統，進而減少氣候變遷造成之衝擊，創造更能因應未來全球氣候變遷風險的經營模式，並掌握機會、創造利基。

有關提升企業氣候韌性之作法，建議企業在面對國內外來自碳定價（如碳費、碳關稅）相關之淨零排放要求與壓力，應先確認自身於產業價值鏈中之角色與定位，完整地認知國內外淨零排放相關政策及法規，以組織碳盤查、產品碳足跡及能源管理為基底，有效管控產品價值鏈所產生的碳足跡，以鑑別企業排放熱點，規劃能源管理及減碳做法。此外，企業高層應重視 ESG 相關議題，積極關注氣候變遷、永續金融、生物多樣性風潮中所衍生的企業風險，評估及制定減量或淨零目標之時機與期程，滿足不同利害相關者對於碳排放揭露資訊內容之要求，降低企業運營風險，全面提高企業因應氣候變遷風險之能力，並能完整展現資訊揭露作為（如遵循 TCFD 等），成為吸引市場中投資人選擇之投資標的，加快組織經營之淨零轉型，在永續浪潮中提升企業競爭力。

4.4 結語

聯合國 2030 年永續發展議程及永續發展目標，擘劃了全球未來十五年人類世界的文明進展路線，而《巴黎協定》則開啟了人類走入低碳永續的未來。全世界前 100 大的經濟體中，企業占半數以上，企業永續對於全球永續發展成敗的關鍵性不言而喻。環境永續與能源轉換已是全球發展的主軸，其成敗攸關國家的興衰、經濟的良窳、人民生活的品質。溫室氣體減量與氣候變化因應將更加為利害相關人所重視，也將進一步影響企業布局與長期經營決策之研訂。

值此國際與國內減碳目標均已清晰呈現，企業界面對《巴黎協定》之後續發展趨勢，應積極探討自身企業面對國內外減碳壓力下之挑戰與機會，進行企業及其供應鏈排碳之總盤查，布局綠色經濟。產業團體應主動參與政府總量管制之制定與實施，將節能減碳納入產業發展重要指標。而未來金融保險投資業對來往企業之碳風險評估將會更加慎重，產業宜盱衡國際永續發展與低碳風潮，善用核心專業，調整製程、產品與服務之研發方向，因勢利導，落實永續發展願景。

習題

1. 試說明全球暖化及氣候變遷議題之成因與影響。

解答 人類大量地燃燒煤炭和石油等化石燃料，造成大氣中的二氧化碳濃度增加，加上大幅度開墾林地、拓展農業和工業發展，致使大氣層中的溫室氣體濃度越來越高。經過一世紀的累積下，大氣層中溫室氣體過量，引致全球暖化。當平均氣溫和海洋溫度升高，海水體積膨脹，南極和格陵蘭的大陸冰川加速融化，導致海平面上升，淹沒沿海低海拔地區。除此之外，降水模式改變和亞熱帶地區的沙漠化，助長了極端天氣包括熱浪、乾旱、森林大火、暴雨、水患、暴雪等，各種天災襲擊將在全球造成嚴重的生命與財產損失。

2. 試說明氣候變遷對臺灣地區主要可能造成的影響。

解答 臺灣是個小島，島嶼生態系統原本就比較脆弱，而且臺灣本身受到構造運動的影響，地質岩性構造亦較為脆弱，加上地震、颱風豪雨頻仍，容易造成許多的災害。集水區的上游、中游、下游都受到不同地表作用的影響，面對颱風豪雨的衝擊，尤其是暴雨，造成集水區的治理更加困難。而都市地區因為不透水面的增加、地下水排水系統的阻塞，逐漸導致都市系統的脆弱化，抵抗天然災害的能力減少，並承受更多的壓力。氣候變遷主要面臨的氣候風險，包含極端暴雨、海平面上升與極端溫度等氣候事件，進而影響都市與海岸地區淹水、乾旱與坡地災害，甚至引起其他類型的氣候變遷衝擊。

3. 試說明《聯合國氣候變化綱要公約》之《巴黎協定》主要法令內容。

解答 《巴黎協定》減緩目標的特色，包括所有國家都參與以國家自定貢獻機制進行減排或限排，反映共同但有區別的責任和能力，其中工業化國家必須提出絕對減量目標值，並依發展中國家的發展情勢加大其協助行動力度。

《巴黎協定》之重點可摘錄如下：

1. 全球目標升溫低於 2°C，並致力於限制在 1.5°C 以內。

2. 所有國家以國家自定貢獻做為減量目標之機制進行減排或限排，已開發國家必須提出絕對減量目標值。
3. 全球溫室氣體排放峰值盡快達成，並於本世紀下半期達成碳排放與碳匯間的平衡。
4. 由已開發國家籌集每年 1,000 億美元之綠色氣候基金，協助開發中國家進行減緩與調適。
5. 具有法律拘束的申報制度，從 2023 年起每五年一次全球盤點執行進度。
6. 生效門檻為至少 55 個締約方並占全球溫室氣體排放量 55% 以上，提交其批准、接受、核准或登錄之日後三十天起生效。
7. 上述每年 1,000 億美元綠色氣候基金是由已開發國家提供，作為加強現行發展中國家減緩和適應方面的政策、策略、規章、行動計畫和氣候行動，於 2025 年前在考慮到發展中國家的需要和優先事項情況下，設定新的集資目標，再增加金額。
8. 《巴黎協定》提出所有締約方都可運用涉及國際減緩績效轉移之自發性合作方式於其 NDC，並授權締約方公私部門之參與。

4. 試說明碳預算及碳定價之意義。

解答 碳預算係指以升溫不超過臨界點為基準，評估全球還有多少額度可以排放的溫室氣體量。碳定價係指由經濟學家所提出為降低二氧化碳排放量，對排放者收取排放費用的方法。所收取的費用稱為碳價格，即每排放一噸二氧化碳至大氣所須付出的費用。碳定價通常以碳稅或要求購買排放許可或允排額度之形式執行，視各國家地區之施行制度與現況而定。

5. 試說明永續發展目標 SDG 13 氣候行動之主要內容。

解答 目標第 13 項為「氣候行動：採取緊急措施以因應氣候變遷及其影響」，重點在於強調國家對於氣候變遷風險調適政策與能力之建構，其主要內容如下：

13.1：強化所有國家對天災與氣候有關風險的災後復原能力與調適能力。

13.2：將氣候變遷措施納入國家政策、策略與規劃之中。

13.3：在氣候變遷的減險、適應、影響減少與早期預警上，改善教育，提升意識，增進人與機構的能力。

13.A：在 2020 年以前，落實《聯合國氣候變遷綱要公約》已開發國家締約國的承諾，目標是每年從各個來源募得 1,000 億美元，以有意義的減災與透明方式解決開發中國家的需求，並盡快讓綠色氣候基金透過資本化而全盤進行運作。

13.B：提升最低度開發國家中的相關機制，以提升能力進行有效的氣候變遷規劃與管理，包括將焦點放在婦女、年輕人、地方社區與邊緣化社區。

6. **聯合國全球氣候變遷綱要公約委員會針對全球氣候變遷問題，提出兩項主要因應策略為何？試說明其意義。**

解答 減緩與調適策略。減緩策略主要是針對幾個特定的溫室氣體主要排放部門（如能源部門、產業部門、交通部門、住商部門等），進行溫室氣體之減量或將溫室氣體捕捉儲存，以降低其排放至大氣。調適策略則是針對整體社會經濟面向（包含了土地使用、水資源、農業生產、公共衛生及公共建設等），進行全面性策略調整，以適應全球氣候變遷衝擊的影響。

參考文獻

United Nations Interngovermental Panel on Climate Change. (2023). Climate Change 2022 – Mitigation of Climate Change Summary for Policymakers. Retrieved from https://www.ipcc.ch/report/ar6/wg3/downloads/report/IPCC_AR6_WGIII_SPM.pdf.

林俊全（主編）。(2016)。**台灣北部地區因應氣候變遷的調適計畫報告**。國家發展委員會委託。

中央社（2023 年 12 月 14 日）。COP 28 氣候峰會首提擺脫化石燃料能源轉型分析成果展望一次看。**中央通訊社**。取自 https://www.cna.com.tw/news/aopl/202312140182.aspx。

行政院環境部（前環境保護署）(2015)。**中華民國（臺灣）「國家自定預期貢獻」(INDC)**。取自 https://ghg.tgpf.org.tw/files/team/ 中華民國(臺灣)「國家自定預期貢獻」(INDC).pdf。

顧洋 (2017)。第五章：氣候變遷之減緩與調適策略。載於簡又新（主編），**企業永續契機——全球氣候變遷下永續發展策略**。臺北市：台灣永續能源研究基金會。

行政院國家永續發展委員會 (2023)。**臺灣永續發展目標**。取自 https://ncsd.ndc.gov.tw/Fore/aboutsdg。

第五章

永續發展之環境議題：環境污染與生態保育——SDG 6、11、14、15

臺北市立大學衛生福利學系　副教授
陳永仁

學習目標

- 聯合國永續發展目標第 6、11、14 及 15 項內容臺灣永續發展核心目標第 6、11、14 及 15 項內容。
- 目前臺灣環境污染與生態保育問題。
- 面對環境污染與生態保育問題，摒棄過去的「線性經濟」、「管末處理」方式，學習使用「循環經濟」、「污染預防」方式解決環境污染問題。
- 臺灣各標竿產業，如何開始從注重環境保護、社會共融與公司治理，呼應聯合國永續發展目標，邁向企業永續發展之路。

5.1　永續發展之環境議題

一、聯合國 2030 永續發展目標與臺灣永續發展核心目標介紹

聯合國於 2015 年公布的「2030 永續發展目標」(United Nations Sustainable Development Goal, UNSDGs）共十七項核心目標 (goals)，一百六十九項細目標 (targets)；我國行政院國家永續發展委員會 2018 年也公布臺灣永續發展核心目標 (T-SDGs) 共十八項，一百四十三項具體目標，三百三十七項對應指標。不論 UNSDGs 或 T-SDGs，其中第 6、11、14 及 15 項標題內容，與「永續發展之環境議題：環境污染與生態保育」最有相關（UN, 2015；行政院國家永續發展委員會，2019）。

聯合國永續發展十七項目標之中，雖然各有其意義與目的，但是全部十七項目標之間都相互有關聯。舉例說明，UNSDG 7 雖然是「負擔得起的乾淨能源」，但它與 UNSDG 3「良好健康與福祉」，以及 T-SDG 6「確保環境品質及永續管理環境資源」相關，因為使用煤炭等不乾淨的能源，會排放硫氧化物、氮氧化物、二氧化碳、汞等重金屬與 PM2.5 等污染物，不但會形成酸雨污染生態環境、加重地球溫室效應，也影響人體健康。

1. 永續發展目標第 6 項

聯合國永續發展目標第 6 項：「為所有人提供衛生水資源及進行永續管理」(Goal 6: Ensure availability and sustainable management of water and sanitation for all)。UNSDG 6 共有七項細目標，內容不僅關注飲用水、公共衛生與個人衛生，還有水資源的水質、水量、永續性。UNSDG 6 要將未經處理的廢水比例減半、大幅增加全球回收水，以及安全再利用來改善水質 (UN, 2015)，這對地球人類之健康與生存非常重要。2030 年目標是改善全球 6.63 億人口使用的未經改善的水源，以及 24 億人使用的未經改善的衛生設施，減緩全球 20 億人的水資源緊張，增強世界各區域實施水資源綜合管理計畫 (UN, 2016)。

而臺灣永續發展核心目標第 6 項：「確保環境品質及永續管理環境資源」，共有具體目標十一項，內容除與聯合國 UNSDG 6 相同的「關心水資源安全、節約用水與用水效率、飲用水衛生、預防水質污染」外，T-SDG 6 還擴充增加了「空氣品質改善、廢棄物減量」等環境保護問題。值得一提的是，T-SDG 具體目標 6.6 為持續推動流域綜合治理，兼顧環境景觀及棲地營造；防止臺灣本島 20 座主要水庫水質優養化；定期檢測各水體底泥品質；加速污染場址改善，確保土地及地下水資源永續利用，維護國民健康；推動企業及團體認養海岸，提升企業愛護地球，善盡地球公民的責任。T-SDG 目標 6.c 為改善空氣品質，維護國民健康。T-SDG 目標 6.d 為加強一般廢棄物減量，促進資源回收。T-SDG 目標 6.e 為加強事業廢棄物資源循環利用，妥善處理事業廢棄物；推行科學園區總量管制策略，輔導園區廠商減少廢棄物產生量並提升再利用率。T-SDG 內容增加了直接與間接改善環境污染的相關目標（行政院國家永續發展委員會，2019）。

聯合國 2023 年特別報告指出，若要在 2030 年實現原來的飲用水、環境衛生和個人衛生目標，需要將改善的速度比現在快三倍。全球使用安全飲用水的人口比例，雖從 2015 年的 70% 提高到 2020 年的 74%，但是，在 2022 年仍有 20 億人仍然無法獲得安全飲用水，其中 12 億人甚至缺乏最基本的飲水衛生。生活在缺水或用水缺乏管理的地區，飲用水常被糞便污染；或被有毒化學物質污染水源。由於氣候變遷和人口增加，預料某些地區的水資源緊張狀況將逐年惡化。要達成 2030 年永續發展目標，各國家在水源保護、飲用水衛生、公共與個人衛生，各方面都還要加倍努力 (UN, 2023)。

2. 永續發展目標第 11 項

聯合國永續發展目標第 11 項：「建設具包容、安全、防災能力之永續城市與住宅」(Goal 11: Make cities and human settlements inclusive, safe, resilient and sustainable)。UNSDG 11 有十項細目標，總目標是在 2030 年以前，確保所有人都能獲得基本住宅服務、交通服務、減少災害損失、增加無障礙空間、增加綠色和公共空間、降低污染與對抗災害能力 (UN, 2015)。目前全球超過一半人口居住在城市，到 2030 年預計城市居民將達到 60%，2050 年將達到 70%。

都市化結果，導致大約有 11 億人生活在城市的貧民窟，預計未來三十年，貧民將增加到 20 億人。另一個問題是在 2022 年，全世界只有一半的城市人口，能夠享有便捷的公共交通，而城市還在不斷擴張，空氣污染程度、廢棄物量、用水量與廢污水量都持續增加。在空氣污染方面，全球空氣品質雖有改善，但改善部分主要在有錢國家，低度開發國家空氣污染情形仍然嚴重 (UN, 2023)。

臺灣永續發展核心目標第 11 項：「建構具包容、安全、韌性及永續特質的城市與鄉村」。T-SDG 11 具體目標有十二項，除了有與 UNSDG 11 相似的內容外，在 T-SDG 11.6，還有減少都市環境品質所造成的有害影響，包含空氣品質改善、提升整體污水處理率，與提升都市廢棄物回收與處理（行政院國家永續發展委員會，2019）。

3. 永續發展目標第 14 項

聯合國永續發展目標第 14 項：「保育與永續利用海洋和海洋資源，促進永續發展」(Goal 14: Conserve and sustainably use the oceans, seas and marine resources for sustainable development)。UNSDG 14 有十項細目標，包括減少海洋廢棄物和海水中營養物、加強對抗污染的韌性、恢復海洋生產力，以及重視全球海洋塑膠污染、沿海海水優養化、海洋酸化與非法捕魚等嚴重問題 (UN, 2015)。而臺灣永續發展核心目標 T-SDG 14 有八項具體目標，除與 UNSDG 有著共同目標外，另有具體目標 14.2 為以永續方式管理並保護海洋與海岸生態；具體目標 14.3 為減緩並改善海洋酸化的影響（行政院國家永續發展委員會，2019）。

4. 永續發展目標第 15 項

聯合國永續發展目標第 15 項：「保護和永續利用陸域生態系統，永續管理森林，對抗沙漠化，防止土地劣化，遏止生物多樣性的喪失」(Goal 15: Protect, restore and promote sustainable use of terrestrial ecosystems, sustainably manage forests, combat desertification, and halt and reverse land degradation and halt biodiversity loss)。UNSDG 15 有十二項細目標，包括保護森林、濕地、山區和旱地，恢復與永續其利用；受乾旱、荒漠化與洪水影響的土地零增長；確保生物多樣性、制止盜獵、防止外來物種入侵等。臺灣永續發展核心目標

第 15 項：「保育及永續利用陸域生態系，以確保生物多樣性，並防止土地劣化」。T-SDG 15 具體目標 15.1 為保護、維護及促進陸域及內陸水域生態系統的永續利用。具體目標 15.2 為落實森林永續管理、終止森林盜伐、恢復遭到破壞的森林。具體目標 15.3 為恢復退化的土地與土壤。具體目標 15.8 為採取措施預防及管理外來入侵種，以降低其影響。具體目標 15.9 為將生態系統與生物多樣性價值納入國家與地方規劃及發展流程。

5. 其他與環境有關之目標

另外，聯合國永續發展目標第 12 項：「負責任的消費與負責任的生產」，也和臺灣永續發展核心目標第 6 項：「確保環境品質及永續管理環境資源」息息相關。因為企業如果可以在產品規劃設計階段，事先考慮到預防污染、降低原料毒性與可能廢棄物產生，在生產過程就能減少空氣污染、水質污染、廢棄物產生與能源消耗、減少溫室氣體排放，使用後之廢棄物也更容易回收與再使用，能大幅減少廢棄物的產生，並降低有毒有害廢棄物產生。如此就可以翻轉我們過去對於污染防治總是在做「管末處理」的工作，也就是說經濟行為都是等污染發生後才做污染處理，如果能採用循環經濟模式，事先做到污染預防，環境保護工作才能事半功倍。針對於此，本章第 5.3 節將有範例介紹。

5.2　環境污染影響與生態保育

一、環境污染

1. 空氣污染

一位成人平均每天呼吸 12 公斤空氣，空氣會因移動污染源（汽車、機車等）與固定污染源（工廠、發電廠等）排放廢氣而造成污染。世界衛生組織 (World Health Organization, WHO) 的國際癌症研究機構（International Agency for Research on Cancer, IARC）於 2013 年發布報告指出，室外空氣污染是造成癌症的重要因素，並將其歸類在 IARC 的第一級致癌物中，第一級代表「確定

對人類致癌」。為改善都市空氣品質、降低空氣中污染物，使用清潔永續的能源、發展永續交通，與建設永續的城市，這三者是息息相關的。

我國空氣品質指標 (Air Quality Index, AQI) 小於 100 的比率，已經由民國 105 年的 80.7% 提升至 109 年的 89.9%。AQI 指標小於 100 代表空氣品質普通，小於 50 則代表空氣品質良好，我國 AQI 是硫氧化物、氮氧化物、一氧化碳、臭氧、PM10、PM2.5 等六種空氣污染物的綜合指標。我國環境部民國 112 年目標是提升空氣品質健康戶外活動日數（AQI 小於 100）比率至 93%，要達成 AQI 指標小於 100 比率提升，我國在 SDG 7 方面要努力減少煤炭、汽油、柴油等化石燃料使用；增加風力、太陽能、地熱能與水力等可再生能源；加速「綠氫」、氨氣、地熱能、海洋潮差等前瞻性能源開發使用；汽車、機車與大型客車應盡速電動化，減少都會區空氣污染（行政院環境保護署，2021）。

2. 水資源與水污染

水是人類生存及生活必需，人體中 60% 以上是水，人體水分喪失 10% 時，會感到不適，喪失 20% 到 22% 時，就會有生命危險。當生活中缺水，個人清潔衛生會被忽略，家戶清潔衛生、健康也會受影響。水也是社會經濟活動必需，無論工業生產、農業生產、觀光休閒活動、大自然溫度調和等都受其影響，水污染將使河川、湖泊、地下水等喪失生態、娛樂、經濟等價值。另外，防疫必須要有清潔水源，水源受污染、飲用水未妥善處理，會造成病媒孳生及疾病的流行。

臺灣地區平均年雨量達 2,515 公釐，屬於降雨量豐富地區，但是，如以臺灣地區人口 2,300 萬人計算，約為世界平均值八分之一，從每人享有之平均量來看，臺灣地區是缺乏水資源的。加上氣候變遷與極端氣候，旱澇交替，降雨地區與降雨量都不平均，雨量集中於夏秋颱風季，地形山多平原少，且河川短細等因素，臺灣水資源的確十分珍貴，而僅存水資源卻受市鎮生活污水、工礦廢水與農業畜牧廢水污染，十分可惜。

我國以河川污染指數 (River Pollution Index, RPI) 評估河川水質，RPI > 6 表示為嚴重污染。民國 105 年到 109 年臺灣 50 條主要河川水質 RPI > 6，百分比從 3.2% 增加為 4.5%，水污染有待改善。臺灣本島 20 座主要水庫，以

卡爾森優養化指數 (Carlson Trophic State Index, CTSI) 作為水庫優養化指標，民國 105 年到 109 年皆在 44.0 上下。CTSI 值超過 50 的水庫歸類為「優養」(eutrophic)；低於 40 者，歸類為「貧養」(oligotrophic)；介於 40 與 50 之間者，則歸類為「普養」(mesotrophic)。另外，環境部歷年檢驗自來水水質合格率都在 99.94% 以上（行政院環境保護署，2021）。

3. 廢棄物處理問題

廢棄物若未能減量，除造成資源耗竭外，如果以焚化方式處理，過程也將造成空氣污染。重要空氣污染物包括硫氧化物、氮氧化物、戴奧辛 (dioxins) 與重金屬汞、鉛與鎘等，污染物質超出環境涵容標準，將會危害人體健康與生態環境。廢棄物以掩埋方式處理，若處理不慎，垃圾中的污染物也會隨著滲出水 (leachate) 污染地面水、土壤或地下水，影響水資源各項用途，例如飲用、生活、農業、觀光旅遊、生態等。廢棄物掩埋也會產生溫室氣體甲烷，使地球增溫，或滋生鼠、蠅和蟑螂等病媒，威脅人體健康。

根據環境部 2023 年統計查詢網，民國 90 年至 111 年，臺灣地區一般廢棄物（垃圾）總產生量、處理量與平均每人每日一般廢棄物（垃圾）產生量，90 年至 104 年逐年下降，而 104 年到 111 年呈現逐年上升（請參閱圖 5-1）；一般廢棄物回收率則自 106 年至 111 年些微下降。近年一般廢棄物產生量增加、回收率下降，顯示臺灣永續發展核心目標第 6 項的具體目標 6.d：「加強一般廢棄物減量，促進資源回收」，尚有努力空間（環境部，2023a）。

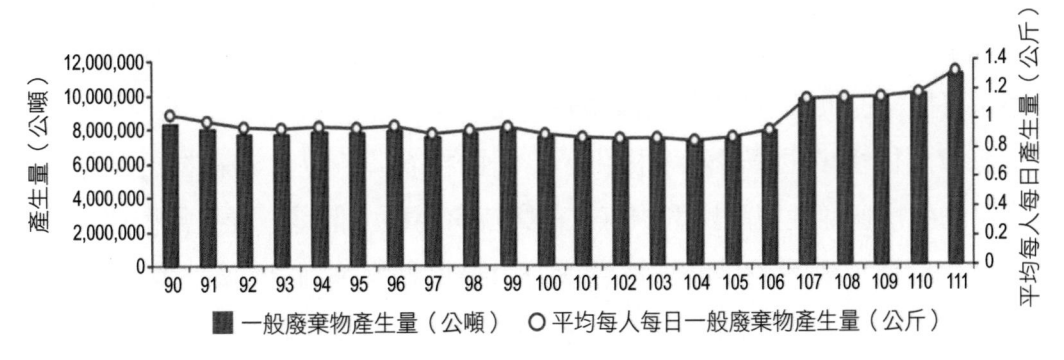

圖 5-1 臺灣地區民國 90 年至 111 年一般廢棄物產生量與平均每人每日一般廢棄物產生量

另依據環境部「111 年事業廢棄物申報量統計報告」，民國 111 年列管事業共產出事業廢棄物 2,118 萬公噸，其中一般事業廢棄物 1,951 萬公噸 (92.14%)，有害事業廢棄物 167 萬公噸 (7.86%)。全國事業廢棄物處理以再利用為主，約有 2,029 萬公噸 (94.42%) 將廢棄物處理／再利用成材料、粒料等用途，主要作為預拌混凝土 (75.80%)、卜特蘭水泥 (8.37%) 及低強度回填材料 (Controlled Low Strength Material, CLSM) 等產品。臺灣地區的高事業廢棄物再利用率，顯示聯合國的永續發展目標第 12 項：「負責任的消費與負責任生產」，或是臺灣永續發展核心目標第 12 項：「促進綠色經濟，確保永續消費及生產模式」，都有初步成績（環境部，2023b）。

二、生態保育

海洋及海洋之資源對全球經濟、人類福祉與社會永續發展非常重要，尤其對經濟弱勢、海島國家與發展中國家尤其重要。海洋提供人類食物與營養，並具有旅遊資源、航運等功能，還能吸收大氣中的熱量與二氧化碳，幫助調節二氧化碳濃度與生態系統。但是人類長期污染海洋、過度捕撈魚類，還不當開發、破壞沿海生態，嚴重影響人類自己的永續發展。海洋也長期受家庭與工業污染，造成水質優養化現象，使水生生物與海藻過度繁殖，導致水中生物缺氧而死亡。陸地上的垃圾、工業廢棄物與棄置於海洋中的漁具除了污染海水，也影響海洋生物生存。

為保護陸地物種多樣性，需要有保護目標與復育措施，促進與永續使用陸地生態資源。我國永續發展目標，係以永續發展的方式管理森林、禁止盜伐、防止外來種入侵、土地與棲息地退化、沙漠化、生物多樣性喪失，確保陸地生態體系可持續提供健全生態環境與國民生計。

臺灣面積小，生態環境多樣化，全島面積 60.7% 以上為森林所覆蓋，擁有豐富的生物多樣性與高比例的特有種與特有亞種。但是，野生動物棲息地受破壞、生活環境受污染、非法買賣或進口野生動物、刻意捕殺、盜獵或放生等，使臺灣許多物種面臨嚴峻的生存危機。2015 年聯合國將生物多樣性目標納入永續發展目標第 14 項與 15 項，我國也提出相對的永續發展目標，以保育及永續利用陸域及海洋生態系，確保生物多樣性，作為我國生物多樣性永續發展之目標及依據（行政院，2023）。

2022 年聯合國生物多樣性第 15 屆大會，提出「昆明—蒙特婁全球生物多樣性框架」，以解決生物多樣性喪失、恢復生態系統和保護原住民權益。重點包括提供開發中國家保護生態環境資金，2030 年目標為保護地球上 30% 的土地與 30% 的退化環境，實現入侵物種的引入減半，2050 年之前維持、增強或恢復所有自然生態系，大幅度增加生態系統的完整性、連通性和復原力 (UN, 2022)。

我國是由農業部主管「野生動物保育法」等法令，2004 年也擬訂生物多樣性永續發展行動計畫，保護野生動物棲地、保育物種多樣性與基因多樣性、控制入侵者威脅、查明污染對生物多樣性的挑戰，以及促進永續利用與消費等（行政院，2023）。

5.3　永續發展目標對環境污染與生態保育影響範例

一、水泥業

水泥業給人印象是高污染又耗能，水泥業原料開採會造成景觀破壞，如採礦場、採礦道路、炸山、棄土，還有空氣污染，如粒狀污染物、硫氧化物與氮氧化物等。臺灣東部一家水泥業者過去挖山開採礦石，造成景觀與國土破壞，塵土飛揚，並使用煤炭等化石燃料，造成嚴重空氣污染及水污染。該廠在清潔生產及永續發展前提下，為降低國土與景觀破壞，減少空氣與水污染，同時減少二氧化碳等溫室氣體，採取以下三步驟。(1) 垂直豎井開礦，隧道密閉輸送原料，減少地表裸露面積、卡車輸送耗能與污染；(2) 以廢棄物（例如污泥）作為替代原料；(3) 以廢棄物（例如廢有機溶劑）作為替代燃料。由於水泥窯具備溫度高、廢氣停留時間長及攪拌均勻 (temperature, time, turbulence, 3T) 之操作特性，尤其內溫度平均超過 1,300°C，超過都市垃圾焚化爐所處理的戴奧辛溫度，並且將廢棄物變成再生資源，替代水泥原料與燃料，減少化石燃料使用，同時解決臺灣地區部分廢棄物無處可去的窘境，也為降低環境污染做出貢獻。

上述水泥業於 2022 年已經使用廢紡織品及廢舊衣、廢利樂包、廢餐盒及廢紙類、廢塑膠類、廢輪胎、廢橡膠製品、廢木屑及營建廢棄物作為替代燃料。該廠亦使用煤灰與脫硫石膏、氟化鈣污泥、工程或營造廢棄土作為部分天然黏土替代原料，廢棄土的年處理量為 237,274 公噸。2022 年協助各企業處理廢棄物共 110.1 萬公噸，相當於臺灣整體事業廢棄物總量之 5.3%，並整體減少煤炭使用量 19 萬公噸。該企業表示，未來廢棄物資源化趨勢還會再增加（台灣水泥，2023）。臺灣各水泥廠使用其他產業廢棄物做為其原料的情形，在永續發展趨勢下，大多已妥善運用水泥業的旋轉窯，以助於解決廢棄物污染問題，詳情請參考各企業的永續報告書。

二、畜牧業

畜牧業以養豬業為大宗，屬產生水污染產業。傳統養豬場常因水污染未能妥善處理，而造成水源污染。歷年來經環保與農政單位稽查與輔導之後，畜牧業也漸趨企業化養殖。據前行政院農業委員會調查，臺灣在 1998 年養豬業興盛時，養豬規模在 1,000 頭以上者 1,788 戶，占總戶數 8.7%，養豬頭數卻占總數之 55%；1,000 頭以下養豬戶共 18,666 戶，占總戶數之 91.3%，養豬頭數占總數之 45%。飼養規模 1,000 頭以上之大規模養豬戶增加，飼養規模小之養豬戶逐年減少（行政院農業委員，1998）。

根據前行政院環境保護署 1998 年推估，如果以每頭豬體重 60 公斤來計算，平均每頭每天產生廢水量約 30 公升，COD（化學需氧量，一種污染量計算方法）為 250 公克，則臺灣地區每年養豬廢水 COD 總產生量為 730,000 公噸。同年，全臺灣人口為 2,200 萬人，以每人每天污水量 250 公升，COD 90 公克推算，推估每年之 COD 總產生量為 722,700 公噸，可知養豬污染大於全臺灣人口污染量（行政院環境保護署，1998）。

為使養豬業達到永續發展目標，我國養豬業已經開始了兼顧環境保護、社會共融及公司治理 (Environment, Social and Governance, ESG) 之作法，在規劃設計施工、興建後端豬糞尿處理設施及操作時，皆已考慮到永續發展目標。臺灣南部一家養豬場，早年興建時為保持通風採開放式豬舍，導致養豬異味易飄

散。為降低異味以及清洗豬舍，須經常使用大量用水清洗與沖涼，為處理污水所設置的廢水處理設施，操作維護既消耗能源又花錢，卻不一定能符合國家放流水標準，放流水及其產生之污泥污染環境，造成社區民眾抗議。

在產業永續發展目標下，該養豬場將傳統開放式豬舍改建，以高床設計結合負壓水簾式豬舍，減少異味逸散。先進豬糞尿分離，減少沖洗，使污水量下降，場內廢水經厭氧醱酵與水處理後，一部分灌溉農作物，另一部分可再循環利用作為園區用水，清洗畜舍或作為負壓水簾水源使用。

豬舍高床收集之豬糞尿可與其他農業廢棄物及部分酒糟等混合，作為共消化的料源，經發酵生成沼氣發電，充分將能資源再生。而發酵後廢棄物轉換成有機質肥料與沼渣、沼液，可作為農作物肥分，再將農作物製成豬飼料餵養豬隻，形成循環經濟，如圖 5-2 所示。這個新模式養豬場，已經可以落實水資源再生、能源再生與廢棄物再生，作為永續發展目標對於改善生態保育與環境污染之典範（台灣糖業股份有限公司，2023a、b）。

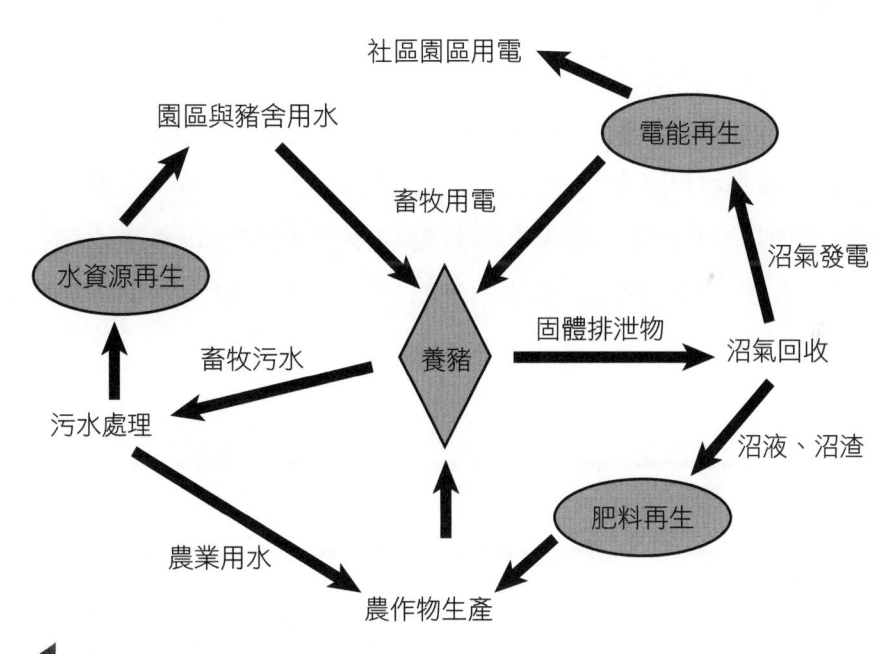

圖 5-2　兼具水資源再生、能源再生與廢棄物再生之養豬場示意圖

三、半導體產業

半導體產業包括晶圓、電晶體、閘流體、記憶體、二極體、積體電路 (Integrated Circuit, IC) 及 IC 測試封裝等之製造，產業用電量大、用水量大，製程複雜，使用化學物質種類繁多，屬於高科技、高污染產業。半導體產業空氣污染物包括揮發性有機物 (Volatile Organic Compound, VOCs)、硝酸、鹽酸、磷酸、氫氟酸及硫酸等酸鹼性氣體。可能產生之廢棄物為廢晶片、廢酸、廢溶劑（光阻劑、去光阻劑、異丙醇、三氯乙烷等）、研磨污泥、廢切削油、廢顯影劑、含氟污泥、廢壓模膠等固體或液體廢棄物（經濟部工業局，2001）。

臺灣一家半導體製造業，在企業永續發展目標下，近年來持續發布年度永續報告書。據該公司 2023 年的報告書，在廢棄物減量方面設定了減量目標，及降低廢棄物掩埋目標。減廢方法包括氟化鈣污泥減量、製程化學品替代、硫酸減量、化學廢棄物再利用、控片晶圓回收再利用等。近年更建置「氫氟酸廢液合成冰晶石系統」，民國 111 年 6 月達到氫氟酸廢液零清運，111 年共累計處理 4,193 公噸氫氟酸廢液、產出 1,025 公噸冰晶石，同年該公司達成臺灣廠區廢棄物回收率 96%，掩埋率 0.1%。

該公司也致力提升系統產水率、廠務系統排水減量、增加廠務廢水回收、降低系統排水損失等四大節水措施。2022 年廠區內啟用再生水廠，將科學園區工業廢水轉製成再生水，導入半導體製程使用；2023 年再生水增加到每日 35,000 公噸，對臺灣缺水的旱季有如及時雨（台灣積體電路製造股份有限公司，2023）。

5.4 結語

過去我們對於污染的防治，大多是等污染發生後，才使用昂貴複雜的污染處理方法解決（又稱為管末處理），結果是浪費資源、能源，且並無法徹底解決污染。在聯合國永續發展目標下，今後我們應重視製造生產的前端，經由重新設計，使用最少資源、毒性最低物質，讓污染降到最低，資源得以永續使用，環境更永續才可以支持人類生活的永續。

習題

1. 為何執行 SDG 12「負責任的消費與負責任的生產」，會與 SDG 6「確保環境品質及永續管理環境資源」息息相關？

解答 因為企業如果事先在產品規劃設計階段，就考慮到預防污染、降低原料毒性與可能廢棄物產生，生產過程即可減少空氣污染、水質污染、廢棄物產生與能源消耗、減少溫室氣體排放，使用後的廢棄物更容易回收與再使用，大幅減少廢棄物的產生，也降低有毒有害廢棄物產生。如此就可以翻轉我們過去對於污染防治總是在做「管末處理」的工作，達到污染預防。

2. 為什麼提供所有人衛生水資源並進行永續管理，對人類之健康與生存非常重要？

解答 水是人類生存及生活必需，人體中 60% 以上是水，人體水分喪失 10% 時，會感到不適，喪失 20% 到 22% 時，就會有生命危險。缺水時，個人、家戶清潔衛生與健康，以及工業生產、農業生產、觀光休閒活動、大自然溫度調和等都會受到影響。防疫也需要有清潔水源，若水源受污染、飲用水未妥善處理，會造成病媒孳生及疾病的流行。

3. 全球各地水泥業可以採取什麼樣的循環經濟做法，以降低國土景觀破壞、減少空氣與水污染，同時減少二氧化碳等溫室氣體排放？

解答 (1) 以垂直豎井開礦，隧道密閉輸送原料，減少地表裸露面積、卡車輸送耗能與污染；(2) 以廢棄物作為替代原料；(3) 以廢棄物作為替代燃料。因為水泥窯具備溫度高、廢氣停留時間長及攪拌均勻操作特性，尤其內溫度平均超過 1,300°C，超過都市垃圾焚化爐溫度，有效處理戴奧辛的問題，並且將大多數人類生產之廢棄物變成再生資源，替代水泥原料、燃料，減少化石燃料使用。

4. 臺灣養豬場過去常因水污染未能妥善處理控制，造成河川污染或飲用水水源污染，養豬場要如何在永續發展趨勢上，做到減少用水、減少水污染、減少溫室氣體排放？

解答 養豬場在設計施工時，規劃豬舍密閉除臭設施，降低社區臭味問題；興建更佳之豬糞尿分離系統，降低清洗豬舍頻率，大幅減少水資源使用；興建後端豬糞尿醱酵設施，將豬糞尿處理所產生的沼氣用來發電，建築物也配合興建太陽能發電系統，增加可再生能源等措施，以達到永續發展目標。

參考文獻

United Nations. (2015). Transforming Our World: The 2030 Agenda for Sustainable Development. Retrieved from https://sdgs.un.org/2030agenda.

United Nations. (2016). *The Sustainable Development Goals Report*, Special edition. Retrieved from https://unstats.un.org/sdgs/report/2016/.

United Nations. (2022). *Kunming-Montreal Global Biodiversity Framework*. Retrieved from https://www.unep.org.

United Nations. (2023). *The Sustainable Development Goals Report*, Special edition. Retrieved from https://unstats.un.org/sdgs/report/2023/.

台灣水泥 (2023)。**2023 年永續報告書**。取自 https://www.taiwancement.com/tw/esgReport.html。

台灣糖業股份有限公司 (2023a)。**台灣糖業股份有限公司 2023 年永續報告書**。取自 https://www.taisugar.com.tw/CSR/Movie_Index.aspx?p=24&n=11192。

台灣糖業股份有限公司 (2023b)。東海豐農業循環園區籌建過程及特色。取自 https://www.taisugar.com.tw/donghaifeng/CP2.aspx?n=11693。

台灣積體電路製造股份有限公司 (2023)。**2023 年永續報告書**。取自 https://www.tsmc.com/chinese。

半導體製造業空氣污染管制及排放標準（2013 年 5 月 4 日）。

行政院國家永續發展委員會 (2019)。**臺灣永續發展目標**。取自 https://ncsd.ndc.gov.tw/Fore/aboutsdg。

行政院國家永續發展委員會 (2022)。**臺灣永續發展目標修正本**。取自 https://ncsd.ndc.gov.tw/Fore/nsdn/archives/meet3/detail?id=06aed260-a583-4dd6-92d7-9e6c63349fb0。

行政院 (2023)。國情簡介。取自 https://www.ey.gov.tw/state/。

行政院環境部（前環境保護署）(1998)。**環境白皮書**。取自 https://www.moenv.gov.tw/page/2369E6476D824780。

行政院環境部（前環境保護署）(2021)。**環境白皮書**。取自 https://www.moenv.gov.tw/page/2369E6476D824780。

行政院環境部（前環境保護署）(2023a)。環境統計查詢網。取自 https://statis.moenv.gov.tw/epanet/index.html。

行政院環境部（前環境保護署）(2023b)。**111年事業廢棄物申報量統計報告**。取自 https://waste.moenv.gov.tw/RWD/Statistics/?page=Year3。

行政院農業委員會 (1998)。**農業委員會年報**。取自 https://www.moa.gov.tw/ws.php?id=209。

經濟部工業局 (2001)。**半導體業廢棄物資源化技術手冊**。臺北市：財團法人台灣綠色生產力基金會。

羅鈞、陳怡伶、陳秉圻 (2020)。水泥業重金屬汞排放與廢棄物循環再利用之分析探討。**中興工程，149**，55-64。取自 http://www.sinotech.org.tw/journal/。

第六章

永續發展之環境議題：責任消費與生產——SDG 12

國立臺灣科技大學工業管理系　教授
郭財吉

學習目標

- SDG 12 之責任消費與生產的意義。
- 責任消費。
- 責任生產。
- 責任消費與生產案例。

聯合國的永續發展目標 (Sustainable Development Goals, SDGs) 第 12 項目標：「責任消費與生產」(Responsible Consumption and Production, RCP)，由社會需求開始，強調環境保護、經濟發展與社會共融之整合性系統。另一方面在邁向責任消費與生產的轉型過程，循環經濟被視為根本性的改革力量。相較於傳統「線性經濟」(linear economy) 產銷模式下過度消耗有限資源的問題，「循環經濟」（circular economy）期盼建立起資源可恢復、可再生的新型態經濟體系，以促進經濟發展與地球資源的正向循環。以下是責任消費與生產的細項目標（聯合國，2015）。

12.1：永續消費與生產十年計畫架構。

12.2：在 2030 年前，實現自然資源的永續管理以及高效使用。

12.3：在 2030 年前，將零售和消費者方面的全球人均糧食浪費減半，並減少生產與供應鏈上的糧食損失，包括收割後損失。

12.4：在 2020 年前，根據國際協議的框架，在化學品與廢棄物的生命週期中，以對環境無害的方式妥善管理，並大幅減少其排入大氣、滲漏至水和土壤中的機率，降低對人類健康和環境的負面影響。

12.5：在 2030 年前，透過預防、減量、回收和再利用，大幅減少廢棄物產生。

12.6：鼓勵企業採用永續作法，特別是大型企業和跨國公司，並將永續發展資訊融入公司營運計畫中。

12.7：依據國家政策和優先事項，推動永續性的公共採購流程。

12.8：在 2030 年前，確保各地人民都能具有永續發展的相關資訊和意識，以及與自然和諧共處的生活模式。

12.A：支援開發中國家強化科學與科技能力，協助他們邁向永續的消費和生產模式。

12.B：制定及實施政策，監測永續發展對於創造就業機會、促進地方文化與產品的永續觀光之影響。

12.C：依據各國情況消除市場扭曲，改革易造成浪費的低效化石燃料補助，包括透過改變課稅結構，逐步廢除有害的補助，以反映其對環境的影響；在改革過程中考慮開發中國家的需求，盡量減少對其發展可能產生的不利影響，以保護窮人和受到衝擊的群體。

6.1 消費經濟體的介紹

在達成永續發展目標中,責任消費與生產是一個重要的挑戰,主要是因為在環境保護、經濟發展之外,又需要將社會議題納入,強調必須能滿足當代的需要,且能滿足未來世代的發展需要。在傳統的經濟活動中,常常以二分法方式將永續生產與永續消費分成兩個獨立問題,各自尋求解決方法,如:工程科技人員積極協助推動永續生產 (sustainable production),而社會科學人員努力發展永續消費 (sustainable consumption)。但事實上,解決永續消費與生產不僅要從上而下努力(國家→企業→公民),也需要由下而上努力(公民→企業→國家)。考量永續生產與永續消費需參考國家在區域和國際層級的發展,具體由國家層級(國家永續責任),推向企業層級(企業永續責任)與公民層級(公民永續責任)。

Shiva (1991) 提出世界的經濟可以概分為 (1) 市場經濟 (market economy)、(2) 存活經濟 (survival economy),以及 (3) 自然經濟 (nature's economy),三個不同但卻相互重疊的經濟類型。其中市場經濟的經濟體包括了占全球人口六分之一(10 億人口)的已開發國家,以及包括了亞洲、拉丁美洲、東歐及蘇聯約占全球三分之一人口的所謂新興工業化經濟體 (emerging industrialized economies)。而存活經濟則包括了大部分的非洲國家、印度以及中國大陸等,以維持基本生活需求為主的開發中國家,其總人口約占全球的二分之一,此亦為大部分貧窮人口數的主要來源。自然經濟則是包含了用以維持市場經濟與存活經濟之自然系統及資源。上述不同的經濟體各有其不同的消費與生產的模式。

過去企業的經營發展對象大都是針對市場經濟,然而普哈拉 (Prahalad, 2004) 在《金字塔底層大商機》主張解決存活經濟人口的貧窮問題,與其依賴外援,不如設法提供在地資源,建立有力的創業環境,藉以改善窮人生活。這種新的概念衝擊讓企業的商業經營模式從鎖定原本之「富裕層」消費者,往下微調整至中間層(新興中產階級)。因此,在現今的商業模式中針對不同消費族群的需求,逐漸演變成兩種模式,以滿足永續消費的需求。

1. **金字塔頂端 (Top of the Pyramid, TOP) 與中產階級消費族群**：此類族群占消費族群中的少數，有極強大的消費能力。注重產品或服務的附加價值 (value added)（如品牌之世界知名度、要能帶動潮流等），及產品的創新功能。
2. **金字塔底層 (Bottom of the Pyramid, BOP) 之藍海消費族群**：此類族群為社會基盤，消費能力不高，但卻為消費族群中的眾數。強調產品的品質，不需過多強調附加價值，平價優質，符合文化需求，是吸引這一類族群的最重要的因素。

隨著 BOP 消費族群想法的提出且逐漸被重視，許多研究也逐漸將 BOP 的消費族群定義為每日收入不足 2 美元的人口群體，約占全球 40 億人口。BOP 市場也被稱為正在上升的星星 (rising stars) 或上升的力量 (rising power)，企業也逐漸認同經濟發展與環境問題需要同步解決，包含：

1. 長期生存的挑戰，包括：氣候變遷、人口老化、沙漠化、水資源缺乏、污染及物質缺乏。
2. 國際經濟已經移轉至多極地區 (multi-polar era)，且新的經濟體已進入全球市場（如巴西、蘇俄、印度、中國及南韓），除了以低成本競爭引導市場，還需以創新引導傳統與高科技的改變，
3. 全球經濟的不景氣以及科技的發展，引發收入分配不均之貧窮問題。企業需重新思考其經營管理策略，以永續生產創新與永續消費為發展目標，設法在經濟允許的條件下，改善產品或服務的永續表現，降低產品對於環境與社會的衝擊與傷害。

金字塔底層族群並非限定於貧窮落後國家，而是廣泛存在於各個國家中，其中又以人口成長最快、市場爆發力強且可維持基本生活需求的開發中國家為 BOP 人口主要集中國家，包括了人均所得每日 1.72 美元的印度、2.09 美元的迦納、2.32 美元的中國、3.69 美元的巴西等，又以亞洲、非洲、拉丁美洲、東歐為主要國家。

由於 BOP 族群與企業過去所設定的消費族群有極大的差異，因此企業若是依照或延續以往的產品設計與商業模式之策略，進入 BOP 市場，不僅無法確保能夠經濟獲利，可能也無法消除貧窮和飢餓、解決環境永續發展的問題、達成永續目標。Prahalad 與 Ramaswamy (2004) 提及企業需要透過技術與商業模式的創新，開發 BOP 市場以消除或減緩貧困。依據上述的想法，企業若想進入 BOP 市場，需要解決三個問題：

1. 了解 BOP 族群的特性及市場需求，
2. 各經濟體間的國家平均所得及國家文化特質不盡相同，其 BOP 的消費需求也不同，
3. 依據不同國家與商品類別，將現有供應鏈管理調整為 BOP 消費族群的供應鏈管理經營模式。因此，如何調整現有企業的供應鏈管理策略，找出創新的經營管理模式以滿足 BOP 消費族群，也成為現今企業的重要問題。

6.2 責任消費

責任消費可以解釋為生態足跡或消費水準不能超過生態容量 (bio capacity)，也就是說，在一個特定的地區消費，其資源的使用不能超過所能提供的資源，所產生的廢棄物也不能超過其所能吸收的範疇，也就是環境邊界 (environmental boundaries)。上述的生態足跡 (Global Footprint Network, GFN, 2024)，可定義為：支持每個人生命所需的生產土地與水源面積，是用以衡量人類對地球生態系與自然資源需求的一種分析方法。如果消費超過其環境邊界，稱為生態透支 (ecological overshoot)，也可稱為不負責任消費。永續消費是指減少能源與資源的投入以滿足消費者需求，強調消費與生活福祉需要與資源使用及環境衝擊脫鉤，人類生活福祉與能資源使用呈高度正相關，因此需要利用永續消費與生產的技術與方法，以降低其相關性。

表 6-1　永續發展與 SDG 12 的相關文獻

作者	內容摘要
Pedersen (2018)	很多企業透過永續發展目標的潛在影響力評估及確定其發展的優先順序，並為達成 SDGs 尋找新的合作夥伴。有了 SDGs，我們可以隨著 UN 的政策，讓企業在全球範圍的中長期優先事項更加清晰明瞭，企業、社會與政府之間的交流更加緊密。由此可知永續發展目標是一份很棒的禮物！
Hinson et al. (2019)	根據「永續發展議程」(Sustainable Agenda)，農業綜合的轉型至關重要。金融科技、綠色科技以及數位化農業的組成在 SDG 12 方面發揮重要作用。SDG 12 在永續發展目標之中尤其重要，因為它可以減輕社會與環境之間的負擔，具有此消彼長的作用，例如：SDG 1 和 SDG 15 等會因此產生正向關係，無需額外資源投入即可提高獲利能力。
Trista and Donald (2019)	永續發展目標影響的領域不斷變化，大多數實施永續性計畫的公司都已了解聯合國的「2030 年永續發展議程」，並試圖了解如何利用當前的永續性方法來將企業的活動與 SDGs 相互結合。本研究對企業的作為與 SDGs 整合方法進行調查，並揭示遵循整合的行動方針之最佳實踐方案。
Naciti (2019)	SDGs 為全球永續性設定新的目標，公司有望透過永續實踐發揮重要作用。促使公司參與永續實踐的方法之一是董事會的組成，文獻表明，董事會的組成會影響公司的財務績效，但是董事會成員與公司永續發展實踐之間的關係並沒有文獻進行探討。研究結果發現，更多的獨立董事會降低永續發展績效。
Ike et al. (2019)	為了協助企業實施 SDGs，讓公司可以優先考慮特定目標，從而分階段實施。文內通過案例研究的方式說明了如何將民營企業目前的企業社會行動與 SDG 相對應，進而確定被其優先考慮的目標。本研究以日本製造業跨國企業樣本為例，結果發現 SDG 4、8、9、11、12、17 為主要重點實施目標。
Kumi et al. (2020)	根據與外部利害關係人和關鍵資訊提供者的訪談數據，本研究探討了加納的電信業為實現永續發展目標而採取的企業社會責任 (Corporate Social Responsibility, CSR) 的具體案例。研究結果顯示，儘管民營部門的企業社會責任計畫在實現某些目標方面具有一定的潛力，但若缺乏與利害關係人之間的協調與社會面參與，都將限制企業發展目標的潛力。
Moldavska and Welo (2019)	製造業中的公司永續性評估 (Corporate Sustainability Assessment, CSA) 是一種評估方法的框架，這項框架指導企業採取一系列永續做法，並指出同一組織如何為全球永續發展 (Sustainable Development, SD) 做出貢獻。本研究除了討論現有 CSA 做法的缺點外，並將聯合國永續發展目標納入報告，提出了一種針對製造業公司的新 CSA 方法。

一、永續行為設計

　　永續行為設計（Design for Sustainable Behavior, DfSB）主要為找出符合社會、經濟及環境三者永續經營方針的設計方法。永續行為設計的範疇很廣，小至日常生活用品，大至建築設計、都市計畫、能源應用，乃至於地球的物理環境都在其內。英國永續設計中心(Centre for Sustainable Design, CFSD)致力於探討及研發兼顧環境、經濟、倫理及社會面的產品設計與發展，其主要三大目標為：

1. 環境化設計的產品。
2. 產品與環境、經濟、倫理與社會的平衡。
3. 環境方面的資訊交流。類似於綠色設計，將減量、重複使用、回收，以至再生發展建構成一個完整環保體系，以有效解決資源耗損及廢棄物產生的問題。

　　永續行為設計是明確考慮人類的行為，再藉由產品促進使用者降低使用階段對環境的衝擊，從事永續行為的一種設計原則，或是產品設計策略與方法（鄭約得, 2014）。使用者經由感官功能，知覺(perceive)為永續行為而設計的產品訊息，藉此觸發永續信念的認知反應與過程，進而促進從事永續行為的意圖。認知反應(cognitive response)是指使用者依據感官判斷產品訊息的知覺(Crilly et al., 2004)；認知過程(cognitive process)是指從感覺、知覺而至思考的心理歷程。藉由記憶檢索、聯想和詮釋等認知過程，辨識產品的隱喻(metaphor)、評價與賦予其象徵意義。

　　目前為永續行為而設計的研究領域，倡議有效制定永續行為設計策略的最佳途徑與方法，必須從了解影響永續行為的心理因素著手，設計者可以藉由生態反饋(McCalley, 2006)、行為操縱(Lockton et al., 2010)與說服科技(Fogg, 1999)或智能產品等設計策略思考，以提出更適當的設計方法，改變人類潛在不永續的行為(Lilley, 2009)。生態反饋是針對使用者反應於產品的設計策略，在產品或系統上提供有形的聽覺、視覺或觸覺等信號來提醒使用者本身的資源使用狀況，以試圖引導他們修正本身的行為（鄭約得，2014）。生態操縱設計策略是將使用的處方(prescription)導入設計中，藉由可承擔(Gibson, 1977)及

約束的設計原則，影響或鼓勵使用者採取特定的行為並維持。說服科技是指採用說服、脅迫、控制或產品自動化技術的設計原則來改變人們的想法或作法，以確保使用者行為的改變。

學者 Bhamra (2008) 基於上述三種設計策略結構，繼而提出以下七項永續行為設計策略與方法，並指示由用戶或產品權力決策的程度：

1. **生態訊息 (Eco-information) 設計策略**：以教育設計為導向，主要是藉由顯示或反映使用的消耗資源，讓使用者了解與感受耗用資源的程度，以激勵珍惜資源的行為。本策略的產品設計方法是可視化資源的存在與耗用程度，即時顯示資源的耗用狀態，以鼓勵使用者降低資源的耗用。

2. **生態選擇 (Eco-choice) 設計策略**：以賦權 (empowerment) 設計為導向，主要目的在於啟發使用者思考本身的使用行為，並且賦予對自己行動負責的選項。本策略的產品設計方法是增加多種選擇項目，賦予使用者能有多項選擇的權力。

3. **生態回饋 (Eco-feedback) 設計策略**：以聯繫環境或社會責任行動為設計導向，主要是藉由回饋來明確告知使用者，應該如何執行才是對環境與社會負責任的決定。本策略的產品設計方法是提供聽覺、視覺或觸覺等回饋訊息，以提醒使用者對環境或社會的永續行為。

4. **生態刺激 (Eco-spur) 設計策略**：以獎勵與懲罰為設計導向，主要目的在於透過及時獎勵永續使用行為，以及懲罰不永續行為，促使探索更好的永續使用方法。本策略的產品設計方法是透過獎勵與處罰使用該產品的成果，以刺激使用者朝向更永續的行為。

5. **生態操縱 (Eco-steer)**：以承擔與限制為設計導向，主要目的是在於將指示和（或）限制呈現於產品上，以促進使用者採用更加環保或適合社會的永續使用習慣。本策略的產品設計方法是使產品具有承擔性與限制性，以促進使用者採取更加環保或適合社會要求的使用習慣。

6. **生態技術干預 (Eco-technical Intervention)**：以技術干預設計為導向，主要是應用於產品結合先進技術來說服或自動抑制使用者現有的使用習慣。本策略的產品設計方法是採用先進技術來說服或自動控制不永續行為。

7. **巧妙設計 (Clever Design)**：以不改變使用者行為為導向，無需喚起或改變使用者行為，即可達到對環境或社會的友好行動。本策略的產品設計方法是在不用改變使用者行為下，以創新設計方案來解決對環境的衝擊。

　　永續設計領域中學者嘗試以社會心理學了解行為改變因素，Abrahamse 和 Steg (2009) 運用計畫行為理論，對 189 戶荷蘭家庭進行研究，預測態度和知覺行為控制對於直接能源（例如天然氣、電力、燃料）的使用有些微顯著的解釋力，並發現影響「能源使用」的因子與社會及人口統計變項有關，例如所得較高、家庭人口數較多者，傾向於消耗更多的能源。而影響「節約能源」者主要與心理因素有關，包括態度，知覺行為控制為可解釋節約能源的變項，此外，個人規範 (personal norm)、對結果的知覺 (awareness of consequences) 以及責任的歸屬 (ascription of responsibility)，亦對「節約能源」有顯著的解釋能力，至於社會及人口統計變項則與節約能源無關。

二、生態反饋

　　反饋訊息具有類似媒體作用，可提供正面反饋訊息，如獎勵人們、社會支持等經驗及訊息，以增加改變行為的動力 (Fogg, 2003)。產品可以藉由聽覺、視覺或觸覺等能源反饋訊息的設計，以提醒能源耗用的程度，增加使用者感知能源與本身行為之間的關係，鼓勵使用者改變不永續的行為 (Lilley, 2009)。如隨手關燈、珍惜水資源警示語，是簡單且容易的永續行為干預方法，其行為決策是由使用者決定產品的設計策略，在沒有直接受益的情況下，誘導人們改變本身行為是很難的。因為能源是無形的，研究表示可視化資源耗用程度，能即時顯示資源的耗用狀態，讓使用者了解自己的耗用資源，從而反思本身行為對環境的影響，已被證實是友好自然和環境的設計 (Gustafsson & Gyllensw, 2005)。可視化能源與行為耗用之間的因果關係，即能影響特定行為 (McCalley, 2006)，可視化能源的設計，可以避免家電待機等資源的浪費，例如，通過家用顯示器 (in-home displays) 直接回饋電力耗用訊息的設計，可以促使使用者減少約 7% 的耗能行為，若再結合預付電費系統 (electricity prepay system) 的回饋訊息，可再進一步節省約 14%（兩倍）的能源損耗 (Faruqui et al., 2010)。然

而，產品使用行為涉及本身意圖或直覺，是個人內、外在因素交互作用的結果 (Lockton et al., 2010)，如果沒有考量使用者的心理結構、過程與狀態，要維持或改變潛在不永續行為相當不容易 (Lilley, 2009)，因此下一章節將進一步探討說服式科技策略。

三、說服式科技

在 1996 年，Fogg 以「Computers as Persuasive Technologies」的字首衍生命名了術語「Captology」，指以電腦作為說服之技術研究基礎，透過人機互動，經由「設計」、「研究」與「程式分析」等不同方式，不使用壓迫的策略，以心理勸導（動機改變、態度改變、行為改變等）運用於科技產品（電腦、手機、網站等），試圖誘導改變人為思想、態度與行為。

隨著物聯網的蓬勃發展，說服或激勵人們改變自身態度和行為的網站越來越多。最為常見的是透過網站試圖說服之技術，例如：亞馬遜網站不只是處理訂單，它還試圖說服人們購買更多的產品，根據其他人訂購的產品、瀏覽紀錄，蒐集用戶喜好以提供建議，或透過引人注目的促銷活動刺激消費者，屬於產品、系統或服務與使用者互動程度高的設計策略。未來對於說服力科技之技術應用也將不斷擴大，並透過說服力的應用延伸至許多領域。說服式科技可影響人們的思考及行為模式，漸漸改變人們生活習慣，如將說服式科技應用在工作中，可激勵團隊設定目標並在最後期限前完成；應用在家庭中，可鼓勵孩子們培養出更好的學習習慣等。

6.3 責任生產

責任生產可以是環境意識設計 (environmentally conscious design) 或綠色設計及製造，其主要目的乃是期望設計者在設計產品初期，即考量所研發之產品將造成環境什麼樣的影響與污染，並盡早預防之；也就是以「源頭設計」為基本考量，並事先預防產品在生命週期中所發生之環境影響。其後，隨著許多學者相繼投入研究，綠色設計也因所代表的涵義及範圍不同而有不同的名詞，以下提出國際上常用的幾種名詞，並加以說明：

1. **Eco 設計（Eco Design）**：代表綠色設計的遠景或長遠目標，其中「Eco」取用「ecology」（生態）和「economy」（經濟）的字首，藉以表示以環境保護為出發點，兼具經濟發展價值的設計。

2. **環境化設計（Design for Environment, DfE）**：在不犧牲產品既定功能的前提之下，引用省資源、低毒性、低衝擊等設計原則，以提升產品之環保性，進而增加產品實際之經濟效益。Fiksel (1996) 在《Design for Environment》一書將環境化設計定義為：「系統化地考量在產品及製程之生命週期中環境、健康與安全目標的設計績效」。然而，Allenby (1995) 提醒，從實務面來看，以環境化設計為出發點來開發產品時，必須維持產品、價格、效能與品質的標準。

3. **永續產品設計 (Sustainable Product Design, SPD)、永續設計 (Sustainable Design, SD)**：除了環境保護、經濟發展外，還納入社會議題，強調必須能滿足當代的需要，且亦能滿足未來世代需要的發展。

4. **生態設計 (Ecological Design)、環境友善設計 (Environmental Friendly Design)、環境意識設計 (Environmental Conscious Design)**：描述關心生態和人類的關係，採取對環境友善、環境保護具有反省特色的設計，特別是減少自然負擔，即模仿自然循環不息的設計。

5. **為拆卸而設計 (Design for Disassembly, DfD)、為丟棄而設計 (Design for Disposal, DfD)、為回收而設計 (Design for Recycle, DfR)**：統稱為 DfX 設計，是技術性比較高的一群，強調了以往被設計人員所忽略的拆卸、丟棄、回收，而發展出來的觀念及設計方式。

一、綠色產品的特徵

綠色產品為環境友善 (environmental friendly) 的產品，它強調省資源（包含材料與能源）、低污染及高回收。

1. **省資源**：強調減少能源及材料，並盡可能使用回收材料。
2. **低污染**：減少或禁止使用有毒及有害之物質。
3. **高回收**：增加產品零組件及物質之回收再利用。

綠色產品設計的中心思想為「生命週期設計」，其設計要點不僅在於如何回收既有之廢棄物，更重要的是使設計師在概念形成之前便先考慮到產品對於環境可能帶來的衝擊，進而以減少環境衝擊的角度去設計產品，藉此降低對生態環境的傷害。綠色生命週期主要由四個階段所組成（如圖 6-1）：

1. **生產階段**：包括了產品原料的選擇、產品功能與外觀的決定、生產技術的選擇、組裝與拆解的方式。
2. **運輸階段**：包括了包裝材料的選擇、產品包裝的樣式、運輸方法與工具的決定。
3. **使用階段**：包括了產品使用中能源的消耗與其壽命、安全性、耐久性。
4. **再生階段**：包括了產品的回收與再利用、回收後產品的拆解、無法再利用的材料的處理。

更具體而言，產品設計師在設計任何一項產品時，應要從產品的整個生命週期來考量，主導出一套配合綠色設計之整合系統。也就是有效地從產品的材料、設計、製造、包裝、運輸、使用到最後的廢棄，皆要考慮到資源的使用、污染的防止及生態的平衡問題，並設法改善環境品質持續的惡化，使產品對生態環境的衝擊降至最低，以下將針對綠色設計之整合系統進行描述。

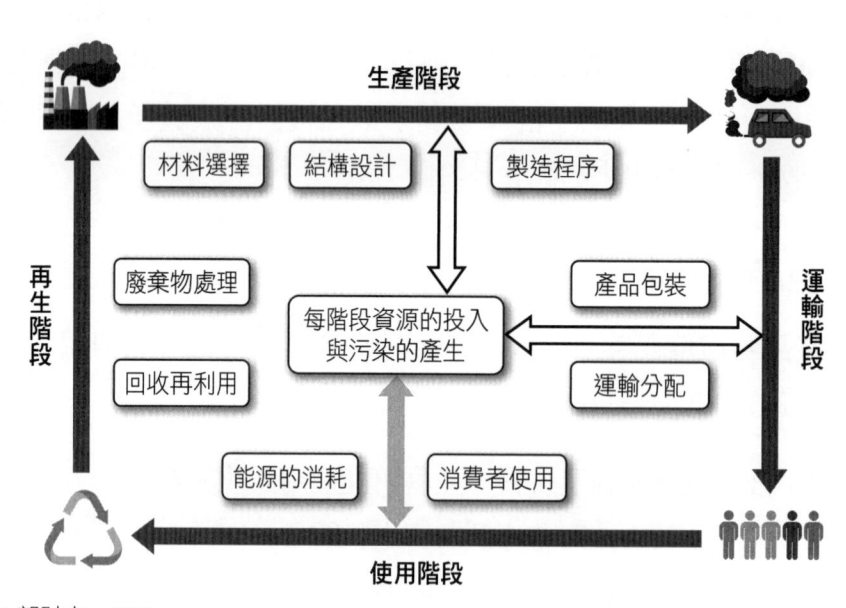

資料來源：郭財吉，2001

圖 6-1　生命週期階段

1. **產品的材料選擇**：材料之選用端賴於對原料來源之處理，以及處理程序中所可能衍生之能源消耗、潛在污染物質排放等問題。基本上，材料之選用可參考「減量使用」、「採用回收材料」及「考量原料之適配性」三項原則，再配合下列設計要點：
   (1) 避免使用有毒、有害成分或不易分解之材料。
   (2) 避免使用稀有、不易取得之材料。
   (3) 使用單一材料或使用相容性高的材料。
   (4) 使用低成本的材料。
   (5) 使用具有可被生物分解、可再回收或再生之材料。
   (6) 使用低處理資源之材料。
2. **產品的結構設計**：產品之結構設計端賴於對產品日後的組裝與拆解之處理，處理程序中所可能衍生能源消耗、潛在的污染物質排放等問題。基本上，產品之結構設計可參考「簡單化」、「標準化」及「模組化」三項原則，再配合下列設計要點：
   (1) 採用易組裝與拆解之設計。
   (2) 加強產品結構強度與縮小產品體積。
   (3) 延長產品之使用年限與耐用性。
   (4) 採用易維修清潔之設計。
   (5) 採用易替換零件之結構。
   (6) 盡可能將產品組件與材料分類明顯標示。
   (7) 提高產品之安全性，並考慮人體工學的設計。
3. **產品的製造程序**：產品之製程以不對環境產生傷害為原則，主要是減少因製造所產生的污染與廢棄物，盡可能將所產生的廢棄物回收再生或轉換成能源再利用。基本上，產品之製造程序可參考「低污染」及「省資源」二項原則，再配合下列設計要點：
   (1) 避免會產生有毒物質的製程。
   (2) 製程中應具有控制有害物質的測量與設備。
   (3) 選擇最節省能源及材料之製造程序。
   (4) 盡量採用自然能源。

(5) 減少製程中廢料之產生。

(6) 降低產品製程中噪音、廢水、廢氣排放。

(7) 製程中所產生之廢棄物回收再利用。

4. **產品的包裝**：產品之包裝以減少資源浪費與回收再利用為原則，以達到保護商品、美化商品及說明商品之功能，並且盡可能將對環境所造成的負面影響減至最低。基本上，產品之包裝可參考「減量」、「再使用」及「再回收」三項原則，再配合下列設計要點：

(1) 產品盡可能採用無包裝化方式。

(2) 避免過度包裝，即減少不必要之包裝。

(3) 盡量採用天然資源或紙材。

(4) 採無毒性、易分解之包裝材料。

(5) 減量使用發泡塑膠。

(6) 採用多功能的包裝。

(7) 用可回收、再生利用之包裝材料。

(8) 材料盡量單純化利於回收分類。

(9) 減少不必要的包裝印刷。

5. **產品的運輸分配**：產品之運輸分配以降低污染與減少資源浪費為原則。基本上，產品之運輸分配可參考「低污染」與「省資源」二項原則，再配合下列設計要點：

(1) 採最經濟之運輸方式，安排最佳路線。

(2) 降低運輸過程中造成之污染。

(3) 考慮在產品運輸時，可順便回收舊產品，以節省時間與資源的浪費。

6. **產品的使用**：產品之使用設計以高效率、省能源、低污染與延長產品壽命為原則，以增加消費者對產品的實用性與滿意度。基本上，產品之使用設計可參考「多功能」、「高安全」及「省能源」三項原則，再配合下列設計要點：

(1) 選擇污染最低的能源使用形式。

(2) 產品易於操作使用，並降低故障頻率。

(3) 提升能源使用效率，以節省資源的使用。

(4) 設計多功能產品,增加使用者的滿意度,進而延長產品壽命。
(5) 提供產品正確的使用說明,以確保使用者安全。
(6) 減低產品使用階段之污染排放物的產生。
(7) 避免用完即丟的產品設計。

7. **產品的廢棄**:產品的廢棄以增加其價值為原則,主要是將不具有經濟價值的舊產品加以回收與再利用,進而提升產品的壽命與價值,以達到資源反覆再使用與永續發展。基本上,產品的廢棄可參考「回收」、「再使用」及「再生」三項原則,再配合下列設計要點:
(1) 引導使用者做完善的分類。
(2) 在產品上應標示其回收管道與方法。
(3) 為產品的各組件尋得完整的回收管道。
(4) 選擇最適當之廢棄物處理方法,以降低廢棄時所產生的污染。
(5) 可採用回收舊產品就給予獎勵金或新產品折價券的方式。
(6) 盡量回收產品,使其得以資源回收、循環再生。

6.4 案例說明

　　過去幾年,世界各國包括英國、美國、加拿大、日本、韓國、泰國、澳洲早已展開碳足跡相關政策,其中英國政府於 2001 年成立 Carbon Trust,並於 2006 年推出之碳減量標籤是全球最早的碳標籤。而我國環保署也積極推廣,訂定「碳足跡標籤」,以協助產品碳足跡計算之服務,成效卓著。隨著淨零排放的國際趨勢推動,碳足跡資訊揭露之基礎能力建構,目前已成為政府及產業界達成減碳目標、對外宣示其企業社會責任,及產品綠色行銷之重要溝通工具,作為國家未來減量路徑的規劃藍圖。「碳足跡標籤」使製造商能夠顯示有關其產品生產對環境的影響衝擊,並幫助消費者做出更永續的選擇 (Rondoni and Grasso, 2021)。產品標籤向來扮演消費決策重要參考資訊來源,標籤最原始的功能為辨識產品或品牌(吳文貴、何佳潔,2014),如果能清楚呈現環境資訊,可使消費者對產品評價呈顯著差異 (Borin, Cerf, and Krishnan, 2021),以提高產品的競爭力。

近幾十年來，氣候變遷所帶來的衝擊對企業造成之影響逐漸增加，影響層面包含極端降雨、乾旱、氣溫上升、超級颱風、海平面上升與疾病問題。其影響正逐漸改變企業之營運模式及投資項目，根據聯合國國際勞工組織 (International Labour Organization, 2019) 報告顯示，若環境持續改變，全球將有 8,000 萬個工作面臨風險，進而嚴重影響各企業生產力。慕尼黑再保險集團 (Munich Re Group, 2020) 指出，自 1980 年到現在因氣候變遷導致的直接損失便超過了 42 兆美元，可見氣候變遷造成之財務衝擊相當巨大。根據國際與臺灣 2050 年淨零排放目標，為了避免全球暖化造成地球升溫超過工業革命前 1.5°C 之內，目前超過 139 個國家和地區宣示或規劃於 2050 年前後達成溫室氣體淨零排放，臺灣也於「氣候變遷因應法」中明文規定，2050 年我國應達淨零排放目標（經濟部, 2022）。臺灣在 2009 年開始推行碳足跡標籤，至今雖然已邁入十五個年頭，然而市面上碳足跡標籤產品數量與種類卻並不多，除了讓消費者意識並了解到選用碳足跡標籤產品對環境友善以外，政府有關機構也應意識到並制定一個完善的機制與政策，讓碳足跡標籤產品落實於民眾的生活中。為了積極發展綠色低碳消費市場，提倡節約集約的綠色生活方式，臺灣政府鼓勵各類企業實施綠色低碳產品消費獎勵，透過環保集點、綠色消費集點等方式刺激綠色消費，促進公眾參與，是實現臺灣與國際接軌的環境意識——2050 年淨零碳排目標的關鍵措施。過去，政府和企業是碳減排的主力，政府透過環境政策控制企業化石能源消耗或鼓勵在能源結構中增加清潔能源，以減少二氧化碳排放；然而，僅依靠政府和企業參與來實現節能減排，可能會導致治理成本高、監管不力。政府積極推動碳足跡標籤，可以將產品的環境資訊直接呈現給消費者，鼓勵消費者購買低碳、節能、環保的產品，達到低碳消費。政府透過環境監管來約束企業採用綠色生產，消費者對低碳產品的需求傾向促使企業創新碳排放技術，政府、企業、消費者透過多主體協作形成減排的良性循環，達到節能減排的目的。

　　郭財吉的研究指出，消費者對於「碳足跡標籤」是由環保署核發的，達顯著差異，表示整體受測者在哪裡看到碳足跡標籤與了解「碳足跡標籤」是由環保署核發之間有顯著關係。此外，有看過與沒有看過碳標籤者認知程度和購買意願分數顯著不同，整體受測者有看過碳標籤的購買意願和認知程度明顯高於

沒有看過碳標籤者,代表「認知程度」對「購買意願」具有正向影響關係,即認知程度越高,購買意願也將隨之越高。

6.5 結語

目前未來地球 (Future Earth) 建置了許多知識行動網絡,如:政治經濟與永續消費、城市永續消費與生產、消費者主義的社會改變、永續消費與生產的溝通、全球價值鏈,與循環經濟。其中循環經濟需要兼顧市場、標準、倫理與商業模式,在技術上則需考量採購與生產、消費與使用、收集與處理等問題,因此被視為平等、包容與環境友善的永續消費與生產模式。

習題

1. 請說明責任消費與生產之關聯。

解答 傳統的經濟活動中,常常以二分法方式將永續生產與永續消費分成兩個獨立問題,各自尋求解決方法,如:工程科技人員積極協助推動永續生產,而社會科學人員努力發展永續消費。但事實上,解決永續消費與生產不僅要從上而下努力(國家→企業→公民),也需要由下而上努力(公民→企業→國家)。考量永續生產與永續消費需參考國家在區域和國際層級的發展,具體由國家層級(國家永續責任),推向企業層級(企業永續責任)與公民層級(公民永續責任)。

2. 請說明何謂責任消費。

解答 責任消費可以解釋為生態足跡或消費水準不能超過生態容量,也就是說,在一個特定的地區消費,其資源的使用不能超過所能提供的資源,所產生的廢棄物也不能超過其地區所能吸收的範疇,也就是環境邊界。

3. 請說明何謂責任生產。

解答 責任生產可以是環境意識設計或綠色設計及製造,其主要目的乃是期望設計者在設計產品初期,即考量所研發之產品將造成環境什麼樣的影響

與污染,並盡早預防之;也就是以「源頭設計」為基本考量,並事先預防產品在生命週期中所發生之環境影響。

4. 請說明綠色設計的內涵。

解答 綠色產品設計的中心思想為「生命週期設計」,其設計要點不僅在於如何回收既有之廢棄物,更重要的是使設計師在概念形成之前便先考慮到產品對於環境可能帶來的衝擊,進而以減少環境衝擊的角度去設計產品,藉此降低對生態環境的傷害。綠色生命週期主要由四個階段所組成:

(1) 生產階段:包括了產品原料的選擇、產品功能與外觀的決定、生產技術的選擇、組裝與拆解的方式。

(2) 運輸階段:包括了包裝材料的選擇、產品包裝的樣式、運輸方法與工具的決定。

(3) 使用階段:包括了產品使用中能源的消耗與其壽命、安全性、耐久性。

(4) 再生階段:包括了產品的回收與再利用、回收後產品的拆解、無法再利用的材料的處理。

參考文獻

Bhamra, T. A., & Tang, A. (2008). Changing Energy Consumption Behaviour through Sustainable Product Design. *International Design Conference – Design 2008*, 1359-1366.

Crilly, N., Moultrie, J., & Clarkson, P. J. (2004). Seeing Things: Consumer Response to the Visual Domain in Product Design. *Design Studies*, *25*(6), 547-577.

Faruqui, A., Sergici, S., & Sharif, A. (2010). The Impact of Informational Feedback on Energy Consumption – A Survey of the Experimental Evidence. *Energy*, *35*(4), 1598-1608.

Global Footprint Network. (2024). Ecological Footprint. Retrieved from https://www.footprintnetwork.org/our-work/ecological-footprint/.

Gustafsson., A., & Gyllensward, M. (2005). *The power-aware cord: energy awareness through ambient information display*, CHI EA '05: CHI '05 Extended Abstracts on Human Factors in Computing Systems, Portland, OR.

Hinson, R., Lensink, R., & Mueller, A. (2019). Transforming Agribusiness in Developing Countries: SDGs and the Role of FinTech. *Current Opinion in Environmental Sustainability*, *41*, 1-9. https://doi.org/https://doi.org/10.1016/j.cosust.2019.07.002.

Ike, M., Donovan, J. D., Topple, C., & Masli, E. K. (2019). The Process of Selecting and Prioritising Corporate Sustainability Issues: Insights for Achieving the Sustainable Development Goals. *Journal of Cleaner Production*, *236*, 117661. https://doi.org/https://doi.org/10.1016/j.jclepro.2019.117661.

Kumi, E., Yeboah, T., & Kumi, Y. A. (2020). Private Sector Participation in Advancing the Sustainable Development Goals (SDGs) in Ghana: Experiences from the Mining and Telecommunications Sectors. *The Extractive Industries and Society*, *7*(1), 181-190. https://doi.org/https://doi.org/10.1016/j.exis.2019.12.008.

Lilley, D. (2009). Design for Sustainable Behaviour: Strategies and Perceptions. *Design Studies*, *30*(6), 704-720.

Lockton, D., Harrison, D., & Stanton, N. A. (2010). The Design with Intent Method: A Design Tool for Influencing User Behaviour. *Applied Ergonomics*, *41*(3), 382-392.

McCalley, L. T. (2006). From Motivation and Cognition Theories to Everyday Applications and Back Again: The Case of Product-Integrated Information and Feedback. *Energy Policy*, *34*(2), 129-137.

Moldavska, A., & Welo, T. (2019). A Holistic Approach to Corporate Sustainability Assessment: Incorporating Sustainable Development Goals into Sustainable Manufacturing Performance Evaluation. *Journal of Manufacturing Systems*, *50*, 53-68. https://doi.org/https://doi.org/10.1016/j.jmsy.2018.11.004.

Naciti, V. (2019). Corporate Governance and Board of Directors: The Effect of a Board Composition on Firm Sustainability Performance. *Journal of Cleaner Production*, *237*, 117727. https://doi.org/https://doi.org/10.1016/j.jclepro.2019.117727.

Pedersen, C. S. (2018). The UN Sustainable Development Goals (SDGs) are a Great Gift to Business! *Procedia CIRP*, *69*, 21-24. https://doi.org/https://doi.org/10.1016/j.procir.2018.01.003.

Prahalad, C. K. (2004). *The Fortune at the Bottom of the Pyramid: Eradicating Poverty though Profits*. New York, NY: Pearson Education.

Prahalad, C. K., & Ramaswamy, V. (2004). Co-creating Unique Value with Customers. *Strategy & Leadership*, *32*(3), 4-9. https://doi.org/10.1108/10878570410699249.

Shiva, V. (1991). *Ecology and the Politics of Survival*. New Delhi, Delhi: Sage Publications India Pvt. Ltd.

Trista, B., & Donald, E. (2019). Everything or Anything How Businesses Can Start with the SDGs（一切或任何事情，企業如何從聯合國可持續發展目標開始）。**企業管理學報，44 卷 1 期**，75-103。 https://doi.org/10.3966/102596272019030441004.

郭財吉 (2001)。淺談環境保護與工程設計 —— 綠色工程設計與綠色行銷。**科發月刊**，724-728。

經濟部 (2022)。認識淨零排放。取自 https://www.go-moea.tw/。

鄭約得、施勵行 (2014)。促進永續行為的產品設計模式與策略：以家電產品為例。**工程科技與教育學刊，11 卷 3 期**，296-310。

聯合國 (2015)。責任消費與生產。取自 https://globalgoals.tw/12-responsibleconsumption-and-production。

第七章

永續發展之社會議題：貧窮、飢餓與教育——SDG 1、2、4

國立臺灣大學社會工作學系　教授
古允文

學習目標

- 永續發展目標第 1、2、4 項的內涵。
- 永續發展目標第 1、2、4 項的關聯性。
- 知悉貧窮的現況，以及其對人類生存的威脅性。
- 了解各種貧窮的定義，連結到最新福利理論的發展。
- 區辨消極與積極的福利理念。
- 臺灣相關福利政策案例所立基的理念。

7.1　前言

　　綜觀人類社會發展，飢餓與貧窮問題是威脅人類生存的首要議題，也指引著社會福利政策與制度的發展，成為衡量社會文明程度的指標之一。二十世紀中葉歐美所建立起來的「福利國家」(welfare state) 社會福利模式，意味著政府正式將解決飢餓與貧窮問題，納入其必須擔負的責任中。但政府干預社會福利的發展，早自十九世紀即已展開 (Flora and Heidenheimer, 1981)，有的學者更將之遠溯至十七世紀初期 (Marsh, 1980)。誠如 John Carrier 與 Ian Kendall 所強調的，在研究福利發展史時，我們常容易將之區分成幾個不同的階段或轉折點，如此實過度簡化了歷史的複雜性 (Kendall, 1977)。因此，我們雖難說明政府對福利的干預究竟是始自何時，但隨著時代的推移，政府在福利上的角色確實有逐漸加重的趨勢。

　　然而，飢餓與貧窮問題並未隨著福利國家的出現而消失，所以需要動員更多的力量來解決。因此，聯合國繼 2000 年至 2015 年的「千禧年發展目標」(Millennium Development Goals, MDGs) 在打擊極度貧窮獲得相當進展之後，提出「永續發展目標」(Sustainable Development Goals, SDGs) 作為後續十五年的全球動員重點。在社會面的目標除了持續原來的打擊飢餓與貧窮之外，更將重點置於與飢餓和貧窮相關的教育問題上，構成「永續發展目標」第 1、2 與 4 項。

7.2　議題背景與發展現況

　　為什麼貧窮、飢餓與教育會被綁在一起思考呢？這主要是來自於當代社會福利思潮的轉變。傳統的社會福利是殘補式 (residual) 的，也就是等問題發生後，人們缺什麼就補給人們什麼，例如飢餓就提供食物、沒錢就給予維生的基本費用、生病了就給予醫療救助等；同時為了避免養成人們的福利依賴，補給的福利救助堪堪只能維持非常基本的生活，而無法真正讓人們脫離困厄的

處境。結果導致飢餓與貧窮的問題一直存在,沒有終止的一天,即使到了邁入二十一世紀的今天,世界上仍有相當多人口生活在極度貧窮的情境下。

世界銀行 (World Bank) 自 1990 年代開始,當時以每日生活費低於 1 美元作為極度貧窮的測量標準,意味著人們生活在飢餓、缺乏乾淨的水、沒有下水道衛生系統、缺乏教育、不健康等的惡劣環境,近來隨著通貨膨脹逐步調升至每日 2.15 美元。圖 7-1 顯示目前全球極度貧窮的人口分布情形,可以看出目前世界各地仍有諸多地區(南亞、中南美、非洲)有高達 10-20% 的人口依舊生活在極度貧窮的情況下,部分國家甚至高達 80% 以上,由此可見飢餓與貧窮問題對人類生存的嚴重威脅。

雖然從圖 7-1 中也可以發現臺灣已脫離極度貧窮的威脅,但並不意味著我們沒有貧窮問題。依據「中華民國建國一百年社會福利政策綱領:邁向公平、包容與正義的新社會」,臺灣的社會福利體系係以社會救助作為貧窮的最後一

Share of population living in extreme poverty, 2019

Extreme poverty is defined as living below the International Poverty Line of $2.15 per day. This data is adjusted for inflation and for differences in the cost of living between countries.

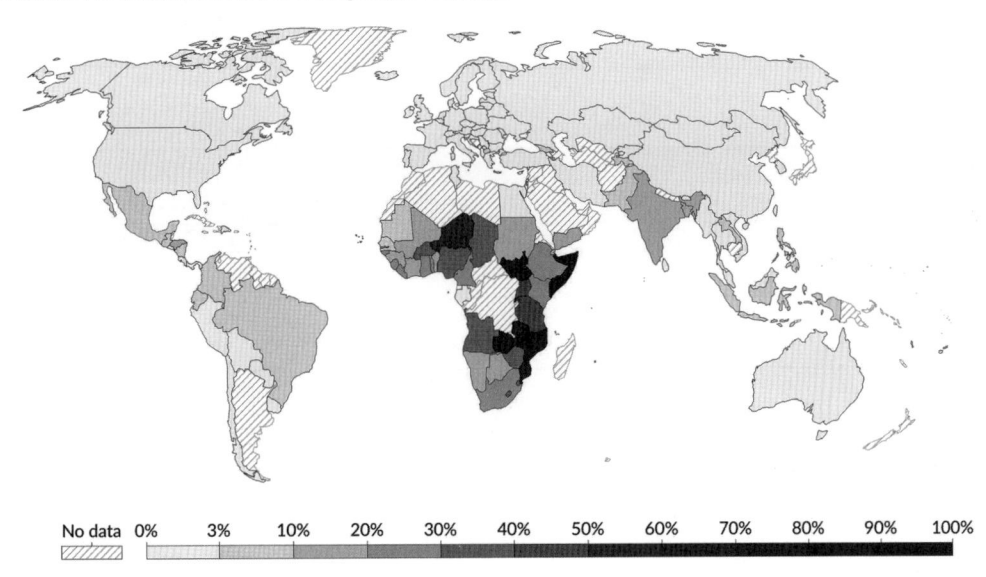

Our World in Data

No data 0% 3% 10% 20% 30% 40% 50% 60% 70% 80% 90% 100%

Data source: World Bank Poverty and Inequality Platform (2022) CC BY
Note: This data is expressed in international-$ at 2017 prices. Depending on the country and year, it relates to income measured after taxes and benefits, or to consumption, per capita.

資料來源:https://ourworldindata.org/poverty

圖 7-1　2019 年全球極度貧窮(每日 2.15 美元生活費以下)人口比例

道防線，因此從接受社會救助的人口比例可以觀察臺灣貧窮的概況。我國「社會救助法」經過多次修法，2010年12月的修訂可謂是頒布至今最大幅度的一次修法，當中包含修訂最低生活費的計算（改為每人每月可支配所得中位數的60%）、增訂中低收入戶的規定以擴大照顧範圍、放寬家戶應計算人口範圍、強化工作收入之審定程序（放寬認定）、放寬家庭財產計算範圍、放寬有工作能力之認定等。圖7-2顯示，在2010年以前，我國的法定貧窮人口占總人口的比例約在1%左右；然而隨著此次修法，2011以及2012年的法定貧窮人口皆呈現大幅度增長的趨勢，並在2014年達到3.02%的高點，爾後便開始逐年微幅下降（黃上豪，2021）。

而國際上的貧窮線劃分〔例如經濟合作暨發展組織（Organization for Economic Cooperation and Development, OECD）國家〕，多以每戶可支配所得中位數的50%作為基準，在此標準下，美國的貧窮人口占總人口的17.8%，英國則占11.1%，而與臺灣同樣位處亞洲的日本和韓國分別占15.7%與17.4%，皆與臺灣法定貧窮人口的3%有一大段差距，即便是社會福利備受推崇的瑞典，貧窮率也有9.3% (OECD, 2019)。另根據美國中央情報局 (Central Intelligence Agency, CIA) 的資料顯示，在174個國家當中，臺灣的法定貧窮率

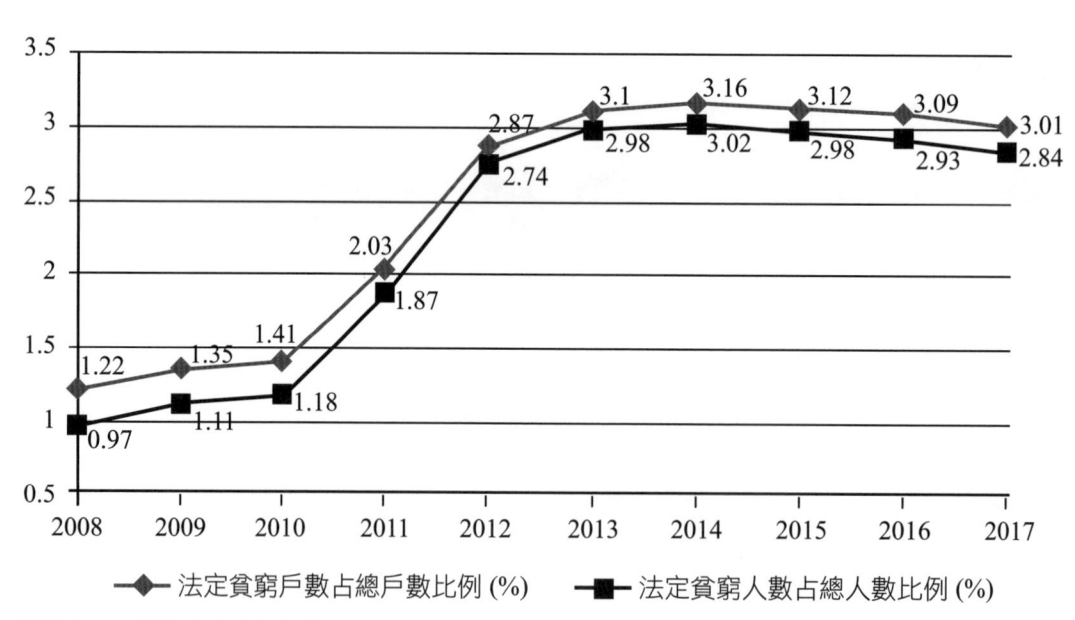

資料來源：黃上豪繪自衛生福利部統計處，2018

圖7-2　法定貧窮戶數與人數占總體比例

為世界第二低，僅次於土庫曼 (Turkmenistan)(Central Intelligence Agency, 2019)。倘若臺灣比照國際標準，以每戶可支配所得中位數的 50% 作為我國貧窮線的依據，根據盧森堡財富調查資料庫 (Luxembourg Income Study Database, LIS) 的資料顯示，我國的貧窮率則會上升到 10%。然而，3% 與 10% 之間的差距，究竟從何而來？進一步檢視我國「社會救助法」針對低（中低）收入戶之申請資格，可以發現門檻十分嚴格。首先，藉由家庭應計人口的制度設計，強調「親屬互助責任」，造成某些生活困苦的人會因為其有經濟狀況不錯的親屬而被排除福利身分；其次，在資產調查方面，除了計算其家庭總收入是否低於「最低生活費」的標準之外，亦加入了「動產」與「不動產」兩個門檻，進一步排除具有資產的低收入者；其三，在收入的計算方面，針對有工作能力而未就業者，直接依基本工資設算其收入，而非計算其實際的收入情形，強調「工作倫理」，排除社會主流價值體系所認知的「不值得幫助的窮人」。因此，與其說我國的低（中低）收入戶審查是在篩選貧窮者，更精準地說其實是在篩選「值得幫助的窮人」，這也是為何我國的貧窮人口會與其他國家出現落差的主要原因（黃上豪，2019）。

由此可知，我國的法定貧窮人口僅占總人口的 3% 左右，但這並不意味著我國的貧窮問題相較於其他國家較不嚴重。事實上，貧窮門檻往往更大程度是反映該國對於貧窮問題的重視程度，而非客觀上的嚴重程度；越重視貧窮問題的國家反而會採取較為寬鬆的貧窮門檻，將重點擺在幫助貧窮者脫離貧窮，而非阻擋貧窮者進入到救助體系當中。反觀臺灣的情形，鄭麗珍 (2001) 的研究結果便顯示，我國的社會救助制度在低收入戶資格的守門工作不宜遺餘力，配置相當龐大的人力與福利資源於資格審查，卻缺乏脫貧的機制設計。孫健忠 (2008) 亦指出，我國的社會救助制度乃傳統濟貧法的遺業，濟貧的目的是控制多於照顧，以維護社會秩序為主要考量，只求維持貧窮者的基本生存權。透過嚴苛的資格門檻，篩選出的對象多為無工作能力或是相當弱勢的人口群，除了自身脫貧能力有限之外，社會救助又以「安貧」為主要目的，相對在「脫貧」的思維不足，也缺乏對應的配套措施，導致進入救助體系者要脫離貧窮難上加難。

不論全球與臺灣，貧窮問題雖然性質不同，但依然並未絕跡，因此也凸顯出「永續發展目標」依然將打擊貧窮與飢餓作為政策焦點的緣由。接下來我們將簡要說明「永續發展目標」第1、2與4項的內涵與關聯。

7.3　聯合國永續發展目標第1、2與4項內容

「永續發展目標」第1項強調「消除各地一切形式的貧窮」，主要細項如下：

1.1：在2030年前，消除所有地方的極端貧窮，目前的定義為每日的生活費不到2.15美元。

1.2：在2030年前，所有年齡層的男女老少按照國家定義的貧困人口比例，至少減少一半。

1.3：對所有的人，包括底層的人，實施適合國家的社會保護制度措施，到了2030年，範圍涵蓋貧窮與弱勢族群。

1.4：在2030年前，確保所有的男男女女，尤其是貧窮與弱勢族群，在經濟資源、基本服務，以及土地與其他形式的財產、繼承、天然資源、新科技與財務服務（包括微型貸款）都有公平的權利與取得權。

1.5：在2030年前，讓貧窮與弱勢族群具有災後復原能力，減少他們暴露於氣候極端事件與其他社經與環境災害的頻率與受傷害的嚴重度。

1.A：確保各個地方的資源能夠大幅動員，包括改善發展合作，為開發中國家提供妥善且可預測的方法，尤其是最低度開發國家，以實施計畫與政策，來終結各種形式的貧窮。

1.B：依據考量到貧窮與兩性的發展策略，建立國家、區域與國際層級的妥善政策架構，加速消除貧窮行動。

「永續發展目標」第2項強調「消除飢餓，達成糧食安全，改善營養及促進永續農業」，主要細項如下：

2.1： 在 2030 年前，消除飢餓，確保所有的人，尤其是貧窮與弱勢族群（包括嬰兒），都能夠終年取得安全、營養且足夠的糧食。

2.2： 在 2030 年前，消除所有形式的營養不良，包括在 2025 年前，為五歲以下兒童發育遲緩、消瘦訂定的國際目標，並且解決青少女、孕婦、哺乳婦女以及老年人的營養需求。

2.3： 在 2030 年前，使農村的生產力與小規模糧食生產者的收入增加一倍，尤其是婦女、原住民、家庭農民、牧民與漁夫，包括讓他們有安全及公平的土地、生產資源、知識、金融服務、市場、增值機會以及非農業就業機會的管道。

2.4： 在 2030 年前，確保可永續發展的糧食生產系統，並實施可災後復原的農作方式，提高產能及生產力，協助維護生態系統，強化適應氣候變遷、極端氣候、乾旱、洪水與其他災害的能力，並漸進改善土地與土壤的品質。

2.5： 在 2020 年前，維持種子、栽種植物、家畜以及與其有關的野生品種之基因多樣性，包括善用國家、國際與區域妥善管理及多樣化的種子與植物銀行，並確保運用基因資源與有關傳統知識所產生的好處得以依照國際協議而公平的分享。

2.A： 提高在鄉村基礎建設、農村研究、擴大服務、科技發展、動植物基因銀行上的投資，包括透過更好的國際合作，以改善開發中國家的農業產能，尤其是最落後國家。

2.B： 矯正及預防全球農業市場的交易限制與扭曲，包括依據杜哈回合貿易談判 (Doha Development Round) 的共識，同時消除各種形式的農業出口補助及會產生同樣影響的出口措施。

2.C： 採取措施，以確保食品及其衍生產品的商業市場發揮正常功能，並如期取得市場資訊，包括儲糧，以減少極端的糧食價格波動。

「永續發展目標」第 4 項強調「確保有教無類、公平以及高品質的教育，並提倡終身學習」，主要細項如下：

4.1： 在 2030 年前，確保所有的男女學子都完成免費、公平以及高品質的小學與中學教育，得到相關且有效的學習成果。

4.2： 在 2030 年前,確保所有的孩童都能接受高品質的早期幼兒教育、照護,以及小學前教育,為小學的入學作好準備。

4.3： 在 2030 年前,確保所有的男女都有公平、負擔得起、高品質的技職、職業與高等教育的受教機會,包括大學教育。

4.4： 在 2030 年前,大幅增加擁有技術和企業管理職能的青年與成年人人數,以備就業、正式工作和創業所需。

4.5： 在 2030 年前,消除教育上的兩性不平等,確保弱勢族群有接受各階級教育的管道與職業訓練,包括身心障礙者、原住民以及弱勢孩童。

4.6： 在 2030 年前,確保所有的青年以及大多數的成年人,無論男女,都具備讀寫以及算術能力。

4.7： 在 2030 年前,確保所有的學子都習得必要的知識與技能使之可以促進永續發展,包括永續發展教育、永續生活模式、人權、性別平等、和平及非暴力提倡、全球公民、文化差異欣賞,以及文化對永續發展的貢獻。

4.A： 建立及提升適合孩童、身心障礙者以及兩性的教育設施,並為所有的人提供安全、非暴力、有教無類,以及有效的學習環境。

4.B： 在 2020 年前,大幅增加全球開發中國家的獎學金數目,尤其是最低度開發國家、小島嶼開發中國家與非洲國家,以提高高等教育的受教率,包括已開發國家與其他開發中國家的職業訓練、資訊與通信科技(Information and communications technology, ICT)、技術、工程,以及科學課程。

4.C： 在 2030 年前,明顯增加合格師資人數,包括在開發中國家進行國際師資培訓合作,尤其是最低度開發與小島嶼開發中國家。

聯合國在制訂這些永續發展目標時,就說明這些目標之間的內在關聯性,例如第 2 項「消除飢餓,達成糧食安全,改善營養及促進永續農業」就對第 1 項「消除各地一切形式的貧窮」有正面的助益;而第 4 項「確保有教無類、公平以及高品質的教育,並提倡終身學習」所強調的人力資本建構,更是協助弱勢團體避免貧窮威脅的重要途徑。這些主要源自於當代福利理論的轉變,提供了新的對抗貧窮處方。

7.4 相關理論與原理

時間回到 1990 年代，英國福利國家正好處在新、舊福利思潮的轉變中，當時的英國首相是有「鐵娘子」之稱的柴契爾 (Margaret Thatcher)，她主張削減社會福利來刺激經濟發展，反而讓飢餓與貧窮問題更加惡化，終於催生了新工黨與「第三條路」(the Third Way) 思潮的出現，引發了後續社會福利的重大變革。

談到「第三條路」，大家總會將之與英國新工黨首相布萊爾 (Tony Blair) 和其精神導師、也是這個取向的真正理論建構者吉登斯 (Anthony Giddens) 聯想在一起，不過美國總統柯林頓 (Bill Clinton) 和德國總理施洛德 (Gerhard Schroder) 也展現出對這個取向的高度認同。吉登斯強調社會福利應該導向所謂「積極的福利」(positive welfare)，致力於消除結構上的不平等，提供人們有尊嚴與自我實現的發展機會，並歸結成「社會投資國家」(social investment state) 概念。他說：「今天我們應當倡導一種積極福利……（其）基本原則是：『在可能的情況下盡量在人力資本上投資，最好不要直接提供經濟資助』。為了取代『福利國家』這個概念，我們應當提出『社會投資的國家』概念，這一概念適用於一個推行積極福利政策的社會。」（鄭武國譯，1999）那麼該如何有效地投資於人力資本上呢？吉登斯提出教育、訓練與就業此三項基本措施，尤其是針對青年、婦女與失業者，而這些都需要政府積極地介入整體勞動力市場（鄭武國譯，1999）。因此，右派所強調的經濟自由化、回歸市場機制，與取消政府管制政策並不受到吉登斯的認同，甚至他也不認為福利支出應盡量減少。吉登斯表示：「推行取消管制的政策不是解決失業問題的有效措施，福利支出應當維持在歐洲的水準上而不是向美國看齊，但是，應當把這些支出主要引向人力資源投資。」（鄭武國譯，1999）於是，飢餓、貧窮與教育就被綁在一起了！飢餓是貧窮最直接的展現，而要真正解決貧窮問題，就必須同時思考納入人力資本培育的必要性，讓人們能夠進入勞動市場，具備獨立生活的能量。

然而到目前為止，並沒有一套各國都同意，同時也適用於不同社會情境的貧窮測量方法，但在研究觀點上則逐漸歸結成三種不同的取向：匱乏、剝奪與社會排除。底下我們將概述這三種不同的研究觀點。

一、匱乏的觀點

匱乏的觀點可說是由絕對貧窮 (absolute poverty) 進一步擴充而來的。絕對貧窮意即我們能夠以客觀的方式，計算出滿足人們生物性需求的最低標準，例如每天需要多少水、多少熱量的食物、多少衣服，或是居住環境等 (Oppenheim and Harker, 1996)。匱乏觀點則不侷限在此種生物性的需求，而是廣泛地將文化性與社會性的需求也納入了貧窮的測量之中，但它並未改變絕對貧窮所強調的客觀性，亦即貧窮是可以加以測量與描述的。匱乏觀點認為如果一個人有下列情形的話，那麼他處在貧窮環境下的可能性即較高 (Spicker, 1993)：

1. **嚴重缺乏生理舒適：**
   (1) 住宅無法提供適當的保護（如光線不足、通風不良、過度擁擠或髒亂等）。
   (2) 飢餓。
   (3) 非常令人不悅的鄰里環境（如噪音、垃圾、交通等）。
   (4) 非常令人不悅的工作環境（如溫度過高或過低、氣味不佳、空間侷促等）。
   (5) 衣服無法提供適度的保護。

2. **嚴重缺乏健康：**
   (1) 平均餘命較短。
   (2) 經常生病。
   (3) 慢性疾病。
   (4) 永久性的身心障礙。

3. **嚴重缺乏安全與保障：**
   (1) 不安全的住宅。
   (2) 不安全的鄰里環境。
   (3) 缺乏適當的保護以避免財產損失。

(4) 不安全的工作環境。

(5) 不安全的空氣或水。

(6) 缺乏適當的保護以避免實質收入的減少。

4. **嚴重缺乏福利價值：**

(1) 個人所無法接受的薪資。

(2) 由於財務依賴所導致的心理烙印。

(3) 無法實現社會所認可的功能（如工作賺錢）。

(4) 缺乏適當品質的教育。

(5) 沒有中、高社會地位的象徵。

(6) 自我概念不佳。

(7) 低度動機或無助感，特別是針對向上社會流動的潛力。

(8) 嚴重的家庭不穩定（如破碎家庭）。

5. **嚴重缺乏可尊敬的價值：**

(1) 經濟與社會機會受到嚴重限制（尤其是歧視）。

(2) 無法參與政治過程。

(3) 在執法過程中常是不義 (injustice) 的受害者。

(4) 沒有社會所認可的技術。

二、剝奪的觀點

　　剝奪觀點所強調的是一種比較性、相對性的貧窮概念，它不僅是強調「匱乏」，而是與其他社會階級或地區比起來，低收入者與貧窮的地區較無法有類似水準的資源與公共服務，例如較富有的學校有校車接送，而較貧窮的學校的學生只能走路上學；就算是走路上學，較富有地區學生走的是柏油路，較貧窮地區學生走的卻是泥濘小道等，諸如此類均屬之 (Spicker, 1993)。基本上，剝奪觀點雖認為貧窮是可以測量的，但它並不認為貧窮有絕對的標準存在，而是相對於社會情境會有不同的判斷 (Jordan, 1996)。另一方面，剝奪觀點也贊成貧窮是多面的，並不僅限於經濟上的不足，它更強調發展的可能性，亦即將資源投入貧窮地區以促進與其他地區的平衡發展，例如「教育優先區」(education priority area) 之類的方案。剝奪有以下幾種不同的型態 (Spicker, 1993)：

1. **物質的剝奪 (material deprivation)**：這是最明顯與貧窮相關的，主要是因低收入者的食物、衣服、居住等條件與其他社會團體比較起來，不論是質或量均較差，而且這些都是貧窮的物質層面要素。
2. **生理的剝奪 (physical deprivation)**：某種程度上與物質的剝奪會重疊，特別是由於維生所需物質的缺乏，或品質不佳所導致生理上的疾病、衰弱、發展遲緩、早夭、低生產力等問題。
3. **心理的剝奪 (psychological deprivation)**：它所指的不僅是心理衛生問題而已，還包括了人格結構與情緒因素，諸如是否有良好的自我概念、動機、尊重等。
4. **社會的剝奪 (social deprivation)**：指的是參與社會與經濟活動的機會與資源，諸如教育程度、社區鄰里、社會技巧、工作能力、社會經濟結構等。

三、社會排除的觀點

在歐洲聯盟的會員國裡，有關貧窮的研究觀點已逐漸轉移到社會排除上。至於什麼是社會排除呢？我們可由歐盟對它的官方定義開始了解。1994 年歐洲社會政策白皮書對社會排除作了以下的界定 (European Commission, 1994)：「排除過程的本質是多面向且動態的，它們不只是和失業與／或低所得有關，同時也和住宅條件、教育與機會水準、健康、歧視、公民權，以及地方社區的整合有關。因此，預防與打擊社會排除也就需要動員所有的努力，以及經濟與社會措施雙方面的結合。對歐洲層次而言，這也意即聯盟的所有政策架構，應著重社會排除問題。」

就這個定義而言，「多面向」(multidimension) 其實是延續自前面兩個觀點所建立起來的基礎，也就是貧窮現象並非單指物質或經濟上的問題，還包括心理、價值與社會參與等問題；而「動態的」(dynamic) 本質則進一步彰顯出社會排除觀點的特色，它不僅是一個靜態的描述而已，還要探索一個人或團體之所以在其生命週期中逐漸淪入貧窮的動態過程 (Oppenheim and Harker, 1996)。因此，貧窮問題不只是相對的，而且是會累積的，雖然會有天生貧窮的情形，但其根源可能是其上一代無法累積足夠的資源來支持與協助其下一代的地位維持；而即使現在這一代人已有足夠的資源，但也有可能隨著社會經濟

環境的變動而逐漸耗空，特別是那些較缺乏經濟機會與社會參與的人口群，其受到社會排除的情況也更加明顯。

社會排除觀點的提出與現代社會安全制度的特性有關，也與社會經濟結構的變動有關。現代社會安全制度（特別是德國模式）一般大多採用就業相關體系 (employment-related system)，即透過參與勞動市場加入到社會安全之中，這種體系要能發揮其經濟安全保障的功能，至少必須立基在三個假設之上：首先，由就業而來的薪資必須足以維持就業者本身與其家人適當的生活水準，尤其必須提供其下一代學習社會技能所需的資源；其次，在工作期間所累積下來的資源必須足夠其退休後的生活所需；最後，充分就業的目標必須盡可能維持，否則過多的失業人口將會耗盡社會安全的財務 (Hantrais, 1995)。

然而，這樣的制度設計在社會經濟環境的變動下卻不盡適用，失業問題的惡化使得人們不易在其工作期間累積到足夠的資源，貧窮問題乃凸顯出來。而且並不僅限於那些我們印象中的弱勢團體（如殘障），甚至朝往一般有工作能力的人口群，乃至白領勞動力擴張，於是有了「新貧」(new poverty) 概念的出現，意指依賴社會救助者數目的增加、失業與不確定就業情形的增長、負債與財務困境的上升、單親家庭數目的增加，以及遊民問題的惡化等 (Room, 1990)。

事實上，「新貧」的出現並不意即「舊貧」的消失，而是會交互作用使得舊貧團體更加雪上加霜。在一個連有正常工作能力的人都不易找到工作的社會裡，低生產力或不具備完全工作能力的弱勢團體必然更加困難，進而影響到其經濟與社會參與的機會，漸漸被排除到社會主流之外，而且這樣的效果會往其下一代延伸，成為「底層階級」(the underclass) 形成的部分原因 (Morris, 1994)。

社會排除觀點的運用相當廣泛，它所指涉的社會排除現象可以出現在單一的個人身上，但也可以指涉一個大的地區或國家。因此，社會排除的面向包括了性別（如女性貧窮問題）、團體（如殘障團體的經濟與社會機會問題）、種族（如少數民族的歧視或工作機會被替代問題）、年齡（如老年的經濟安全問題）、社區或地區（如教育優先區問題）、乃至國家（如國家競爭力與資本主義全球化問題）(Jordan, 1996)。在這個新觀點下所提出的社會政策，因而必須

更具宏觀的角度，不但要涵蓋人的生命週期 (life span)，同時也要了解全球化 (globalization) 過程中，國內勞力市場的變化，才能較妥善地因應新社會裡的經濟不安全與貧窮問題。

7.5 推動案例與反思

臺灣受到國際福利思潮轉變的影響，很快地將積極福利與社會投資的概念引入到社會福利政策之中，列舉如下：

一、中華民國建國一百年社會福利政策綱領：邁向公平、包容與正義的新社會

強調社會福利消極之目的在於去除社會的不公，幫助社會弱勢，以保障所有國民之基本生活與家庭之幸福和諧；而積極之目的更在彰顯社會互助團結之價值，縮減貧富差距，讓每一個世代都有公平發展的機會，經濟成長的果實能為全民所共享。因此：

1. 政府應建構以社會保險為主，社會津貼為輔，社會救助為最後一道防線的社會安全體系，並應明定三者之功能區分與整合。
2. 政府社會救助之設計應以能維持國民之基本經濟生活水準。
3. 政府應定期檢討社會救助的請領資格、給付水準及行政程序，以確保國民得到適切的救助。
4. 社會津貼應因應國民特殊的需求而設計，針對社會保險不足之處予以補充，逐步整合成國民基本所得保障。
5. 政府應積極協助低所得家庭累積資產與開創人力資本，鼓勵其家庭及早脫貧。
6. 政府應提供低所得家庭多元社會參與管道，擴增其社會資源，避免社會排除。
7. 政府應建立失業給付與社會救助體系間的銜接，依低所得家庭需求提供或轉介有工作能力者相關就業服務、職業訓練或以工代賑，增進其工作能力，協助其重返職場，以舒緩其家庭之經濟困境。

8. 政府應結合民間資源提供補充性之社會救助或福利服務，讓無法納入救助體系的弱勢者得到適時協助。
9. 政府對於國民因重大災難所造成的損害，應施予災害救助，以利國民盡速生活重建。
10. 政府對於國民罹患嚴重傷病無力負擔所需之醫療費用，應予以補助。
11. 政府對於國民因遭逢急難變故致生活陷困，應予以急難救助，提供及時紓困。
12. 政府應結合金融機構推展微型貸款、微型保險、發展帳戶、逆向房貸、財產信託等方案，增進弱勢民眾資產累積或抵禦風險的能力。

二、社會福利基本法

為確立社會福利基本方針，健全社會福利體制及保障國民社會福利之基本權利，2023 年制訂「社會福利基本法」共三十一條，立法重點包含：(1) 明定社會福利基本方針，健全社會福利體制；(2) 肯認多元文化，尊重差異，國民接受福利機會平等；(3) 社會福利政策綱領訂定及定期檢討；(4) 各級政府委託辦理福利服務實施原則，及民間參與社會福利政策機制；(5) 寬列社會福利經費，資源不足地區優先規劃布建，均衡區域發展；(6) 人民社會福利權利受侵害時，得依法尋求救濟等，以維護國民社會福利之基本權利。其中與貧窮問題最相關的第 6 條更表明：「社會救助，應結合就業、教育、福利服務，對於低收入戶、中低收入戶及遭受急難、災害、不利處境之國民，提供救助及緊急照顧，並協助其自立。」能夠看出其融合「永續發展目標」第 1、2 與 4 項的內涵。

三、兒童及少年未來教育與發展帳戶條例

協助脫離貧窮是社會救助重要工作，臺灣自 2005 年起將脫貧納入「社會救助法」規範，各地方政府結合社會資源並評估受助者需求，辦理教育投資、就業自立、資產累積、社區產業、社會參與等脫貧方案，期使受救助家庭脫離困境積極自立。2018 年進一步制訂「兒童及少年未來教育與發展帳戶條例」，致力於提升兒童及少年平等接受良好教育與生涯發展之機會，協助資產累積、

教育投資及就業創業，以促進其自立發展，減少貧窮代間的循環問題。由政府每年最高提撥 15,000 元，家長最高每年存入 15,000 元，一年共存入最高 3 萬元，十八年後就有 54 萬元。協助經濟弱勢兒童及少年以儲蓄的方式，累積一定資產，作為其未來接受教育、就業或創業之用，以投資兒少的未來。

7.6　結語：永續發展目標第 1、2 與 4 項的整合

在現代的風險社會中，社會福利已成為所有人生活中不可或缺的一部分，這是因為社會經濟的轉變，使人們暴露在貧窮風險的機會增加。如果說人類社會制度的形成，乃是企圖以人們集體的力量來對抗日常生活環境中的不可預測性的話，那麼社會福利制度的內涵即可說是此種人類社會制度的典型代表。當代臺灣社會正面臨少子女化與高齡化的雙重挑戰，加上全球化之下勞動市場的轉型，致使臺灣社會抵禦貧窮風險的韌性受到影響，低薪、失業、貧富差距、社會流動僵固等成為當前的社會氛圍。傳統以補償為主的社會政策已經難以因應這樣的改變，因此自 2000 年以來，各國紛紛轉向具備預防性與積極性的社會投資政策，並結合個人與家庭生命發展的動態歷程，強調對「人」投資的重要性。有別於過去強調對技術與產業投資的經濟政策，美國柏克萊加州大學社會福利學院前院長 James Midgley 更強調，社會發展與經濟發展應該是一體兩面且同等重要的。

為了更清楚展現上述的理念，我們藉由圖 7-3 來進一步說明如下：

1. 我們以橫軸（生命歷程）與縱軸（社會投資）作為兩個主要軸線，我們知道順利整合到勞動市場之中是避免弱勢累積的重要方式，但**人口必須要經過社會投資的過程，才能成為可用的人力資源**。因此在每個人生歷程中都需要逐步累加的社會投資，才不會陷入弱勢累積的世代循環。
2. **社會投資必須從幼兒時代就開始，此階段著重在人力與文化資本的投資，最重要的是教育投入**。這個階段的社會投資具有三層意義：(1) 促進新一代人力資源的形成；(2) 將女性勞動力從家務負擔中釋放出來；(3) 降低弱勢族群落入社會排除的處境。

資料來源：作者自繪

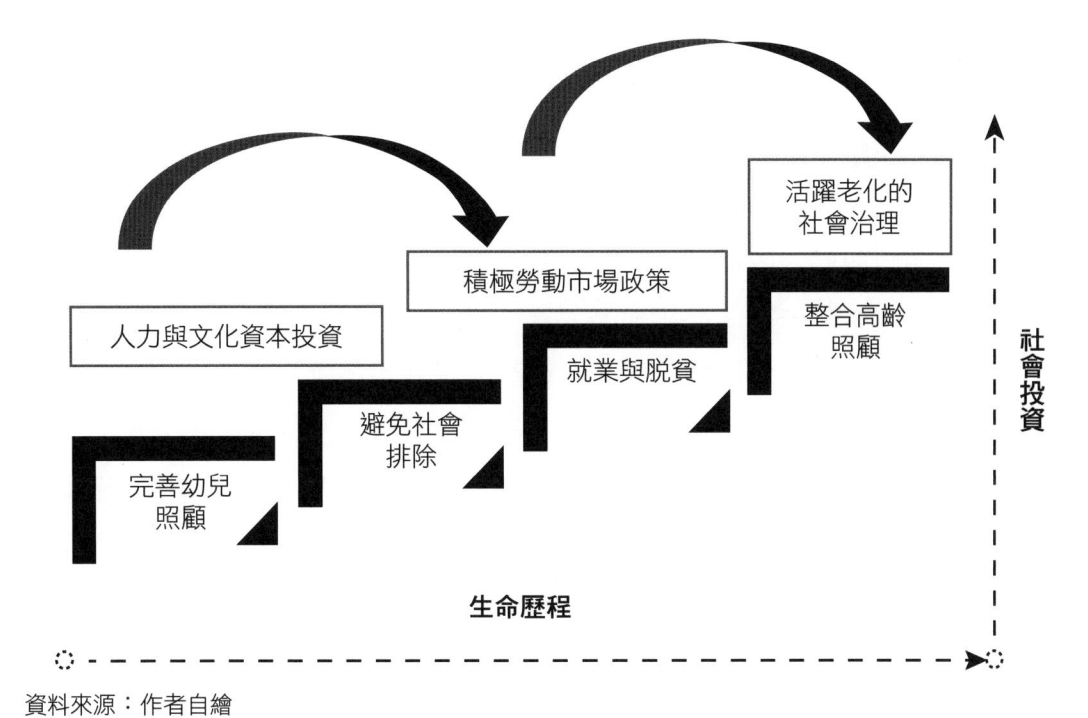

圖 7-3　搭配生命歷程的社會投資模式

3. 若要避免弱勢族群落入社會排除，除了前述的人力與文化資本的投資之外，還**必須有效協助弱勢族群從教育順利轉銜到勞動市場，尤其是積極勞動市場政策。**

4. 對貧窮的分析，在在顯示勞動能力與就業機會是弱勢族群陷入弱勢累積循環的主要因素，**而脫貧也往往必須從這兩方面著手：(1) 對勞動力不足者必須有適當的教育訓練（人力與文化投資）；(2) 對所得不足者提供就業機會與勞動保障（避免過早退出勞動市場）。**

5. **面對高齡社會的來臨，唯有積極的活躍老化才能減少失能的風險與時間**，而這需要一個跨部門協力的新社會治理模式：(1) 非正式（家庭）部門作為傳統責任的基本防線；(2) 公共部門著重銀髮產業規劃、老年經濟保障與健康照顧保險的制度規劃；(3) 市場部門致力於銀髮產業技術研發與服務品質提升；(4) 志願部門提供社區化的關懷服務與特殊個案的發掘。

相對於臺灣零碎分散的社會政策現況，我們需要一套完整的政策理念與架構來統整各部會的政策方向與力量，才能集中有限的資源提升臺灣社會對抗風險的韌性，而這也是「永續發展目標」給我們的重要啟示。

習題

1. 請說明「永續發展目標」第1、2、4項的內涵,並說明其關聯性。

解答 「永續發展目標」第1項強調「消除各地一切形式的貧窮」;第2項強調「消除飢餓,達成糧食安全,改善營養及促進永續農業」;第4項強調「確保有教無類、公平以及高品質的教育,並提倡終身學習」。聯合國在制訂這些永續發展目標時,就說明這些目標之間的內在關聯性,例如第2項「消除飢餓,達成糧食安全,改善營養及促進永續農業」就對第1項「消除各地一切形式的貧窮」有正面的助益;而第4項「確保有教無類、公平以及高品質的教育,並提倡終身學習」所強調的人力資本建構,更是協助弱勢團體避免貧窮威脅的重要途徑。

2. 請說明「第三條路」福利理論的重點。

解答 吉登斯強調社會福利應該導向所謂「積極的福利」,致力於消除結構上的不平等,提供人們有尊嚴與自我實現的發展機會,並歸結成「社會投資國家」概念。他提出教育、訓練與就業此三項基本措施,尤其是針對青年、婦女與失業者,而這些都需要政府積極地介入整體勞動力市場。

3. 匱乏作為最基本的貧窮觀點,請說明其內涵。

解答 匱乏的觀點可說是由絕對貧窮進一步擴充而來的。絕對貧窮意即我們能夠以客觀的方式,計算出滿足人們生物性需求的最低標準,例如每天需要多少水、多少熱量的食物、多少衣服或是居住環境等。匱乏觀點則不侷限在此種生物性的需求,而是廣泛地將文化性與社會性的需求也納入了貧窮的測量之中,但它並未改變絕對貧窮所強調的客觀性,亦即貧窮是可以加以測量與描述的。最明顯的匱乏就是飢餓,其會使人缺乏生存的能量。

4. 社會排除強調貧窮是動態的,請說明其意義。

解答 「動態的」本質可彰顯出社會排除觀點的特色,它不僅是一個靜態的描述而已,還要探索一個人或團體之所以在其生命週期中逐漸淪入貧窮的動態過程。因此,貧窮問題不只是相對的,而且是會累積的,雖然會有天生貧窮的情形,但其根源可能是其上一代無法累積足夠的資源來支持

與協助其下一代的地位維持；而即使現在這一代人已有足夠的資源，但也有可能隨著社會經濟環境的變動而逐漸耗空，特別是那些較缺乏經濟機會與社會參與的人口群，其受到社會排除的情況也更加明顯。「新貧」的出現並不意即「舊貧」的消失，而是會交互作用使得舊貧團體更加雪上加霜。在一個連有正常工作能力的人都不易找到工作的社會裡，低生產力或不具備完全工作能力的弱勢團體必然更加困難，進而影響到其經濟與社會參與的機會，漸漸被排除到社會主流之外，而且這樣的效果會往其下一代延伸，成為「底層階級」形成的部分原因，導致貧窮的世代傳遞。

5. 請以臺灣「兒童及少年未來教育與發展帳戶條例」為例，說明其為何符合「永續發展目標」。

解答 協助脫離貧窮是社會救助重要工作，臺灣自 2005 年起將脫貧納入「社會救助法」規範，各地方政府結合社會資源並評估受助者需求，辦理教育投資、就業自立、資產累積、社區產業、社會參與等脫貧方案，期使受救助家庭脫離困境積極自立。2018 年進一步制訂「兒童及少年未來教育與發展帳戶條例」，致力於提升兒童及少年平等接受良好教育與生涯發展之機會，協助資產累積、教育投資及就業創業，以促進其自立發展，減少貧窮代間的循環問題。由政府每年最高提撥 15,000 元，家長最高每年存入 15,000 元，一年共存入最高 3 萬元，十八年後就有 54 萬元。協助經濟弱勢兒童及少年以儲蓄的方式，累積一定資產，作為其未來接受教育、就業或創業之用，以投資兒少的未來。

參考文獻

Carrier, J., & Ian, K. (1977). The Development of Welfare States: The Production of Plausible Accounts. *Journal of Social Policy*, *6*(3), 271-290.

Central Intelligence Agency. (2019). The World Factbook. Retrieved February 14, 2019, from https://www.cia.gov/library/publications/the-world-factbook/fields/221.html.

Flora, P., & Arnold J. H. (1981). The Historical Core and Changing Boundaries of the Welfare State. In Peter Flora & Arnold J. Heidenheimer (Eds.), *The Development of Welfare States in Europe and America* (pp. 17-34). New Brunswick, NJ: Transaction Books.

Hantrais, L. (1995). *Social Policy in the European Union*. Basingstoke, Hampshire: Macmillan.

Jordan, B. (1996). *A Theory of Poverty and Social Exclusion*. Cambridge, MA: Polity.

Marsh, D. C. (1980). *The Welfare State: Concept and Development*. London, England: Longman.

Morris, L. (1994). *Dangerous Classes: the Underclass and Social Citizenship*. London, England: Routledge.

Organisation for Economic Cooperation and Development (2019). Poverty Rate (Indicator). Retrieved June 5, 2019, from https://data.oecd.org/inequality/poverty-rate.htm.

Oppenheim, C., & Harker, L. (1996). *Poverty: The Facts* (revised and updated 3rd edition). London, England: CPAG.

Room, G. (1990). *'New Poverty' in the European Community*. Basingstoke, Hampshire: Macmillan.

Spicker, P. (1993). *Poverty and Social Security: Concepts and Principles*. London, England: Routledge.

孫健忠 (2008)。社會救助的現況檢討與改革，載於古允文、李易駿、孫健忠、詹宜璋、吳明儒（合著），**臺灣大未來──社福：回到根本重構臺灣的基本生還安全網**（73-89頁）。臺北市：財團法人厚生基金會。

黃上豪 (2021)。**臺灣的世代貧窮現象：貧窮陷阱或福利陷阱？**（博士論文）。國立臺灣大學社會工作學系，臺北市。

鄭武國（譯）(1999)。**第三條路：社會民主的更新**（原作者：Anthony Giddens）。臺北市：聯經出版。

鄭麗珍 (2001)。**工作貧窮與社會救助之關係**。臺北市：行政院國家科學委員會。

第八章

永續發展之社會議題：
健康福祉──SDG 3

國立政治大學財政學系　教授
周麗芳

學習目標

▋ 探討全球健康福祉重大議題及發展現況，特別是在新冠肺炎肆虐後，如何面對接踵而來的健康醫療挑戰，並積極提出對策與解決方案。

▋ 聯合國 UNSDG 3 健康福祉以及臺灣 T-SDG 3 健康福祉的內涵及指標。

▋ 臺灣在地 T-SDG 3 健康福祉的實踐推動案例。

8.1 議題背景與發展現況

一、SDG 3 健康福祉的後疫情挑戰

聯合國永續發展目標 SDG 3「健康福祉」不僅攸關民眾性命安危，更為各國政府部門施政要項。如何保障民眾活出健康、長壽、尊嚴與品質，為全球公共政策之核心。除了需確保民眾醫療的可近性與便利性，亦要消除就醫財務障礙，兼顧預防、治療與復健，導入醫療科技與新藥，建構全人與全程的照護系統，以人為本的照護模式乃 SDG 3 健康醫療的致力方向。

自 2019 年起新冠肺炎 (COVID-19) 疫情肆虐，各國紛紛採行封城、鎖國、停班、停課等管制措施，以杜絕新冠肺炎的感染擴散，致使經濟成長受創、民生物資短缺、醫療量能超載，對全球人民健康福祉造成嚴重衝擊，也對 SDG 3 帶來巨大挑戰，阻礙其指標進度的達成。隨著 COVID-19 逐漸受到控制，後疫情時期接踵而來的挑戰，尚賴各國積極面對與解決。

根據聯合國永續發展目標年度報告 (UN, 2022) 指出，COVID-19 疫情前，SDG 3 已在許多健康層面獲得顯著成果，包含孕婦、孩童、傳染性疾病的治療及預防接種覆蓋率等，然而不同區域仍存在差異。截至 2022 年中，全球超過 5 億人感染 COVID-19，疫情重創基本健康照護服務體系，引發焦慮及憂鬱病症增加，降低全球預期壽命，妨礙消滅愛滋病、結核病和瘧疾的進展，並且使健保覆蓋率的全面普及工作停滯。除 COVID-19 之外，其他疾病的疫苗預防接種覆蓋率十年來第一次下滑，結核病和瘧疾導致的死亡增加。全球當前任務在於盡速採取行動，將世界重新導正，恢復運行常軌，朝 SDG 3 指標再次前進。

聯合國估計直至 2021 年底，全球因 COVID-19 直接和間接導致的「超額死亡」(excess deaths) 高達 1,500 萬人。COVID-19 在 2020 年和 2021 年間直接與間接性的造成 1,490 萬人死亡，而間接性原因主要是由於疫情帶給醫療體系和社會的衝擊與影響。特別值得留意的是，此估計數相當於同期各國官方所通報之 COVID-19 死亡人數 540 萬的三倍（詳見圖 8-1）。並且大約 84% 的「超額死亡」集中於東南亞、歐洲及美洲，甚至 68% 是集中在僅僅 10 個國家內。

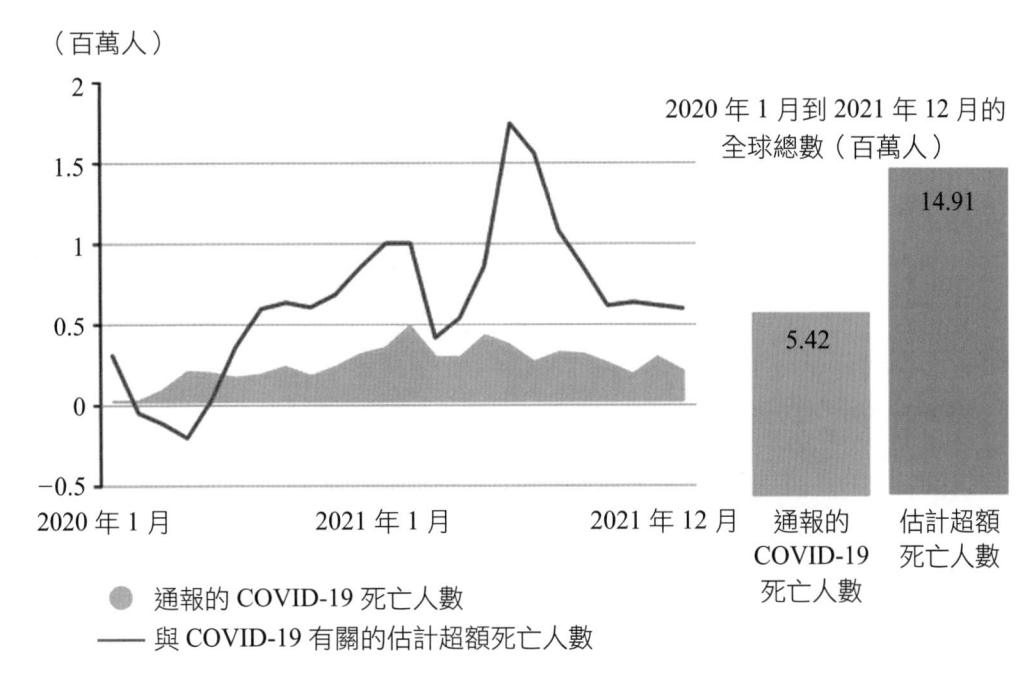

資料來源：United Nations, 2022

圖 8-1 2020 年到 2021 年全球通報的 COVID-19 死亡人數以及估計超額死亡人數

二、COVID-19 嚴重中斷醫療系統及基本醫療保健服務

根據聯合國揭露，在 2021 年底接受調查的 129 個國家中，有 92% 通報他們的國家基本健保服務中斷。這些服務的中斷橫跨所有主要的健康照護領域，包含孕婦及兒童健康、疫苗接種、心理健康計畫、愛滋病、肝炎、結核病、瘧疾等疾病的治療。因此，全球預期壽命的進展突然停滯，在許多國家，預期平均壽命下降了一至兩歲。

為了有效阻擋 COVID-19 的擴散，並避免因此造成數以萬計的人數死亡，確保公平合理、安全有效的取得疫苗管道就相當重要。世界衛生組織呼籲在 2022 年的上半年度，所有國家中應有 70% 的人需要接種疫苗。儘管如此，全球疫苗分配並不公平合理，截至 2022 年 5 月，在低收入國家，每 100 人所能接種的 COVID-19 疫苗總數僅有 21 劑，相當於每人平均接種 0.21 劑；相反地，在高收入國家，每 100 人所能接種的疫苗總數達 198 劑，等同每人平均接種 1.98 劑（詳見圖 8-2）。為了全球人民健康，所有國家及相關製造商應當優先投入「COVID-19 疫苗全球取得機制」(COVID-19 Vaccines Global Access,

（數量）

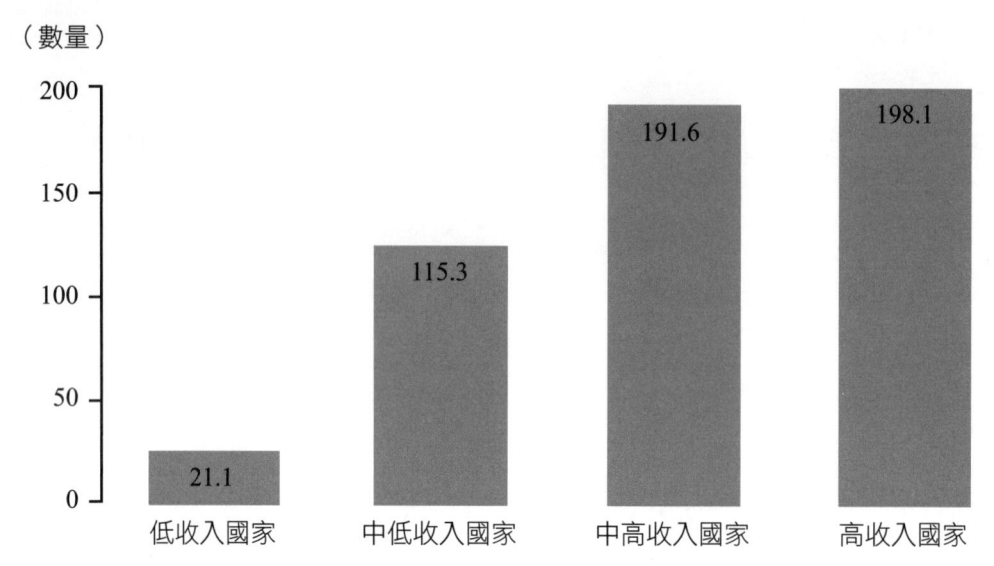

收入區分	每百人疫苗劑數
低收入國家	21.1
中低收入國家	115.3
中高收入國家	191.6
高收入國家	198.1

資料來源：United Nations, 2022

圖 8-2　截至 2022 年 5 月 9 日，每百人所接種總疫苗劑數（國家按收入水準區分）

COVAX）的疫苗供應，並且創造研發環境與生產條件，供在地化的疫苗測試、疫苗研發與治療療程。

三、COVID-19 引發焦慮及憂鬱等心理病症增加

聯合國也提出，疫情誘發焦慮及憂鬱等心理病症有增加趨勢。現有數據雖沒有顯示在疫情爆發的幾個月之內有自殺率上升的現象，然而，疫情對全球人民心理健康及福祉造成嚴重影響是不爭的事實。在 2020 年，焦慮及憂鬱症的全球普及率估計上升 25%，且年輕群眾及女性受到的影響最大。同時，部分國家指出，心理及神經疾病在所有基本健保服務中受到的阻礙及中斷最為嚴重，這擴大了不同區域及族群間心理健康照顧的差距。雖然至 2021 年底情況有所改善，但是仍有許多人無法獲得所需的心理健康照護及援助。甚至在疫情之前，憂鬱症、焦慮及其他心理健康已影響著許多兒童。據估計，在 2019 年，超過 13% 的十到十九歲青少年有世界衛生組織所定義的心理失調診斷。疫情增加了兒童及年輕族群所面臨的心理健康問題，這是由於他們當中有許多人經歷學校關閉、日常生活中斷、糧食不充足和家庭收入損失的壓力，以及對未來的不確定性。對最為弱勢的兒童，COVID-19 也可能增加他們暴露於各種

形式的暴力及剝削。當務之急是 COVID-19 的因應計畫須包含心理健康及社會心理支援。特別需要投入更多的關注及投資，用於改善兒童及年輕族群的心理健康照顧以及保護最為弱勢的兒童。

四、COVID-19 對健康及經濟的影響，致使全民醫療保健覆蓋益加不平均

當所有人都能得到所需的高品質健保服務，並且無須因為這些服務產生的費用而面臨財務困境時，才能實現全民醫療健保覆蓋 (Universal Health Coverage, UHC)。全民醫療保健覆蓋服務涵蓋指數從 2000 年的全球平均水準 45 分（滿分 100 分），提高到 2015 年的 64 分和 2019 年的 67 分。然而，在 2017 年，將近 10 億人花費超過 10% 的家庭預算在健保自付費用上，而且這 10 億人中有超過半數由於這些自付費用被迫變得極度貧困。由於疫情導致基本健保服務嚴重中斷，過去二十年的持續進展很有可能停滯不前。COVID-19 對健康及經濟帶來廣泛衝擊，人們在取得健保照顧方面可能面臨更大的財務限制。在那些自掏腰包支付健保服務的人中，財務困難極有可能加劇惡化，特別是對於弱勢群體。

五、COVID-19 對醫護人員造成嚴重負面影響，許多地區醫護人力吃緊

醫護人員處於 COVID-19 應對措施的最前線，在 2020 年 1 月到 2021 年 5 月之間，疫情已奪去全球 115,500 名醫護人員的性命。因此，需要在公平合理分配疫苗上做出更大的努力，以確保醫護人員取得疫苗接種和個人防護裝備的管道。2014 年到 2020 年的數據顯示，全球護理及助產人力的密度在北美保持最高，每 1 萬人中有超過 152 名人力，這是將近全球平均值的四倍，是北非及南亞的八倍，更是超出撒哈拉以南非洲 (Sub-Saharan Africa) 的十五倍。即使全球每 1 萬人所擁有的醫師照護密度穩定提升，但區域間相比之下的差異仍相當大，此落差在於歐洲每 1 萬人估計有 40 名醫師，撒哈拉以南非洲每 1 萬人僅有 2 名醫師。

在臺灣，國家衛生研究院有針對護理人力荒提出前瞻規劃建言，摘要重點如下：「為解決臺灣護理人力短缺課題，國家衛生研究院將進行四大方向的前瞻規劃：(1) 建構臺灣健康促進 (health promotion)、疾病照護 (illness care)、急性後期照護 (post-acute care)、長期照顧 (long-term care) 所需之本土護理人力發展最適政策架構指引，以提升全國護理人員留任率與執業率。(2) 應用臺灣科技資訊優勢，探討科技改善護理人力效率之創新照護模式 (new care model)。(3) 研析護理人力進階制度及業務範疇之可行模式。(4) 提升護理人力之有效應用及護理專業發展（國家衛生研究院，2021）。」

六、近年來全球衛生水準取得顯著進展，但仍伴隨著挑戰

全球已有 146 個國家或地區在減少五歲以下兒童死亡率方面，已實現永續發展目標或朝永續發展目標邁進。自 2010 年以來，全球關於愛滋病的死亡率已減少 52%，並有 47 個國家成功消滅某些熱帶疾病。然而，仍有一些領域尚有進步空間，如降低孕產婦死亡率和增加全民醫療保健覆蓋率，據估計每天約有 800 名婦女因懷孕或分娩死亡，2019 年有 3.81 億人因醫療費用而陷入極端貧困。

七、兒童與孕婦健康雖有進展，區域差異仍待弭平

建立因應未來衛生威脅的彈性。孕產婦死亡率降低的進展停滯，每兩分鐘就有一名婦女死於本可預防的原因。2016 年至 2020 年，全球每 10 萬活產 (live births) 中，有 223 例孕產婦死亡，顯示出降低孕產婦死亡率的進展不大，特別是撒哈拉以南非洲地區。全球兒童死亡率顯著下降，2015 年至 2021 年，五歲以下兒童死亡率下降 12%，但仍須持續改善。生殖健康亦有一定進展，青少年生育率下降，避孕工具服務改善，育齡婦女採用現代避孕方法的比例略為上升。

八、挹注健康福祉的捐款大幅成長

2015 年以來，用於基本衛生官方發展的援助捐款按實際價值計算增長一倍，從 102 億美元（按照 2021 年物價水準調整）增加至 2021 年的 204 億美元，約有 27 億美元用於基本衛生保健，24 億美元用於瘧疾控制，20 億美元用

於傳染病控制。2021 年，COVID-19 所用資金占用了基本衛生官方發展援助的最大份額，總額為 96 億美元，其中 6 億美元用於疫苗捐贈。

8.2 聯合國永續發展目標 UNSDG 3：健康福祉

聯合國永續發展目標 SDG 3「健康福祉」為「確保健康生活以及促進各年齡層的福祉」(Ensure healthy lives and promote well-being for all at all ages)，這對永續發展而言是不可或缺的。目前全世界正歷經一個空前的健康危機，COVID-19 造成人類的苦難、破壞全球經濟的穩定並顛覆全球數十億人口的生活。在疫情之前，主要的進步在於改善數百萬人的健康情況，並在增加預期壽命以及減少兒童與孕婦死亡率相關的一些常見致命因素方面，取得重大進展。聯合國開發計畫署 (United Nations Development Programme, UNDP) 強調不同國家在處理疫情危機及疫後復甦韌性明顯有別，不過，仍需要投入更多努力來徹底根除各種疾病，並處理許多既有與新興的健康議題。透過聚焦於以更有效率的方式提供資金給醫療系統、改善公共衛生及個人衛生，並增加就醫便利性，可以拯救數百萬條生命。

聯合國 SDG 3「健康福祉」，包括十三項具體目標（3.1-3.9 以及 3.A-3.D），分述如下：

3.1：在 2030 年前，全球孕產婦死亡率降低到至少每 10 萬名活產中少於 70 名。

3.2：在 2030 年前，終止新生兒及五歲以下孩童的可預防性死亡率。

3.3：在 2030 年前，消除愛滋病、結核病和瘧疾等疾病的流行，並打擊肝炎、水媒疾病以及其他傳染性疾病。

3.4：在 2030 年前，透過預防、治療以及促進心理健康及福祉，使非傳染性疾病所造成的過早死亡率降低到三分之一。

3.5：強化物質濫用的預防及治療，包括麻醉藥物濫用以及酒精的有害使用。

3.6：在 2020 年前，使全球道路交通意外事故死亡及受傷人數減半。

3.7：在 2030 年前，確保取得生殖醫療保健服務的普遍管道。

健康與福祉：確保健康的生活方式，促進各年齡層的福祉

在提高全球衛生發展方面取得了顯著進展

- 200個國家或地區中有146個已經實現或正在實現降低5歲以下兒童死亡率的目標
- 自2010年以來，愛滋病毒的有效治療使全球與愛滋病相關的死亡人數減少了 52%
- 47個國家至少消滅了一種被忽視的熱帶疾病

2021年，2,500萬兒童錯過了重要的例行疫苗接種，比2019年多了600萬

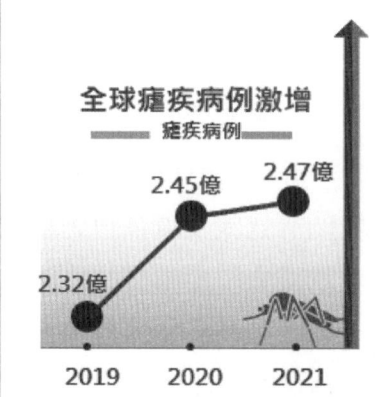

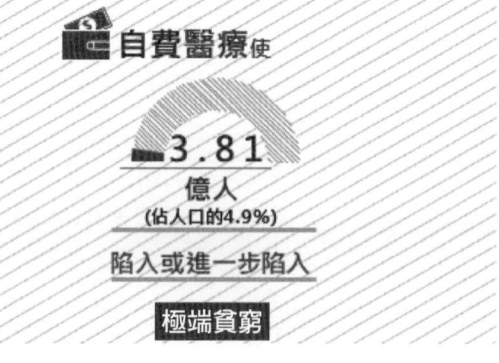

全球瘧疾病例激增
瘧疾病例：
- 2019：2.32億
- 2020：2.45億
- 2021：2.47億

自費醫療使 3.81 億人（佔人口的4.9%）陷入或進一步陷入極端貧窮

每兩分鐘就有一名婦女死於妊娠和分娩相關的可預防性的病因 (2020)

資料來源：https://sdgs.un.org/goals/goal3

圖 8-3　聯合國 SDG 3：健康福祉

3.8：達到全球醫療保健覆蓋，包含財務風險保護、基本醫療保健服務的管道，以及所有人都可取得安全、有效、高品質、負擔得起的基本藥物和疫苗。

3.9：在 2030 年前，大幅減少由危害性化學物質及氣體、水污染、土壤污染，以及其他污染所引起的疾病人數。

3.A：加強在所有國家落實世界衛生組織的《菸草控制框架公約》。

3.B：支援主要影響開發中國家的傳染性及非傳染性疫苗和藥物的研發，並提供可負擔的基本藥品和疫苗。

3.C：大幅增加開發中國家衛生醫療保健的融資及醫療保健人員的招聘，發展、培訓並留住醫護人力資源。

3.D：加強所有國家提早預警、降低風險，以及國家及全球風險管理的能力。

8.3　臺灣永續發展目標 T-SDG 3：健康福祉

臺灣為響應全球永續發展行動，積極接軌國際，行政院國家永續發展委員會（永續會）於 2018 年參照聯合國十七項永續發展目標，研提十八項「臺灣永續發展目標」，新增一項 T-SDG 18「非核家園」（詳見圖 8-4）。臺灣 T-SDG 3「健康福祉」攸關社會人力成本，旨在確保及促進各年齡層健康生活與福祉，提高各個年齡層全體國民之醫療保健覆蓋率，並加強因應生命與健康危害，進行健康風險管理。臺灣 T-SDG 3「健康福祉」共有十一項具體目標，三十九項對應指標。

根據行政院國家永續發展委員會揭示，臺灣 T-SDG 核心目標 3「健康福祉」，在於確保及促進各年齡層健康生活與福祉，聚焦以下目標：

3.1：降低孕產婦死亡率。

3.2：降低五歲以下兒童及新生兒的死亡率。

3.3：降低愛滋病、結核病、急性 B 型肝炎發生率，維持無瘧疾本土新染病病例，並降低登革熱 (Dengue Fever, DF) 致死率。

3.4：降低癌症、肝癌及慢性肝病、心血管疾病、糖尿病、慢性呼吸道疾病早發性死亡率及自殺死亡率，並增進國人健康生活型態。

3.5：強化物質濫用的預防與治療及減少酒精危害。

3.6：降低交通事故傷亡人數。

3.7：增進生殖健康。

3.8：實現全民醫療保健覆蓋率及永續性。

3.9：減少空氣污染、水污染，以及其他污染對健康的危害。

3.A：降低吸菸率。

3.B：國際衛生條例 (International Health Regulation, IHR) 之達成能力和衛生應急準備措施及強化健康風險管理。

臺灣永續發展目標

轉型領域	SDG 目標	跨域整合
人力成本	SDG 1：強化弱勢群體社會經濟安全照顧服務	SDG 16：促進和平多元的社會、確保司法平等、建立具公信力且廣納民意的體系 / SDG 17：建立多元夥伴關係、協力促進永續願景
人力成本	SDG 3：確保及促進各年齡層健康生活與福祉	
人力成本	SDG 4：確保全面、公平及高品質教育，提倡終身學習	
人力成本	SDG 5：實現性別平等及所有女性之賦權	
循環經濟	SDG 8：促進包容且永續的經濟成長，提升勞動生產力，確保全民享有優質就業機會	
循環經濟	SDG 12：促進綠色經濟，確保永續消費及生產模式	
能源轉型加速去碳化	SDG 7：確保人人都能享有可負擔、穩定、永續且現代的能源	
能源轉型加速去碳化	SDG 13：完備減緩調適行動以因應氣候變遷及其影響	
能源轉型加速去碳化	SDG 18：落實環境基本法，逐步達成非核家園	
永續農業生態保育	SDG 2：確保糧食安全，消除飢餓，促進永續農業	
永續農業生態保育	SDG 6：確保環境品質及永續管理環境	
永續農業生態保育	SDG 14：保育及永續利用海洋生態系，以確保生物多樣性，防止海洋環境劣化	
永續農業生態保育	SDG 15：保育及永續利用陸域生態系，以確保生物多樣性，並防止土地劣化	
智慧韌性城鄉	SDG 9：建構民眾可負擔、安全、對環境友善、且具韌性及可永續發展的運輸	
智慧韌性城鄉	SDG 11：建構具包容、安全、韌性及永續特質的城市與鄉村	
數位革命	SDG 4：確保平面、公平及高品質教育，提倡終身學習	
數位革命	SDG 8：促進包容且永續的經濟成長，提升勞動生產力，確保全民享有優質就業機會	
數位革命	SDG 10：減少國內及國家間的不平等	

資料來源：行政院國家永續發展委員會，2019，臺灣永續發展目標

圖 8-4　臺灣永續發展目標與轉型領域

表 8-1　臺灣永續發展核心目標第 3 項：確保及促進各年齡層健康生活與福祉

具體目標	對應指標
3.1：降低孕產婦死亡率	3.1.1：孕產婦死亡率（每 10 萬人口）
	3.1.2：醫師及助產師（士）接生百分比
3.2：降低五歲以下兒童及新生兒的死亡率	3.2.1：五歲以下兒童死亡率
	3.2.2：新生兒死亡率
	3.2.3：未滿五歲兒童意外事故傷害死亡率
3.3：降低愛滋病、結核病、急性 B 型肝炎發生率，維持無瘧疾本土新染病病例，並降低登革熱致死率	3.3.1：愛滋病感染發生率
	3.3.2：結核病發生率
	3.3.3：瘧疾本土新感染病例
	3.3.4：急性 B 型肝炎發生率
	3.3.5：登革熱死亡病例的年平均致死率
3.4：降低癌症、肝癌及慢性肝病、心血管疾病、糖尿病、慢性呼吸道疾病早發性死亡率及自殺死亡率，並增進國人健康生活型態	3.4.1：三十歲至七十歲人口癌症死亡率
	3.4.2：三十歲至七十歲人口肝癌、慢性肝病標準化死亡率
	3.4.3：三十歲至七十歲人口心血管疾病死亡率
	3.4.4：三十歲至七十歲人口糖尿病死亡率
	3.4.5：三十歲至七十歲人口慢性呼吸道疾病死亡率
	3.4.6：自殺標準化死亡率
	3.4.7：十八歲以上國人身體活動不足比率
3.5：強化物質濫用的預防與治療及減少酒精危害	3.5.1：設有精神科的醫院可提供藥、酒癮治療服務的涵蓋率
	3.5.2：民眾藥物濫用危害知能
	3.5.3：十八歲以上平均每人每年酒精消費量
3.6：降低交通事故的傷亡人數	3.6.1：道路交通事故死亡人數
	3.6.2：騎乘機車年輕族群（十八歲至二十四歲）死亡人數

表 8-1　臺灣永續發展核心目標第 3 項：確保及促進各年齡層健康生活與福祉（續）

具體目標	對應指標
3.7：增進生殖健康	3.7.1：孕婦產檢利用率（至少檢查八次利用之比率）
	3.7.2：高危險群孕婦接受產前遺傳診斷之異常追蹤率
	3.7.3：各級學校每年至少辦理一小時性教育（含愛滋病防治）課程或宣導活動之比率
	3.7.4：未滿十五歲青少女生育人數
	3.7.5：十五歲至十九歲青少女生育率
3.8：實現全民醫療保健覆蓋率及永續性	3.8.1：健保安全準備折合保險給付支出月數
	3.8.2：國人有利用健康檢查之比率
	3.8.3：兒童常規疫苗接種完成率
	3.8.4：儲備流感抗病毒藥劑
	3.8.5：國人取得安全、有效、高品質之基本藥物（含疫苗）
3.9：減少空氣污染、水污染，以及其他污染對健康的危害	3.9.1：改善空氣品質，維護國民健康
	3.9.2：使用量足質優自來水的人口比例
	3.9.3：腸道傳染病群聚事件於防疫措施介入後持續有病例發生的比率
3.A：降低吸菸率	3.a.1：十八歲以上吸菸率
	3.a.2：高中職學生吸菸率
3.B：國際衛生條例之達成能力和衛生應急準備措施及強化健康風險管理	3.b.1：國際衛生條例之達成能力和衛生應急準備措施
	3.b.2：建立非傳染病監測和風險預測模式與健康風險管理機制

說明：核心目標 3，共十一項具體目標，三十九項對應指標
資料來源：行政院國家永續發展委員會，2022，臺灣永續發展目標修正本

8.4 推動案例

一、全民健康保險

臺灣在推動 SDG 3「健康福祉」上,最重要的機構為行政院衛生福利部,自 1995 年實施推動的全民健康保險提供了民眾全方位醫療,避免民眾因病而貧。全民健保持續獲得國際肯定,在 COVID-19 防疫期間,更是協助防疫的重要制度,全民健保特色如表 8-2 所述。

二、臺灣對抗 COVID-19 的成功防疫

根據衛生福利部通盤檢視與分析,臺灣對抗 COVID-19 的成功防疫歸因於過去有對抗 SARS 的經驗,並於 2020 年 1 月 20 日即迅速成立「嚴重特殊傳染性肺炎中央流行疫情指揮中心」,同時於 2020 年 2 月 27 日提升至最高等級一級開設。此外,疫情資訊公開、透明,並進行良好的資源分配,加上及時邊境管制,導入智慧社區防疫,善用先進的醫療科技,加上優質國民的相互支持,皆促使疫情逐步穩定。

表 8-2 臺灣全民健康保險制度的特色

全民健保的特色	
全民納保	納保率 100%
單一保險人	政府經營單一保險人制度
與全國院所特約	1. 民眾可自由選擇醫療院所 2. 全國 91.9% 醫療院所與健保特約(醫院 100%、基層診所 91.7%、藥局 81.5%)
分級醫療	以部分負擔及雙向轉診機制引導民眾大病至醫院、小病至診所
健保大數據 推動數位健康	1. 全國醫療院所採用電子申報 2. 健保 IC 卡註記就醫資訊(疫情爆發期間可協助註記及追蹤病患) 3. 建置雲端醫療查詢系統及健康存摺 4. 建置全民健保快易通 APP

資料來源:衛生福利部網站

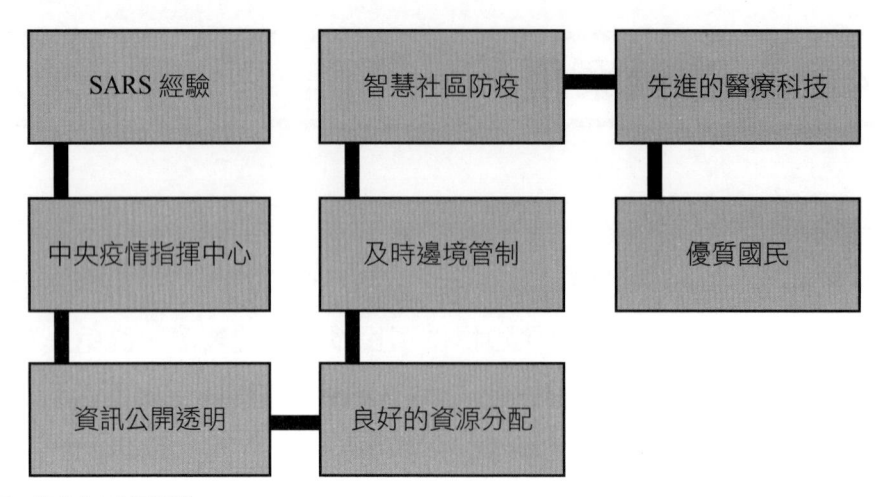

```
┌──────────────┐   ┌──────────────┐   ┌──────────────┐
│  SARS 經驗   │───│  智慧社區防疫 │───│ 先進的醫療科技│
└──────┬───────┘   └──────┬───────┘   └──────┬───────┘
       │                  │                  │
┌──────┴───────┐   ┌──────┴───────┐   ┌──────┴───────┐
│中央疫情指揮中心│───│  及時邊境管制 │───│   優質國民   │
└──────┬───────┘   └──────┬───────┘   └──────────────┘
       │                  │
┌──────┴───────┐   ┌──────┴───────┐
│  資訊公開透明 │───│  良好的資源分配│
└──────────────┘   └──────────────┘
```

資料來源：衛生福利部網站

圖 8-5　臺灣對抗 COVID-19 的成功防疫因素

臺灣設立一級「中央流行疫情指揮中心」的組織架構如下：(1) 以「情報、作戰、後勤」三大範疇，下設 10 個執行單位，分組進行各項防疫作為。(2) 成立專家諮詢小組，邀集專家學者研議醫療及防疫專業技術面建議，設立三層級的組織架構：第一層：指揮官（衛生福利部部長／次長）；第二層：副指揮官（如：經濟部次長及交通部次長），以及嚴重特殊傳染性肺炎專家諮詢會議；第三層：情報（疫情監測組）、作戰（邊境檢疫組、社區防疫組、醫療應變組）、後勤（物資組、行政組、研發組、新聞宣導組、資訊組和法制組）。經由三層級的組織架構，並結合部會與單位間緊密合作，成功發揮防疫成效。

為控制嚴重特殊傳染性肺炎，衛生福利部統籌指揮醫療體系，確保國內醫療院所對疫情的因應與整備完善，第一時間監測醫療量能並充足醫療人力。維持醫療量能與保全醫療體系，是臺灣防疫成功的致勝關鍵之一，也是安定民心的基石（衛生福利部，2023）。

1. **監測醫療量能**：每日監測關鍵醫療資源如下，以即時因應調度。
   (1) 發燒篩檢站及 COVID-19 採檢站開設情形。
   (2) 防疫或疫病特別門診開設情形。
   (3) 呼吸器緊急可調用量統計。
   (4) 住診：設置專責病房醫院家數及床數與隔離病房使用情形。
   (5) 急診：急救責任醫院急診就診人次與加護病房使用情形。

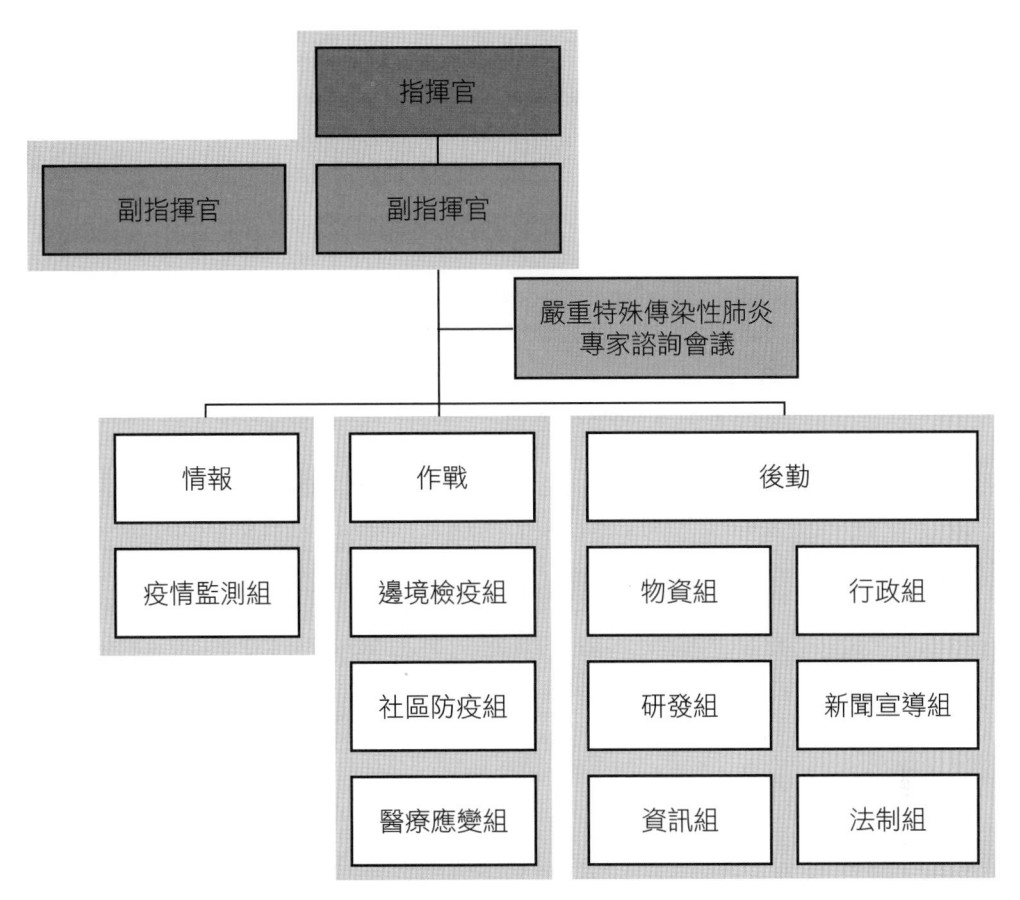

```
                    指揮官
         ┌────────────┴────────────┐
      副指揮官                 副指揮官
                                │
                      嚴重特殊傳染性肺炎
                        專家諮詢會議
         ┌──────────────┼──────────────┐
        情報           作戰              後勤
         │              │                │
      疫情監測組      邊境檢疫組      物資組 ／ 行政組
                       │
                    社區防疫組      研發組 ／ 新聞宣導組
                       │
                    醫療應變組      資訊組 ／ 法制組
```

資料來源：衛生福利部網站

圖 8-6　臺灣嚴重特殊傳染性肺炎中央流行指揮疫情中心一級開設架構圖

2. 充足醫療人力：

(1) 全體醫事人員執業執照更新期限逕予展延六個月。

(2) 專科醫師及專科護理師更新期限展延一年。

(3) 減少影響醫事人員重返醫院執業之時程。

(4) 暫停各類評鑑。

(5) 動員護理專業防疫支援，協助解決民眾居家檢疫問題，並支援機場邊境檢疫作業。

(6) 擴大實施遠距醫療。

臺灣於 2023 年 5 月 1 日起防疫降階，「嚴重特殊傳染性肺炎」(COVID-19) 調整為第四類傳染病，指揮中心同日解編，由衛福部主政繼續整備應變。同時世界衛生組織總幹事譚德塞在 2023 年 5 月 5 日的記者會上宣布，COVID-19

作為國際關注的突發公共衛生事件已經結束（衛生福利部，2023）。圖 8-7 顯示，截至 2023 年 3 月 10 日，COVID-19 國際累積確診數為 672,139,378 人，臺灣累積確診數為 10,152,881 人。臺灣在政府與民間的通力合作，以及各醫療部門的奮力守護奉獻下，終能讓民眾生活與就業回歸常軌。

8.5 結語

聯合國永續發展目標 SDG 3「健康福祉」攸關民眾性命安危，不僅個人重視，更為各國政府部門施政要項。如何保障人們活出健康、長壽、尊嚴與品質，為全球公共政策之核心。除了需確保民眾醫療的可近性與便利性，亦要消除就醫財務障礙，兼顧預防、治療與復健，導入醫療科技與新藥，建構全人與全程的照護系統，以人為本的照護模式乃 SDG 3 健康醫療的致力方向。

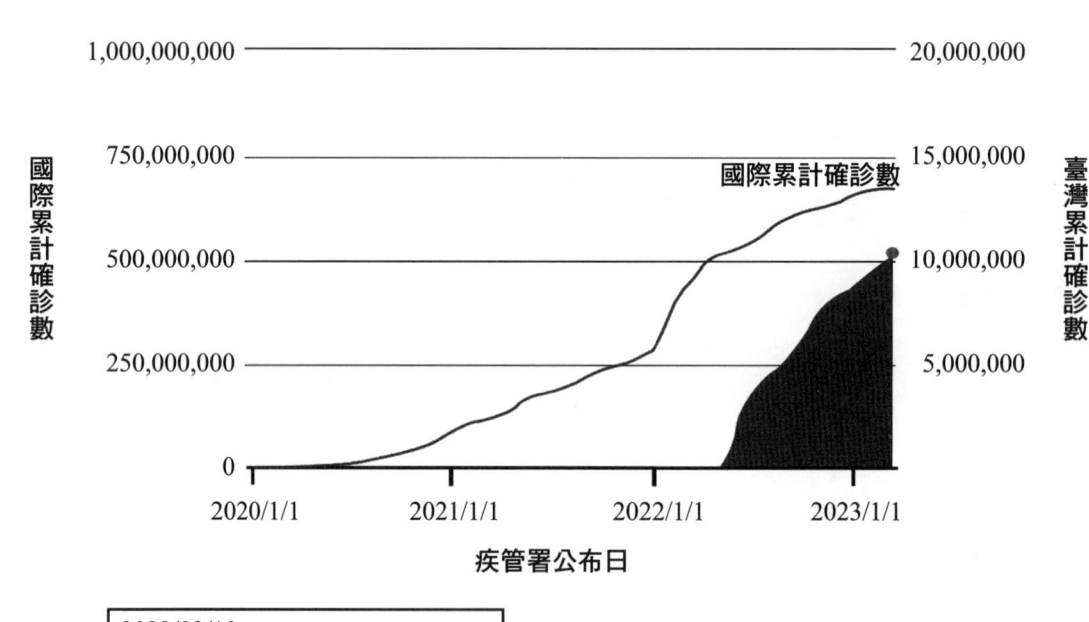

資料來源：衛生福利部 COVID-19 防疫關鍵決策時間軸

圖 8-7　臺灣與國際 COVID-19 疫情發展圖

聯合國永續發展目標 SDG 3「健康福祉」，旨在確保健康生活以及促進各年齡層的福祉，這對永續發展而言是不可或缺的。目前全世界歷經一個空前的健康危機，COVID-19 造成人類的苦難、破壞全球經濟的穩定並顛覆全球數十億人口的生活。健康醫療的主要進步在於改善民眾的健康情況，也需投入更多努力來徹底根除各種疾病，並處理許多既有與新興的健康議題。透過聚焦於此更有效率的方式提供資金給醫療系統、改善公共衛生及個人衛生，並增加就醫便利性。

本章旨在探討全球健康福祉重大議題及發展現況，特別是在新冠肺炎全球肆虐後，如何面對接踵而來的健康醫療挑戰，積極提出對策與解決方案，並聚焦聯合國 UNSDG 3「健康福祉」以及臺灣 T-SDG 3「健康福祉」的內涵及指標。同時，說明臺灣在地 SDG 3「健康福祉」的實踐推動案例。

在臺灣，推動 SDG 3「健康福祉」最重要的機構為行政院衛生福利部，藉由各部會通力合作，以保障民眾健康福祉。尤其是於民國 84 年實施推動的全民健康保險，此重要社會政策提供了民眾全方位醫療，避免民眾因病而貧，全民健保並持續獲得國際肯定，也是落實 SDG 3「健康福祉」的重要驅動力。

習題

1. 聯合國 SDG 3「健康福祉」的具體目標為何？

解答 3.1：在 2030 年前，全球孕產婦死亡率降低到至少每 10 萬名活產中少於 70 名。

3.2：在 2030 年前，終止新生兒及五歲以下孩童的可預防性死亡率。

3.3：在 2030 年前，消除愛滋病、結核病和瘧疾等疾病的流行，並打擊肝炎、水媒疾病以及其他傳染性疾病。

3.4：在 2030 年前，透過預防、治療以及促進心理健康及福祉，使非傳染性疾病所造成的過早死亡率降低到三分之一。

3.5：強化物質濫用的預防及治療，包括麻醉藥物濫用以及酒精的有害使用。

3.6：在 2020 年前，使全球道路交通意外事故死亡及受傷人數減半。

3.7：在 2030 年前，確保取得生殖醫療保健服務的普遍管道。

3.8：達到全民醫療保健覆蓋，包含財務風險保護、基本醫療保健服務的管道，以及所有人都可取得安全、有效、高品質、負擔得起的基本藥物和疫苗。

3.9：在 2030 年前，大幅減少由危害性化學物質及氣體、水污染、土壤污染，以及其他污染所引起的疾病人數。

3.A：加強在所有國家落實世界衛生組織的《菸草控制框架公約》。

3.B：支援主要影響開發中國家的傳染性及非傳染性疫苗和藥物的研發，並提供可負擔的基本藥品和疫苗。

3.C：大幅增加開發中國家衛生醫療保健的融資及醫療保健人員的招聘、發展、培訓並留住醫護人力資源。

3.D：加強所有國家提早預警、降低風險，以及國家及全球風險管理的能力。

2. 臺灣 T-SDG 3「健康福祉」的具體目標為何？

解答 3.1：降低孕產婦死亡率。

3.2：降低五歲以下兒童及新生兒的死亡率。

3.3：降低愛滋病、結核病、急性 B 型肝炎發生率，維持無瘧疾本土新染病病例，並降低登革熱致死率。

3.4：降低癌症、肝癌及慢性肝病、心血管疾病、糖尿病、慢性呼吸道疾病早發性死亡率及自殺死亡率，並增進國人健康生活型態。

3.5：強化物質濫用的預防與治療及減少酒精危害。

3.6：降低交通事故傷亡人數。

3.7：增進生殖健康。

3.8：實現全民醫療保健覆蓋率及永續性。

3.9：減少空氣污染、水污染，以及其他污染對健康的危害。

3.A：降低吸菸率。

3.B：國際衛生條例之達成能力和衛生應急準備措施及強化健康風險管理。

3. 臺灣對抗 COVID-19 的成功防疫因素為何？

解答

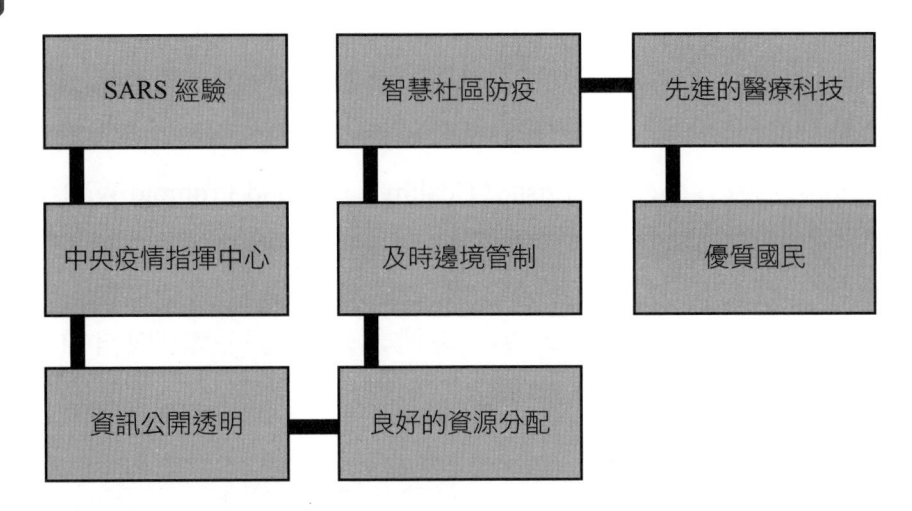

```
┌──────────────┐   ┌──────────────┐   ┌──────────────┐
│  SARS 經驗   │   │  智慧社區防疫 │───│ 先進的醫療科技│
└──────┬───────┘   └──────┬───────┘   └──────────────┘
       │                  │
┌──────┴───────┐   ┌──────┴───────┐   ┌──────────────┐
│中央疫情指揮中心│   │ 及時邊境管制 │   │   優質國民   │
└──────┬───────┘   └──────┬───────┘   └──────────────┘
       │                  │
┌──────┴───────┐   ┌──────┴───────┐
│ 資訊公開透明 │   │ 良好的資源分配│
└──────────────┘   └──────────────┘
```

4. 臺灣全民健康保險制度的特色為何？

解答

全民健保的特色	
全民納保	納保率 100%
單一保險人	政府經營單一保險人制度
與全國院所特約	1. 民眾可自由選擇醫療院所 2. 全國 91.9% 醫療院所與健保特約（醫院 100%、基層診所 91.7%、藥局 81.5%）
分級醫療	以部分負擔及雙向轉診機制引導民眾大病至醫院、小病至診所
健保大數據 推動數位健康	1. 全國醫療院所採用電子申報 2. 健保 IC 卡註記就醫資訊（疫情爆發期間可協助註記及追蹤病患） 3. 建置雲端醫療查詢系統及健康存摺 4. 建置全民健保快易通 APP

參考文獻

United Nations. (2022). *The Sustainable Development Goals Report 2022*. Retrieved October 16, 2023, from https://unstats.un.org/sdgs/report/2022/The-Sustainable-Development-Goals-Report-2022.pdf.

United Nations. (2023). Goals 3 Ensure Healthy Lives and Promote Well-Being for All at All Ages. Retrieved October 16, 2023, from https://sdgs.un.org/goals/goal3.

行政院國家永續發展委員會 (2019)。**臺灣永續發展目標**。取自 https://ncsd.ndc.gov.tw/Fore/nsdn/archives/meet3/detail?id=3a5cd7cc-a26f-4b48-a884-fd114433b604. accessed 2023/10/11。

行政院國家永續發展委員會 (2021)。本會介紹。取自 https://ncsd.ndc.gov.tw/Fore/nsdn/about/introduction. accessed 2023/10/11。

行政院國家永續發展委員會 (2022)。**臺灣永續發展目標修正本**。取自 https://ncsd.ndc.gov.tw/Fore/nsdn/archives/meet3/detail?id=06aed260-a583-4dd6-92d7-9e6c63349fb0. accessed 2023/10/12。

衛生福利部 (2021)。解決台灣護理人力荒，國衛院提出前瞻規劃建言。取自 https://www.nhri.edu.tw/News/more?id=890637cc35ed40bfae0c9f2cf75dd36c1. accessed 2023/10/10。

衛生福利部 (2023)。成功防疫因素。取自 https://covid19.mohw.gov.tw/ch/np-4823-205.html. accessed 2023/10/11。

衛生福利部 (2023)。COVID-19 防疫關鍵決策網。取自 https://covid19.mohw.gov.tw/ch/mp-205.html. accessed 2023/10/13。

衛生福利部 (2023)。COVID-19 防疫關鍵決策時間軸。取自 https://covid19.mohw.gov.tw/ch/sp-timeline0-205.html. accessed 2023/10/13。

衛生福利部 (2023)。備足醫療量能應戰，防疫有成民眾安心。取自 https://covid19.mohw.gov.tw/ch/cp-4834-53639-205.html. accessed 2023/10/15。

第九章

永續發展之社會議題：性別平等與多元共融——SDG 5、10

輔仁大學企業管理學系　教授
楊君琦

學習目標

- 聯合國永續發展目標第 5 與 10 項的發展背景。
- 全球與臺灣在性別平等的推動內容與現況。
- 全球與臺灣在多元共融的推動內容與現況。
- 推動性別平等與多元共融的理論基礎。
- 促進性別平等與多元共融的方法與案例。

9.1 發展背景與內容

一、性別平等

聯合國成立七十多年以來持續關注性別平等的議題，早在 1946 年成立婦女地位委員會 (Commission on the Status of Women)，1979 年通過《消除對婦女一切形式歧視公約》(Convention on the Elimination of all Forms of Discrimination Against Women, CEDAW)，1994 年通過「北京宣言和行動綱要」，更在 2010 年成立「聯合國婦女署」(UN Women)，致力於消除對婦女和女孩的歧視、賦予婦女權力與實現性別平等等任務，期望聯合國婦女署成為發展人權、人道主義以及和平與安全的合作夥伴。但在 2011 年，時任聯合國秘書長潘基文 (Ban Ki-moon, 반기문) 依據聯合國內部報告，呼籲世界各國，性別不平等在社會各處依然存在，許多女性缺乏體面工作 (decent work) 的機會，面臨職業性別隔離 (occupational segregation)、基礎教育、醫療保健、勞動薪酬的種種不平等；尤有甚者，基於生理體能的差異，女性常常成為暴力的受害者。

社會的進步需要所有人一起努力，婦女和女童占全球人口約 49.7%（聯合國，2023），若女性能充分且平等的參與各項事務，不僅能增加人力資本的投入，性別觀點差異在群體討論時引起的激盪，更能促進產生創新解決方案。因此聯合國認為世界永續發展需重視性別（聯合國，2012），在「2030 永續發展目標」(2030 Sustainable Development Goals, SDGs) 設立了目標第 5 項 (SDG 5)，倡議「實現性別平等並賦予所有婦女和女孩權力」(Achieve gender equality and empower all women and girls)，提倡在政治和經濟決策中提升女性的角色，並在所有領域中重視女性參與的機會與平等對待。

二、多元共融

聯合國在 2015 年通過了「翻轉世界：2030 年永續發展議程」(Transforming our World: The 2030 Agenda for Sustainable Development)，議程內容說明，自 2001 年起，雖然世界發展迅速但並不平衡，尤其是非洲地區各項事務的發展

與全球發展並不同步。事實上，國際社會一直以來對非洲的發展都很關注，1992 年里約熱內盧舉行的地球高峰會 (Earth Summit) 上，155 個國家簽署了《聯合國氣候變化框架公約》(United Nations Framework Convention on Climate Change, UNFCCC)，將協助非洲國家克服貧窮、沙漠化、森林砍伐和氣候變遷等問題列為永續發展的重要行動；1996 年啟動「重債窮國計畫」(Heavily Indebted Poor Countries, HIPC)，提供非洲國家債務減免或低利率貸款；2001 年啟動「非洲發展新夥伴關係計畫」(New Partnership for Africa's Development, NEPAD)，期望透過推動非洲國家之間及國際社會夥伴的共同經濟成長計畫，實現消滅貧窮的願景，與世界夥伴共同邁向永續。

然而，至 2012 年的資料顯示（聯合國，2015b），撒哈拉以南的非洲地區僅有 15% 的農村人口能使用電力，整個非洲大陸仍缺乏必要的基礎設施；2015 年千禧年發展目標 (Millennium Development Goals, MDs)（聯合國，2015a）報告也指出，雖然非洲在八項千禧年發展目標中有顯著進展（特別是健康和教育）但是仍存在許多問題，包含：兒童死亡率下降速度提升卻仍居高不下、70% 的人口缺乏完善的衛生設施、41% 的居民每天的生活費不足 1.25 美元，而全球有 5,700 萬失學兒童，撒哈拉以南的非洲地區就占了 3,300 萬位。因此，2030 年永續發展議程除了再次強調世界需關注非洲大陸的發展，並將此精神擴大為對弱勢族群的關心，尤其是新興市場、開發中國家的經濟與社會議題，例如：國家財富分配的吉尼係數（Gini coefficient，衡量居民財富分配公平程度，吉尼係數最大為「1」，最小為「0」，低於 0.2 表示貧富差距極低，0.6 以上表示貧富差距極大，超過 0.4 即需注意貧富差距）、衛生系統薄弱、人道主義危機國家中的弱勢群體（包含婦女、移民者、原住民、老年人、身心障礙者以及兒童等）遭受雙重不平等、戰爭下的難民等議題，並在「2030 永續發展目標」設立目標第 10 項 (SDG 10)：「減少國內及國家間不平等」(Reduce inequality within and among countries)，提倡世界各國應該向低度開發國家 (Least Development Country, LDCs) 和其他處境特殊的國家提供援助，尤其需要關注更弱勢的群體，期望透過打破不平等，創造多元共融的社會，共同邁向永續。

9.2　性別平等與多元共融目標之內容與指標

一、性別平等

聯合國與臺灣對 SDG 5 的指引詳如表 9-1，以下說明各細項目標與發展概況。首先是聯合國 SDG 5 (UNSDG 5) 提供的行動框架（聯合國婦女署，2023），摘要說明如後。

1. 終結對女性的歧視、暴力與剝削（5.1 與 5.2）

消除對女性的各種歧視，包括在法律、文化和社會層面的不平等對待。採取措施以制止對女性各種形式的暴力與經濟剝削，包括：家庭暴力、其他侵害人權的行為等。

表 9-1　UNSDG 5 與 T-SDG 5 內容

UNSDG 5 內容	T-SDG 5 內容
5.1 終結所有對女性的歧視。 5.2 結束對女性的一切暴力和剝削。 5.3 消除強迫婚姻和女性割禮。 5.4 重視無償家庭照護勞動及提倡家務分工。 5.5 確保充分參與領導和決策。 5.6 普遍享有生殖健康和權利。 5.A 享有經濟資源、財產所有權和金融服務的平等權利。 5.B 通過科技促進賦予婦女權力。 5.C 採用及強化促進兩性平等的政策和可執行的立法。	5.1 降低出生性別比。 5.2 降低女性過去十二個月遭受目前或過去伴侶施暴（身體、性或精神）、或伴侶以外性侵害的女性比率。 5.3 修正女性法定最低結婚年齡為十八歲，並降低未達法定結婚年齡的結婚登記人數比率。 5.4 降低有偶女性與其配偶間（含同居）無酬家務與家庭照護的時間落差。 5.5 鼓勵各級行政機關晉用女性擔任主管及首長，對政黨宣導培力女性及促進女性參政，增加女性警官及上市櫃公司女性經理人的比率，並輔導鼓勵女性擔任企業代表人。 5.6 研議修正優生保健法草案，並提升女性自主權。

資料來源：

1. UN The Sustainable Development Goals Report 2022, https://unstats.un.org/sdgs/report/2022
2. 行政院臺灣永續發展目標修正本, https://ncsd.ndc.gov.tw/Fore/nsdn/archives/meet3/detail?id=06aed260-a583-4dd6-92d7-9e6c63349fb0

2. 提倡女性對於身體的自主權（5.3 與 5.6）

提倡女性擁有對自己身體和生殖健康的自主權利，包括：自主決定生殖權、生育權和身體狀態，不應被強迫婚姻或進行割禮等。

3. 重視無償家庭照護勞動及提倡家務分工，並採用及強化促進兩性平等的政策和可執行的立法（5.4 與 5.C）

重視女性對家庭成員在家中提供的照顧、家務勞動等無償工作，且應給予適當報酬，也鼓勵家庭成員共同分擔家庭職責，實現更平等的家庭和社會角色分工，並鼓勵透過具體政策和法律來促進性別平等。

4. 充分參與領導和決策、享有經濟資源平等與透過科技推動婦女權力（5.5、5.A 與 5.B）

重視女性應該擁有參與各種層面的領導和決策的機會，並在經濟領域中享有平等的權利，包括：能夠擁有和控制財產、參與金融服務、經濟決策和投資等方面。最後期望透過科技的應用，確保女性能夠獲取科技知識、參與科技創新，以及利用科技來提升她們在社會和經濟中的地位。

臺灣行政院國家永續發展委員會，經過數次會議，依據臺灣的人口組成、經濟發展狀況、世界定位等現況，在 2019 年發布臺灣 SDG 5 的永續發展目標（T-SDG 5）（行政院，2022），各項內容、目標與進度說明如後。

1. 降低出生性別比（5.1）

華人社會傳宗接代的觀念偏愛男性，新生兒的性別也是男性較多，臺灣 2021 年出生性別比為 1.071 比 1（男性約多 7%），性別平等目標期望能縮短出生性別比率差距，目標是在 2030 年達到 1.068 比 1。

2. 降低女性遭受施暴（身體、性或精神）的比率（5.2）

由於生理結構，女性容易成為被施暴的對象，本目標旨在減少十八歲以上女性過去十二個月遭受施暴與性侵害的比率，保障女性的基本權益。原訂立目標是：2030 年十八歲以上女性於過去十二個月內遭受目前或過去伴侶施暴與性侵害的比率不超過 0.45% 與 0.05%，至 2021 年底前者為 0.41%，後者為 0.043%，目標已達成（行政院，2022）。

惟，根據調查女性遭受暴力的來源許多是來自於親密關係，2021年衛生福利部的調查報告顯示（保護服務司，2021），臺灣十八至七十四歲婦女曾經遭受任何一種親密關係暴力的「一年盛行率」及「終生盛行率」為7.81%與17.06%，暴力型態以精神、肢體、經濟為大宗。由此可見，主觀（調查報告）的施暴數據和客觀（通報）數據有差距，此目標或許尚有需要關注的面向。

3. 提高女性法定最低結婚年齡，降低未達法定結婚年齡的結婚登記人數 (5.3)

過去臺灣對於訂婚及結婚年齡依「性別」有不同的年齡限制，民國111年民法修訂，自112年起成年年齡由二十歲下修為十八歲，同時由於要消除對婦女一切形式的歧視，結婚年齡皆修訂為十八歲以上；本目標為降低二十至二十四歲女性在未滿十八歲前有婚姻紀錄的比率至0，2021年，臺灣二十至二十四歲女性在未滿十六歲與十八歲前曾有婚姻的女性約為0.02%和0.36%，若要達到清零的目標，還需要更多的努力。

4. 提升女性家務分工的合理性與報酬 (5.4)

衛福部「108年15-64歲婦女生活狀況調查報告」（統計處，2021）發現，有偶（含同居）婦女平均每日無酬照顧（包含：做家務、志工服務以及照顧家人）時間達4.41小時，配偶（含同居）每日無酬照顧時間僅1.48小時，兩性在家務分工上有明顯落差，本目標倡議女性擔當無酬家務的主要角色應有相當的報酬與福利。

5. 增加女性主管比率 (5.5)

鼓勵各級行政機關晉用女性擔任主管及首長，期望增加女性內閣比率至20%，一級單位與所屬機關首長及警官之女性比率為13.79%、34%與14.74%，由於首長與一級局處主管晉用每年可能有些變化，但2021年底兩線一星以上警官人數已達14.35%（行政院，2022），需持續關注女性升遷的機會。

除了政府單位，此目標細項也涵蓋政黨宣導培養女性參政、增加上市櫃公司女性經理人的比率，和女性擔任企業代表人之企業家數。女性擔任企業代表人的家數在2020年已達標（約59萬）；女性參政人數依選舉結果有些異動，較難客觀評估；2021年上市櫃公司女性經理人比率為

31.16%，上市櫃公司董事的性別比率約為 16%（公司治理中心，2023），由此可見，民間組織的性別平等尚需努力。臺灣金融監督管理委員會在 2023 年 3 月發布的「上市櫃公司永續發展路徑圖」（金管會，2023）中揭示，為強化董事多元化，2023 年起推動首次上市（櫃）公司應至少委任一名不同性別之董事，2024 年起上市櫃公司應依董事屆期完成委任至少一名不同性別之董事，及至 2025 年，董事會任一性別未超過三分之一，需在年報上載明原因與改善行動。

6. 研議修正優生保健法草案，並提升女性自主權 (5.6)

期望凝聚各界共識研修優生保健法，2021 年已提出修正草案，引入司法或行政的解決機制，修訂已婚婦女人工流產及結紮手術需配偶同意、未婚未成年人施行人工流產需取得法定代理人同意等事項，希望能減少爭端，落實女性對自己身體的自主權。

二、多元共融

聯合國永續發展目標第 10 項 (UNSDG 10) 旨在確保所有人（尤其是弱勢群體）享有平等的機會和降低收入差距，各項目標詳如表 9-2，內容說明如後。

1. 縮小收入不平等與促進經濟包容（10.1 與 10.4）

透過政策及財政的配合，逐步實現底層人民的收入增長，縮小貧富差距。

2. 提倡權能平等與社會融合（10.2 與 10.3）

通過刪除歧視性法規、法條以及政策等方法增強弱勢族群的權能，促進權能較弱的族群能平等參與社會、經濟和政治活動，旨在促進社會融合，保障機會的均等性，減少不平等事件的發生。

3. 強化全球金融監管（10.5 與 10.6）

加強對全球金融機構及機關的監管和監測，提高開發中國家在金融機構中的話語權。

4. 移民和人口流動管理 (10.7)

促進移民與國際人口流動，使其有秩序、安全且負責，包括：制定規劃移民政策並貫徹落實，降低移民匯款手續費，提高移民匯款效益等措施。

5. 國際援助與貿易合作（10.A、10.B 與 10.C）

對於發展中國家和低度開發國家實施區別待遇，並對於這些國家地區提供官方發展援助資金和外國直接投資。

SDG 10「國內和國家間的不平等」旨揭我們需尊重各國或區域的發展，尤其是在文化脈絡上，臺灣永續發展目標 (T-SDG 10) 與 UNSDG 10 的核心理念一致，但是在指標上更強調語系與區域特色，例如，原住民和國際移工的權益，包含：T-SDG 10.2「持續推動原住民族就業方案，增加原住民就業機會，提升經濟收入」或 T-SDG 10.5「促進有序、安全、正常和負責的移民和人口流動，包括：執行合理規劃和管理完善的移民政策」，皆是回應臺灣歷史發展上多次大規模移入族群的社會議題。T-SDG 10 指引詳如表 9-2，細項與實施進度彙整說明如後。

1. 確保弱勢族群收入增長與經濟保障（10.1 與 10.4）

希望透過社會保障、就業能力、薪資成長和稅收公平，持續改善較弱勢族群的整體收入分配。主要監測指標是家戶可支配所得及勞動報酬的比率，具體的指標有：底層 40% 家戶人均可分配所得年增長率高於全體家戶增長率，每戶可支配所得吉尼係數不超過 0.35，受僱人員勞動報酬占 GDP 份額不得降低。截至 2021 年，臺灣每戶可支配所得吉尼係數為 0.341，勞動報酬占比有些微下降，成效尚屬可接受範圍內。

2. 關心社會公平，建立社會企業生態圈（10.2、10.3 與 10.6）

關注原住民族和身心障礙者的就業機會和經濟地位，消除就業歧視以及建構性別暴力和兒童少年保護體系，並推動社會創新，以多元模式解決社會問題。主要的指標為：降低原住民工作者月收入未滿 3 萬元的人數，宣導就業平等認知；提升 113 專線主動通報及求助率；修訂《聯合國身心障礙者權利公約》(The Convention on the Rights of Persons with Disabilities, CRPD) 法規及行政措施等；此外，為了建構友善生態圈，除了鼓勵大學師

表 9-2　**UNSDG 10 與 T-SDG 10 內容**

UNSDG 10 內容	T-SDG 10 內容
10.1 在 2030 年前，逐步實現和維持最底層 40% 人口的收入增長，並確保其增長率高於全國平均水準。	10.1 底層 40% 的家戶人均所得以高於全國平均值的速率漸進成長。
10.2 在 2030 年前，增強所有人的權能，促進他們融入社會、經濟和政治活動，而不論其年齡、性別、殘疾與否、種族、族裔、出身、宗教信仰、經濟地位或其他任何區別。	10.2 持續推動原住民族就業方案，增加原住民就業機會，提升經濟收入；改善身心障礙者就業，提升其經濟地位。
10.3 確保機會均等，減少結果不平等現象，包括取消歧視性法律、政策和做法，推動與上述努力相關的適當立法、政策和行動。	10.3 強化性別平權及消除就業歧視相關法令宣導教育；建構完善性別暴力防治及兒少保護體系，提升民眾對於遭受歧視或暴力的覺察。
10.4 採取政策，特別是財政、薪資和社會保障政策，逐步實現更大的平等。	10.4 透過推動社會保障措施，照顧經濟弱勢、強化就業能力、促進薪資成長及提升租稅公平，持續改善所得分配。
10.5 改善對全球金融市場和金融機構的監管和監測，並加強上述監管措施的執行。	10.5 促進有序、安全、正常和負責的移民和人口流動，包括執行合理規劃和管理完善的移民政策。
10.6 確保開發中國家在國際經濟和金融機構決策過程中有更大的代表性和發言權，以建立更加有效、可信、負責和合法的機構。	10.6 優化社會創新經營能量，發掘多元社會創新模式，建構社會企業友善生態圈，協助解決社會問題。
10.7 促進有序、安全、正常和負責的移民和人口流動，包括執行合理規劃和管理完善的移民政策。	10.A 對開發中國家，持續以我國優勢協助其發展。並依據世界貿易組織相關協定，給予該類國家特殊及差別待遇，另研議提高我國予低度開發國家之「免關稅免配額」優惠待遇。
10.A 依據世界貿易組織的各項協議，落實對開發中國家、特別是低度開發國家的特殊和區別待遇原則。	
10.B 鼓勵幫助最需要幫助的國家，特別是低度開發國家、非洲國家、小島嶼開發中國家和內陸開發中國家的國家計畫和方案，向其提供官方發展援助和資金，包括外國直接投資。	
10.C 在 2030 年前，將移民匯款手續費減至 3% 以下，取消費用高於 5% 的僑匯管道。	

資料來源：

1. UN The Sustainable Development Goals Report 2022, https://unstats.un.org/sdgs/report/2022/
2. 行政院臺灣永續發展目標修正本，https://ncsd.ndc.gov.tw/Fore/nsdn/archives/meet3/detail?id=06aed260-a583-4dd6-92d7-9e6c63349fb0

生參與解決社會問題的〔大學社會責任計畫（University Social Responsibility, USR）〕，也將培訓社會企業經理人與建構社會企業列為目標，希望透過多元方案共同解決在地問題，推動社會創新。

3. **修訂移民政策與提升國際合作（10.5 與 10.A）**

臺灣面臨少子化的挑戰，有序、安全、正常和負責的移民和人口流動是臺灣永續的重要政策，因此期望與移民相關之居留、定居、歸化人數需逐年成長。2018 年至 2022 年外國人、大陸地區人民、香港澳門居民、臺灣地區無戶籍國民來臺居留累積已超過 35 萬人（內政部移民署，2023），目前仍逐年放寬來臺居留的限制，以提升留臺人數。

除了移民政策，身為世界地球村的一員，臺灣 2021 年對外技術合作計畫數已達九十七項，並持續協助開發中國家，對低度開發國家的關稅優惠待遇已達一百六十三項，並持續研議依據世界貿易組織 (World Trade Organization, WTO) 相關協定，給予低度開發國家「免關稅免配額」之優惠待遇。

9.3 相關理論與原理

推動性別平等與多元共融的共同點是倡議「多元、平等與共融」(Diversity, Equity and Inclusion, DEI) 的社會，主要的論述基礎為社會正義理論與共融性成長，茲將相關內容說明如後。

一、社會正義理論

社會正義理論探討社會中資源、權利、機會和福祉的公平和公正分配原則 (Rawls, 2017)，核心理念在創造讓每個成員參與社會和經濟活動的平等基礎，共同分享社會資源，不受種族、性別、經濟地位或其他不利因素影響。平等的教育和健康服務機會可以提高人力資本，提升社會生產力，減少貧困，促進資源更公平的分配，達成經濟平等，形成善循環。以社會學觀點來說，不平等可

能導致社會緊張和衝突，損害社會結構和秩序，建立平等社會有助提升整體和諧穩定，確保資源合理運用，平衡環境保護和社會經濟發展；因此，追求社會平等不僅是對當前世代的承諾，也是對未來世代的責任。

二、共融性成長

共融性成長 (Inclusive Growth) 是聯合國可持續發展目標的重要核心精神，認為多元平等和包容的社會可促進經濟的永續發展，惟，在學術領域中尚未有獲得共識的理論，通常以利益關係人理論為論述基礎 (Clarkson, 1995)，在管理學的研究中發現，組織員工的多元化有利於提高員工滿意度與敬業度 (Trochmann et al., 2023)，多元和公平的職場有助於職場共融與創新氛圍 (Panicker & Sharma, 2020)，因為多元的職場有利於累積人力資本，進而產生創新。

9.4 推動案例與反思

性別平等與多元共融的概念並非追求絕對的平等，而是強調利益關係人共贏的方案，本節提供三個成功的案例，提供實務推動之參考。

一、Freedom Cups 月亮杯

每天有超過 8 億名十五至四十九歲的女性正在經歷生理期，如果難以輕易取得適當的衛生用品，可能會受到社會歧視的眼光，甚至面臨生活困難，在開發中國家，這個問題更加嚴重。根據世界銀行 (World Bank) 的數據顯示，印度有超過 1 億 1,300 萬名女學生因為月經污名化和月經引發的健康問題而面臨輟學風險，生理期議題已威脅到女性的教育權益。

Freedom Cups 是一家生產女性衛生用品公司，致力於解決女性生理期的困擾。他們提倡一種可重複使用的生理期產品——月亮杯，期望取代傳統的一次性衛生棉和衛生巾，兼具環保還能夠節省長期的花費。為了照顧弱勢女性，Freedom Cups 提倡「買一送一」，即每購買一個 Freedom Cup，他們就會提供

一個月亮杯給貧困社區的女性。Freedom Cup 透過與各地的非營利組織和機構合作，到月經知識不足的地區舉辦教學與宣傳活動，提供女性對月經健康的認識，以更多自主管理生理期的知識和工具，打破世人對生理期的污名觀念。這種商業和社會的雙贏模式不僅有助於解決全球性的社會問題，還能夠激勵更多企業投身到具有社會使命的領域，共同建構一個更加公平、包容和永續的社會。

二、陽光加油站

　　台北市的陽光加油站是一個充滿溫暖的獨特工作場所，其特色在於聘用身心障礙者作為員工，並致力於打破社會對身障者就業的框架，展現企業與基金會多元共融的力量。

　　首先，在招聘員工時，陽光加油站基於關懷應聘者，進行面試時會先了解應聘人員的個人、家庭狀況以及工作經驗，再者，他們邀請應聘者實際操作加油、洗車與收銀等工作，觀察應聘者在體能、理解能力、算數和操作等方面的困難，進行培訓設計；確認聘用後，陽光基金會依據身障者的特點進行職務設計，提供工作輔具及調整工作流程，確保員工能夠流暢且安全地工作，例如：為行動不便的員工降低了泵島的高度，選擇輕巧且流速較快的油槍，此外，也透過與顧客的協作，提高身障夥伴的工作效率，例如：引導顧客在進站加油時，打開方向燈指示油箱蓋在左或右側，協助員工正確進行加油操作。除了生理上的照顧，陽光加油站與心理師合作，定期進行健康檢查，並提供相應的認知訓練和體適能課程，不僅提高了員工的工作效率，同時降低了職業傷害風險，延緩身心老化。

　　儘管身障員工的學習曲線相對較長，訓練期需要較多時間，但陽光加油站的身障員工嚴謹和負責任的工作態度備受讚譽，諸多顧客因此願意前來感受這座加油站「不一樣」的服務；而透過企業提供的培訓，身障員工逐漸學會找零、算錢，甚至生活所需的基本技能，陽光加油站不僅滿足員工的需求，更創造了企業發展的另一個方向。

三、流浪者的地址

住址不僅是郵遞的目的地，更是個人身分的象徵，對於流浪者而言，缺乏固定地址意味著被排除在各種公共和私人服務之外，沒有住址的人無法開立銀行帳戶、尋找工作，甚至可能無法取得駕照或基本醫療服務。英國社會企業 ProxyAddress 與政府、非營利組織、企業等跨界合作，提出一個「虛擬地址」方案：「在經過屋主同意後，複製現有住家的位址，無償提供給流浪者使用」，地址來源包括：議會、不動產商、私人捐助和超過 22 萬間長期閒置的空屋，協助流浪者完成銀行開戶、借書證等公共服務申請。

虛擬地址是一組代碼〔代碼綁定郵件收貨的地址（如安置機構或郵局）〕，不會影響提供地址的屋主，考慮流浪者居住地經常變換，ProxyAddress 提供手機 App、簡訊或圖書館的公共電腦網絡等方式，方便流浪者隨時更改收件地址。這項虛擬地址的概念不僅是技術解決方案，更是對社會共融的堅定承諾，透過 ProxyAddress 的努力，我們見證社會企業、政府、企業、非營利組織等多方合作，以創新手段解決現實社會問題的可能性。

9.5 結語

性別平等與多元共融是建構一個公正、平等社會的重要基礎，如果我們能打破性別與族群等刻板印象，消除歧視，給予每個個體在社會中享有平等機會和尊重的權利，讓每個人都感受到，自己的聲音和貢獻都是社會不可或缺的，具備性別平等、各種背景族群和特質的多元性社會，將更有創造力與競爭力，成為地球永續的基石。

習題

1. 請說明全球性別不平等的現象。

解答 COVID-19 疫情使性別平等方面進展明顯受阻，包括：參與無償看護、婦女生殖健康決策，以及被縮減的性別平等推廣預算。此外，隔離政策使得有些婦女更容易遭受到身體和性暴力，年長女性更易受到經濟剝削和排斥。

2. SDG 5、SDG 10 的主要內容是什麼？

解答 SDG 5 的主要目標為實現性別平等及女性賦權，SDG 10 的主要目標是減少全球範圍內的不平等，確保所有人（特別是弱勢群體）享有平等的機會。

3. 臺灣在 SDG 5 與 SDG 10 有哪些政策與行動？

解答 T-SDG 5 在婦女身體合法自主權提出優生保健法（更名為生育保健法）的修正草案；T-SDG 10 更強調當地化和區域特色，注重結合本地的社會、經濟和環境實際情況。

4. 請說明性別平等與社會不平等對經濟和社會的影響。並說明成功促進平等的案例。

解答 性別平等對社會經濟影響深遠，提高女性參與經濟活動，可以促進社會成長，而多元化的人才可以提升創新和競爭力，降低社會不穩定。然而，社會不平等可能會限制經濟成長，阻礙社會底層的人力資本發展，引發社會緊張。為改善此情況，政府可以推動包容性政策，確保平等的教育與勞動力市場，推行有效的社會保障措施，消除階級的不平等。案例可詳見課本內或自行舉例。

參考文獻

Clarkson, M. E. (1995). A Stakeholder Framework for Analyzing and Evaluating Corporate Social Performance. *Academy of Management Review*, *20*(1), 92-117. https://doi.org/10.5465/amr.1995.9503271994.

Panicker, A., & Sharma, A. (2020). Demonstrating the Impact of Participative Decision Making, Distributive Justice Perception and Growth Opportunities on Favorable and Unfavorable Employee Outcomes: Mediating Effect of Workplace Inclusion in Indian HEIs. *International Journal of Business Science and Applied Management*, *15*(1), 30-46.

Rawls, J. (2017). A theory of justice. In *Applied ethics* (pp. 21-29). London, England: Routledge.

Trochmann, M., Stewart, K., & Ragusa, J. (2023). The Impact of Employee Perceptions of Inclusion in a Racially Diverse Agency: Lessons from a State Government Survey. *Public Personnel Management*, *52*(4), 543-565.

UN Women – Headquarters. (2023). SDG 5: Achieve Gender Equality and Empower All Women and Girls. Retrieved from https://www.unwomen.org/en/node/36060.

衛生福利部保護服務司 (2021)。**109 年度臺灣婦女遭受親密關係暴力統計調查計畫**。取自 https://dep.mohw.gov.tw/DOPS/cp-1147-64194-105.html。

內政部移民署 (2023)。內政部：臺灣是個適合移居的國家。取自 https://www.immigration.gov.tw/5382/5385/7229/153324/359447/。

公司治理中心 (2023)。董事會成員多元化相關時事。取自 https://cgc.twse.com.tw/boardDiversity/chPage?paginate=searchList&type=&year=&search=&offset=80&max=20。

統計處 (2021)。婦女生活狀況調查。取自 https://dep.mohw.gov.tw/DOS/lp-5097-113.html。

聯合國 (2012)。**我們希望的未來**。取自 https://www.un.org/zh/documents/treaty/A-RES-66-288。

聯合國 (2015a)。United Nations Millennium Development Goals。取自 https://www.un.org/millenniumgoals/。

聯合國 (2015b)。非洲。取自 https://sdgs.un.org/zh/topics/africa。

聯合國 (2023)。世界人口日。取自 https://www.un.org/zh/observances/world-population-day。

行政院國家永續發展委員會 (2022)。**臺灣永續發展目標**。取自 https://ncsd.ndc.gov.tw/Fore/AboutSDG。

行政院 (2024)。行政院性平觀測系統。取自 https://geo.ey.gov.tw/。

金融監督管理委員會 (2023)。**上市櫃公司永續發展行動方案**。取自 https://www.fsc.gov.tw/ch/home.jsp?id=96&parentpath=0,2&mcustomize=news_view.jsp&dataserno=202303280001&dtable=News。

第十章

永續發展之經濟議題：就業、經濟與平等——SDG 8

國立臺灣科技大學工業管理系　教授
郭財吉

學習目標

▎SDG 8 就業、經濟、平等之介紹。
▎合宜工作與友善職場。
▎經濟成長。
▎案例說明。

儘管在全球缺工的趨勢下，世界的許多角落仍存在有相對弱勢的群體，因為遲遲等不到合適的工作機會。聯合國永續發展目標 SDG 8「就業與經濟成長」(decent work and economic growth) 指在「促進包容且永續的經濟成長，讓每個人都有一份好工作」，其中重點有二：(1) 優質就業：提升勞動生產力、強化青年就業能力及工作環境性別平等與安全等；(2) 經濟成長：透過物聯網、數位經濟、融資協助等措施，鼓勵並輔導產業投入高質化、綠色經濟與創新發展，促進包容且永續的經濟實力（國發會，2023）。聯合國考量過去的經濟成長與就業環境，更提出子目標，其說明如下（聯合國，2015）：

8.1：依據國情維持人均經濟成長，尤其是低度開發國家的國內生產毛額 (Gross Domestic Product, GDP) 成長率，每年至少需達 7%。

8.2：透過多元化、技術升級與創新，實現更高水平的經濟生產力，包括將焦點集中在高附加價值與勞動密集產業。

8.3：推動開發導向的政策，促進支持生產活動、創造合宜就業機會、創業精神、創意與創新，並透過提供財務服務等方式，鼓勵微型與中小企業實現正規化與成長。

8.4：在 2030 年前，逐步改善全球的資源使用與生產效率，依據「永續消費和生產的十年計畫」(10-year framework of programmes)，努力使經濟增長與環境退化脫鉤，已開發國家應成為表率。

8.5：在 2030 年前，實現全體生產就業，使每個成年人都能獲得合宜工作，包括青年與身心障礙者，並具同工同酬的待遇。

8.6：在 2020 年前，大幅降低失業、未受教育或培訓的青年比例。

8.7：立即採取有效措施來消除強迫勞動，結束現代奴隸制度、人口販賣，確保禁止與消除最惡劣形式的童工，包括童兵的招募使用，並在 2025 年終結一切形式的童工。

8.8：保護勞工的權益，為所有工人創造安全和有保障的工作環境，包括外籍移工，尤其是婦女移工以及從事危險工作的勞工。

8.9：在 2030 年前，制定及實施政策，以推動永續觀光旅遊產業，創造就業機會，並推廣地方文化與產品。

8.10：強化國內金融機構的能力，鼓勵且拓展所有人取得銀行、保險和金融服務的機會。

8.A：提高給開發中國家的貿易協助資源，尤其是最低度開發國家 (Least Developed Country, LDCs)，包括向 LDCs 提供貿易相關技術援助之強化整合框架。

8.B：在 2020 年前，制定及實施青年人口就業的全球策略，並落實國際勞工組織的全球就業協議。

10.1 合宜工作

合宜工作 (decent work)，又稱為「尊嚴勞動」，在永續發展目標意指所有人都有機會透過工作賺取收入，且工作權利能受到保障，並獲得足夠的報酬。因此，「讓工作有尊嚴」是所有工作者都應具備的權利意識，一旦受侵犯，就應為自己維護、爭取。

在臺灣，政府制定「勞動基準法」，保障受雇者工作的工時和薪資，確保就業品質和勞動權益；「職業安全衛生法」要求了企業對於工作場所的危害辨識和分級管控，並定期臨訪檢查，確保工作品質，更要求企業需提報職傷類型、比例、影響時數等工傷資料，落實就業安全及社會安全；「工會法」和「團體協商法」給予受雇者組織工會的權利，適時地表達自己的訴求，和雇主進行溝通並解決問題；而「勞資會議實施辦法」第 18 條明確地規定至少每三個月要進行一次勞資會議，以達到勞資雙方及政府三方互利的關係；對於弱勢族群，更有「性別工作平等法」和「女性勞工母性健康計畫實施辦法」對婦女就業提供保障。

國際勞工組織 (International Labor Organization, ILO) 秘書長 Juan Somavia (1999) 在國際勞工大會上首次發表合宜工作的概念：「一個有生產收益的工作，在自由、平等、安全與尊嚴條件下，權益是受到保護的，酬勞是足夠的，且有社會安全保障，最後再加上有政府、資方及勞方三方的溝通管道及社會對話。」在後來的《基本勞動原則及權利宣言》(ILO, 2010) 檢討報告中，認為

工會自由與集體協商是達成合宜工作的重要角色，在 ILO 初期的主要構想中，合宜工作有以下列幾點特質：(1) 是有生產收益的工作；(2) 權益受到保護；(3) 有足夠的酬勞；及 (4) 有提供社會安全保護。在該項報告後文中另提及需加上第五項特質：(5) 有政府、企業及勞工三方溝通的途徑及社會對話。

由於當時的發展計畫缺乏關鍵性指標的探討，未能明確探討出合宜工作的影響性。最初 ILO 對合宜工作的定義為「一個有生產收益的工作」，但是生產收益帶來的經濟成長，可能是建立在超時的工作或是勞工權益的剝削上，這並未遵循主軸的方向，於是定義被重新理解為「高品質的就業」。合宜工作不是製造大量收益，而是創造員工價值與收益的平衡，所以經濟成長率並不能代表合宜工作的落實績效，應該是要更注重員工人權的保障，以及提供員工權益受剝削時的申訴管道。

隨後的國際勞工組織相關文件中，把合宜工作的最初概念與該組織 2000 年到 2001 年的年度計畫方案之四大策略目標結合，此四項策略性目標應可促成合宜工作，包括：(1) 促進勞動權益；(2) 促進就業；(3) 促進社會安全保護；及 (4) 促進社會對話，整體策略性目標已非侷限於員工的收益，而是更加重視於人權的保障。

行政院勞工委員會綜合規劃處科長（李集國，2007）強調合宜工作的四大主軸，分別為：(1) 充分就業；(2) 社會安全網；(3) 基本勞動權益；(4) 企業、員工及政府三方的互利關係。菲律賓為曾經參加 ILO 的合宜工作之計畫的國家之一，在當時的經濟成長率達到 5%，但貧窮問題仍未改善，經濟成長雖然增加了更多就業機會，卻沒有增加合宜工作的環境。

Bolis 等人 (2016) 認為企業對外部社區作出企業承諾時，會引入新的運營策略，關於員工福祉的策略應涵蓋永續目標的經濟、環境與社會三大面向，他們透過訪談公司人員和調查報告的方式研究了巴西的化工、造紙、運輸等行業，了解企業是否有完整布達永續觀念，並將其設計於公司政策及員工的工作任務中。研究表明，受訪的企業儘管持續致力於 SDGs 並納入相關的工作，也認為員工受益能使公司和社會受益極大化，但由於組織文化的關係，缺乏由上而下的訊息傳達，而企業內的永續部門功能有限，僅能主導環境面向。所以即

便組織已導入永續觀念，也認同員工的重要，組織的目標最後還是著重於公司資產及社會控制，和永續目的不一致。

Zink (2014) 指出，永續工作系統不能只是簡單地滿足某些利益相關者的需求，而是需要滿足許多利益相關者的需求，關注點不應該只集中在短期的靜態效率（例如生產率和獲利能力），而是應該集中在長期的動態效率（例如學習和創新），並從人為因素列出工作設計的框架：(1) 人力及社會資本；(2) 環境的變化；(3) 價值鏈；(4) 工作的生命週期觀點；(5) 企業文化；(6) 目標衝突。為了因應這些需求，人為因素必須開發出與人口發展高度密切的概念，但關於人為因素的研究和討論仍未有明確標準，特別是對於目標衝突的工作設計。

10.2 合宜工作與工作環境指標

Heintz 等人 (2005) 發展出一套以州為基礎的工作環境指標 (Work Environment Index, WEI)，利用 WEI 檢視美國工作環境的三個重大指標：工作機會 (job opportunities)、工作品質 (job quality) 及職場公平性 (workplace fairness)，WEI 評分高的地區，則可視為合宜工作的環境，研究成果發現高 WEI 與低貧窮率有高度正相關性。

1. **工作機會**：此項要件包括失業率、非自願臨時性工作人口比例，及長期失業人口比例。
2. **工作品質**：此項要件包括平均時薪、勞動者因工作而獲有醫療及退休金的比例。
3. **職場公平性**：包括兩大項要件，其一是每一地區勞動者之間的公平程度。此一指標之計算係依據每一地區有極低工資 (very low wage) 的勞動者比例，及男女兩性勞動者薪資公平的程度。所謂極低工資係指經過調整生活成本 (cost-of-living) 差異後，勞動者的薪資所得低於全國平均工資 5% 時的比例。其二是計算與勞動基準有關的管理環境與結社權。

Song 與 Lee (2023) 根據文化背景下應用工作心理學理論，探討情境約束對於未來知覺的影響。研究中調查了經濟和學術地位所施加的障礙及其作用在解決這些限制因素的影響。此研究樣本為就讀於韓國排名低於前 30 名大學的新興成年人。結果顯示，經濟約束與學術地位的經驗有顯著相關性，也代表經濟成長與工作福祉有關。

　　Duffy 等人 (2021) 以 569 名成年人為樣本，探討了合宜工作與組成身體健康的三個部分（一般健康、健康症狀、健康行為）之間的關聯。研究中，根據工作心理學 (Psychology of Working Theory, PWT)，生存需求滿足和工作場所疲勞（健康症狀）被定位為體面工作（一般健康）和身體健康結果（健康行為）之間的中介變數。其研究成果，對於整體健康和健康症狀，工作場所疲勞似乎是主要的連接變數，從事合宜工作的個人可能不太可能出現工作疲勞；也就是說，他們的整體健康狀況也更好，負面健康症狀也更少。對於飲食和運動等健康習慣來說，生存需求的滿足顯得更為重要，透過工作滿足一個人的生存需求，可以幫助一個人擁有時間，並生活在更容易獲得健康生活方式的環境中。

10.3　GRI 對應合宜工作議題

　　合宜工作可以嘗試與全球永續性報告倡議 (Global Report Initiative) 的指標做對應，其中包括：工作品質、促進就業、社會保護、社會對話、職場公平性與基本勞動權益，可見表 10-1。

表 10-1　GRI 對應 SDG 8 之指標

類別	新指標（舊）	篩選／取代指標之原因	對應 GRI
工作品質	薪資中位數（薪資平均數）	過往的平均數計算方式，雖然可以代表生產效益的變動，但也有可能是貧富不均造成的現象，用中位數計算比較能接近實際情形。	平均薪資
促進就業	新進率、離職率（就業率）	就業率提高雖然代表就業機會的增加，但是受教育有限的人若就業率高反而不是一件好事，可能代表較低的工作品質。	新進率、離職率
促進就業	性別比	促進較弱勢的女性可以享有平等的就業機會。	員工多元化與平等機會
社會保護	失能傷害頻率（失能傷害嚴重率）	失能傷害僅計算工傷事件發生的次數，未把工傷的嚴重程度列入考慮，失能傷害嚴重率不僅統計了發生頻率，也計算了因工傷導致損失的工作時間。	職業安全衛生、職業傷害
社會對話	勞資協商次數（工會組織率）	工會成員的數量和所有勞動者的數量，即參與工會的人及沒有參與工會的人都必須是在調查的範圍之內，資料來源是來自於勞動部或勞工行政方面的機關，但這些來源是不完美的，因為關係到它的即時性，同時也可能有重複計算工會成員的風險，尤其當工會成員參加了超過一個工會。	勞資會議
職場公平性	女性中高階主管比例（男女薪酬比）	法律保障婦女工作權，但對於企業而言法律僅是遵守的最低標準，玻璃天花板、職場性別歧視的情形一直存在，雖然企業內都有依法制定母性保護計畫，但少子化問題嚴重，享有育嬰福利制度的人太少，造成資料差距太大，用女性中高階主管比例進行分析，較能涵蓋所有女性的職場公平性。	員工多元化與平等機會
職場公平性	育嬰留任率（育嬰復職率）	育嬰復職率為員工育嬰假期滿主動申請復職的比率，但不包含員工是否願意續任，育嬰留任率的高低較能體現企業對於育嬰員工的照護。	母性保健計畫
基本勞動權益	員工訓練平均時數	內部專業訓練可能只提供給有工作需求的員工，職業安全衛生訓練應涵蓋全公司以及供應商，而頻率的高低也會影響工作績效，平均時數較能看出企業整體對員工培訓的重視程度，提供公平的升遷機會。	訓練與教育
社會對話	員工滿意度調查（勞工身心健康服務投入預算目標與實施比例）	企業對於員工的照顧不再只是身心健康方面，而是整體生活面向，包含福利、補助、訓練等，並由員工自行評估制度是否完善。	員工滿意度

10.4 案例

在現今全球化的世界，資訊、人員、物資的往來雖然連結著全世界，但也容易伴隨著細菌、病毒等的傳播。近兩年臺灣在新冠疫情的肆虐下，不但帶走人們的性命，更影響許多產業被迫停工停薪，或是暴露在染疫的風險中繼續工作，員工的人權變得至關重要。在多數資本主義的國家中，如何在產業中導入永續發展是個重要課題，資方能夠照顧好勞方，以及在創造經濟利益的同時能與環境和社會之間有良好的連結，將會更大幅度的提升對於自身的競爭力。

郭財吉、吳宇修 (2021) 以產業所發行之企業社會責任 (Corporate Social Responsibility, CSR) 報告為主要架構，搭配以 AI 資料探勘之結果建制問卷，擬定合宜工作指標，發現大部分企業在 CSR 中，習慣滿足員工的物質需求，對於「平均薪資」、「員工福利」和「員工滿意度」重視程度較高。企業永續報告書內容主要以 GRI 作為建議指南，企業仍可選擇好看或對自身形象有利的資料進行揭露。

企業在合宜工作的策略推動上，較重視「勞動權益」，企業認為只要給予足夠的酬勞和福利，就能創造出合宜工作，並透過對員工不斷的訓練與教育，提供加薪和福利的機會。但具有衝突的部分在於，企業雖願意訓練員工，卻沒有重視績效評核，可能導致員工完成許多教育訓練後，仍然不確定是否會在工作上受到肯定。另外，企業對於「促進就業」較不重視，較少揭露關於新進和離職員工、員工多元化與平等機會的訊息，推測其原因可能是由於少子化問題，導致人才招募上遇到困難。一般企業無法在少子化的環境招募足夠多的人才，只能將較資深的員工透過大量教育訓練，增加其工作能力來達到生產效益，以填補人手不足的問題，雖然願意給予薪資和福利上的補助，卻因為缺乏內部績效評估，員工招募與留任上遇到困難，員工多元化與平等機會也降低。此外，合宜工作之關鍵指標，較重視員工人權，而「性別比」、「女性主管比例」和「勞資會議」被視為值得改善的項目。

10.5 結語

合宜工作是國勞組織近年來以全球化為著眼點,創造優良品質工作的核心工作。該組織以推動四項策略性目標:(1) 促進勞動權益;(2) 促進就業;(3) 促進社會保護;及 (4) 促進社會對話來達成合宜工作。國勞組織秘書長 Juan Somavia 其後把「職場安全」及「勞動者參與」列為達成合宜工作最重要的兩項策略性目標,事實上,合宜工作的概念其實是彙整了國勞組織自成立以來所關切的一切勞工事務,再加上工作品質的提升與就業數量的增加。美國麻薩諸塞州大學政治經濟研究所 James Heintz 等三位教授,於 2005 年首創以工作環境指標來檢視美國合宜工作的工作環境,WEI 的三項檢驗指標實際上似可用來檢驗國勞組織促成合宜工作的四大策略性目標的成果。

此外,合宜工作與經濟成長有直接相關,從事合宜工作的個人比較不太可能出現工作疲勞,也就是說,合宜工作的員工之整體健康狀況也更好,負面健康症狀也更少。因此,企業應該設法營造合宜工作給員工,一方面可以促進員工的健康,一方面也可以提升企業的經營績效。

習題

1. 請說明何謂合宜工作。

解答 合宜工作又稱為「尊嚴勞動」,在永續發展目標意指所有人都有機會透過工作賺取收入,且工作權利能受到保障,並獲得足夠的報酬。因此,「讓工作有尊嚴」,是所有工作者都應具備的權利意識,一旦受侵犯,就應為自己維護、爭取。

2. 請說明合宜工作的四項策略性目標。

解答 促成合宜工作的四項策略性目標,包括:(1) 促進勞動權益;(2) 促進就業;(3) 促進社會安全保護;及 (4) 促進社會對話,整體策略性目標不僅侷限於員工的收益,更多的是人權保障。

3. 請說明何謂工作環境指標。

解答 工作環境的三個重大指標：工作機會、工作品質及職場公平性，WEI 評分高的地區，則可視為合宜工作的環境，高 WEI 與低貧窮率有高度正相關性。

4. 請說明合宜工作可對應到 GRI 哪些指標。

解答 薪資中位數、新進率、離職率、性別比、員工滿意度調查、育嬰留任率、女性中高階主管比例、勞資協商次數、失能傷害頻率及員工訓練時數。

參考文獻

Bolis, I., Brunoro, C. M., & Sznelwar, L. I. (2016). Work for Sustainability: Case Studies of Brazilian Companies. *Appl Ergon*, *57*, 72-79.

Duffy, R. D., Prieto, C. G., Kim, H. J., Raque-Bogdan, T. L., & Duffy, N. O. (2021). Decent Work and Physical Health: A Multi-Wave Investigation. *Journal of Vocational Behavior*, *127*, 103544. https://doi.org/https://doi.org/10.1016/j.jvb.2021.103544.

Heintz, J., Wicks-Lim, J., & Pollin, R. (2005). *The Work Environment Index: Technical Background Paper*. Retrieved from https://scholarworks.umass.edu/cgi/viewcontent.cgi?article=1084&context=peri_workingpapers.

International Labour Organization. (2010). *Declaration on Fundamental Labour Principle and Rights*.

Song, J. Y., & Lee, K. H. (2023). Influence of Economic and Academic Barriers on Perception of Future Decent Work: A Moderated Mediation Model of Work Volition and Social Support. *Journal of Vocational Behavior*, *141*, 103842. https://doi.org/https://doi.org/10.1016/j.jvb.2023.103842.

Zink, K. J. (2014). Designing Sustainable Work Systems: The Need for a Systems Approach. *Applied Ergonomics*, *45*(1), 126-132. https://doi.org/https://doi.org/10.1016/j.apergo.2013.03.023.

李集國 (2007)。合宜工作 (Decent Work) 與工作環境指標 (WEI)。**台灣勞工雙月刊**，**8**，104-110。

國家發展委員會 (2023)。促進包容且永續的經濟成長，提升勞動生產力，確保全民享有優質就業機會。取自 https://ncsd.ndc.gov.tw/Fore/SDG08。

郭財吉、吳宇修 (2021)。**為合宜工作而設計以達成社會永續**。中原大學，中壢。

聯合國 (2015)。就業與經濟成長。取自 https://globalgoals.tw/8-decent-workand-economic-growth。

第十一章

永續發展之經濟議題：工業、創新與基礎建設——SDG 9

國立臺灣科技大學工業管理系　教授
郭財吉

學習目標

▎工業、創新與基礎建設 SDG 9 的意涵。
▎工業創新科技的發展與應用。
▎工業創新科技與永續發展目標。
▎案例解析。

聯合國永續發展目標 (Sustainable Development Goals, SDGs) 第 9 項目標：「工業、創新與基礎建設」(industry, innovation and infrastructure)，是指建構可負擔、安全、對環境友善，且具韌性及可永續發展的基礎設施，以下是其細項目標：（聯合國，2015）。

9.1：發展高品質、可靠、永續、具韌性的基礎設施，包括區域以及跨境基礎設施，以支援經濟發展和提升人類福祉，並聚焦提供所有人可負擔且公平的管道。

9.2：發展包容性與永續的工業，在 2030 年前，各國工業在就業和國內生產毛額 (Gross Domestic Product, GDP) 中的占比，依據國情顯著增長，尤其最低度開發國家 (Least developed country, LDCs) 的工業就業和 GDP 占比應翻倍成長。

9.3：增加小型工業及企業取得金融服務的管道，包括可負擔的貸款，並將其併入價值鏈與市場之中，特別是開發中國家的企業。

9.4：在 2030 年前，所有的國家都應依各自能力採取行動，藉由提高能源使用效率、大幅採用乾淨環保的科技與工業製程，以升級基礎建設、改造工業達成永續。

9.5：加強所有國家的科學研究、提高工業部門技術能力，特別是開發中國家。包括在 2030 年前，鼓勵創新並大幅提高研發人員數（以每百萬人增加的比例計算），並提高公私部門的研發支出。

9.A：透過加強提供非洲國家、LDCs、內陸開發中國家 (Landlocked developing countries, LLDCs) 與小島嶼發展中國家 (Small island developing state, SIDS) 財務、科技、技術支援，促進開發中國家發展永續及具韌性的基礎建設。

9.B：支援開發中國家的國內科技開發、研究與創新，包括創造有利的政策環境，幫助工業多元化發展以及提升商品附加價值。

9.C：大幅增加取得資訊與通訊技術 (Information and Communications Technology, ICT) 的管道，2020 年前在 LDCs 致力提供普遍且可負擔的網際網路。

11.1　工業創新

工業創新對於 SDGs 之關聯性的相關文獻目前很少，以下將分別從經濟、環境與社會面向進行探討，了解未來新興科技對 SDGs 之影響方向。

1. **經濟創新**：隨著新興科技蓬勃發展，各國政府皆以產業數位轉型作為短期經濟成長的手段，雖然許多專家認為中小型企業難以與工業 4.0 接軌，但是若能讓產業結合新興科技工具應用，發展各種創新應用及商業模式，將會有利於經濟成長。
2. **環境創新**：綠色技術創新對減少 CO_2 排放的影響顯著。由於臺灣是碳排放相當高的國家且屬於已開發國家，因此如何導入新科技以達成淨零排放為重大議題。
3. **社會創新**：數位轉型的社會議題逐漸納入國家主要經濟發展的政策中，如：德國提出的「工業 4.0」、日本近期提出「超智慧社會」(Society 5.0) 與歐盟強調的「社會層面的 ICT 創新」，強調新興科技驅動國家、企業與社會的發展，以解決社會勞動力與災害應變等當前迫切課題。

11.2　新興科技

根據全球電子永續性協會 (Global Enabling Sustainability Initiative, GeSI) 於 2015 年出版的註明報告「SMARTer2030 —— ICT Solutions for 21st Century Challenges」指出，隨著資通信技術 (ICT) 在全球範圍內變得更快、更便宜、更容易獲得，以及物聯網 (Internet of Things, IoT) 的進步，凸顯出 ICT 產生巨大的環境、經濟和社會效益的潛力，此調查結果顯示，一個更加清潔、健康和繁榮的 ICT 技術將為全球永續發展提供更多的機會，因此本章最後會針對國內外 ICT 產業的 SDGs 實施狀況做分析。以下為新興科技與 SDGs 之相關研究整理。

Martin (1995) 表示通用的新興科技被定義為一種技術，其開發將為廣泛的經濟和社會部門帶來利益。Boon 與 Moors (2008) 提到新興科技是處於早期發展階段的技術，這意味著技術特性、其使用環境、參與者網絡的配置，及其相關角色等數方面仍具不確定性和非特定性。Stahl (2011) 認為新興科技被定義為那些有可能在未來十到十五年內獲得社會相關性的技術，這意味著它們目前處於開發過程的早期階段，同時，它們已經超越了純粹的概念階段。儘管如此，這些新興技術卻尚未明確定義，它們的確切形式、能力、限制和用途仍在不斷變化。Rotolo 等人 (2015) 認為「新興」的定義應具有五項特徵，分別為：(1) 激進的新穎性；(2) 相對快速的成長；(3) 凝聚性；(4) 突出的影響；以及 (5) 不確定性和模糊性。也就是說，新興科技應定義為：一種相對快速增長和全新的技術，其特點是隨著時間的推移具有一定程度的一致性，並有可能對社會經濟領域產生相當大的影響，

根據 Bai 等人 (2020) 提到的工業 4.0 技術定義，列舉出以下相關新興科技與技術為分析與篩選目標：(1) 增材製造；(2) 人工智能；(3) 擴增／虛擬實境；(4) 自主機器人；(5) 大數據分析；(6) 區塊鏈；(7) 雲端運算；(8) 無人機；(9) 全球定位系統；(10) 工業物聯網；(11) 行動科技；(12) 奈米技術；(13) 無線射頻辨識；(14) 傳感器；(15) 模擬／仿真；(16) 生物技術，具體如表 11-1 所示。

表 11-1　新興科技列表

新興科技名稱	說明及定義
增材製造 (additive manufacturing)	採用材料逐漸累加的方法製造實體零件，並進行三維實體創建的製造技術（例如 3D 列印技術）。
人工智能 (artificial intelligence)	系統能正確解釋外部資料，從資料中學習，並利用這些知識靈活適應及實現特定目標和任務的能力。
擴增／虛擬實境 (augmented reality/virtual reality)	利用電腦生成的影像、聲音、數位化形成疊加層，以提供虛實整合的現實體驗。
自主機器人 (autonomous robot)	在行動或執行任務時具有高度自主性，不需人為介入控制的機器人。
大數據分析 (big data)	分析傳統數據處理應用軟體不足以處理的龐大或複雜的數據集策略。

表 11-1　新興科技列表（續）

新興科技名稱	說明及定義
區塊鏈 (block chain)	使用新的加密與身分驗證技術以及全網的共識機制，來串接並保護內容的串連文字紀錄。
雲端運算 (cloud computing)	基於網際網路的運算方式共享軟硬體資源和資訊，並可以按需求提供給電腦各種終端和其他裝置。
無人機 (unmanned aerial vehicle)	廣義上為不需要駕駛員登機駕駛的各式遙控飛行器，在用途上通常分為軍用和民用。
全球定位系統 (global positioning system)	可滿足位於全球地面任何一處或近地空間的軍、民用戶，連續且精確地確定三維位置、三維運動和時間的需求。
工業物聯網 (industrial internet of things)	應用在工業上的物聯網，由互聯的感測器以及其他設備和電腦工業應用程式以網路相連所成的系統。
行動科技 (mobile technology)	主要是基於無線設備（包括筆記本電腦、平板電腦、手機等）的無線技術與設備訊息技術的集成。
奈米技術 (nanotechnology)	研究於奈米規模時，物質和設備的設計方法、組成、特性以及應用。
無線射頻辨識 (radio frequency identification)	一種無線通訊技術，可以通過無線電訊號識別特定目標並讀寫相關數據。
感測器 (sensor)	用於偵測環境中的事件或變化，並將此訊息傳送至其他電子裝置（如中央處理器）。
模擬／仿真 (simulation)	將真實或抽象的系統建立模型以表其關鍵特性或行為、功能，予以系統化以對關鍵特徵做出模擬。
生物技術 (biotechnology)	利用生物體來生產有用的物質或改進製程，並改良生物的特性，以降低成本及創新物種的科學技術。

11.3　新興科技與永續發展目標

　　本節將探討不同產業因應國家層級與國際永續供應鏈 SDGs 制定之政策、倡議內容與趨勢，以及如何應用各類新興科技達成 SDGs。

　　Arfanuzzaman (2021) 研究發現，大數據和人工智能有潛力解決城市問題、提高城市產業的效率、提高人力和自然資源的競爭力和生產力、降低城市服務

提供的成本、建立氣候適應能力。該研究評估了當前在緩解城市發展挑戰方面的人工智能和大數據舉措和技術，以及它們在南亞城市擴大規模的潛力。此外還研究了用於永續發展目標監測和實施的人工智能和大數據解決方案的最新創新，及其對轉型變革的影響。

Chien 等人 (2021) 通過同時測試金磚國家的環境庫茲涅茨曲線 (Environmental Kuznets Curve, EKC) 假設，來調查 ICT、經濟增長和金融發展對二氧化碳排放的影響。結果表明，經濟增長和金融發展促進了所有分位數的二氧化碳排放，證實了 EKC 假設的存在，且 ICT、GDP 和碳排放之間存在雙向因果關係。

de Villiers 等人 (2021) 概述了物聯網的商機，並且結合區塊鏈提供可信度高的數據，以此鼓勵為實現 SDGs 的進展做出貢獻。然而，這些技術的應用尚處於起步階段，需要做進一步的工作來檢查和發展研究框架中提供的概念思想。

從 Wu 等人 (2020) 的研究中得知，為確保到 2030 年前能夠實現 SDGs 的預期目標，數據對於監測和追蹤 SDGs 進展來說至關重要。研究表明，群眾外包 (crowdsourcing) 和公共地球觀測 (public earth observation) 之數據為監測和追蹤 SDGs 提供具有成本效益、可共享和及時數據的潛力，並提議為 SDGs 開發免費、可重複使用和客製化的雲端報告平台，允許大眾參與並提高監測和追蹤 SDGs 的透明度。

Zennaro 等人 (2021) 調查發現全球暖化正在加劇氣候極端事件，預計多種氣候危害將會增加，將引發對各種自然和人類系統的累積和互動影響。為了面對這個問題，各界已經開始測試新的方法論的方法和工具，包括機器學習 (Machine Learning, ML) 的應用，利用大量及異質的大數據。此外，ML 處理感測數據的應用在氣候變化風險評估 (Climate Change Risk Assessment, CCRA) 應用程序中已證明是有效的。

Goralski 與 Tan (2020) 發現人工智能正在迅速開闢商業、企業實踐和政府政策的新領域。此研究通過三個案例結合商業戰略和公共政策的視角，分析人工智能對永續發展的影響。人工智能可以生成數據以針對特定目標減少生產和消費中的浪費和損失，創建改變整個行業和職業的新應用程序，並提供連通性

和降低成本。然而，它也可能伴隨著多方面的誤差和複雜的問題，必須對其進行嚴謹的研究並設法控制其負面和意外後果。

Di Vaio 與 Varriale (2020) 從永續績效的角度研究了區塊鏈技術對運營管理 (Operations Managements, OM) 的主要影響，重點關注供應鏈管理 (Supply Chain Management, SCM) 中的決策過程，並分析了 SCM 中區塊鏈技術、OM 和永續性問題之間的聯繫。結果為採用區塊鏈技術帶來了許多好處，尤其是在改善 OM 方面，但這些新技術解決方案並不能保證在有效性、效率和永續性方面能實現最佳性能。管理者和政策制定者需要共同努力，透過大量的協作和培訓，從而提高效率、有效性和永續績效。

Di Vaio 與 Varriale (2020) 更具體說明全球人口和都市化的增加以及生活水平的提高，導致了世界上兩個最重要的挑戰：(1) 人均能源消耗增加和全球對化石燃料的依賴，以及 (2) 人均廢棄物產生量增加。廢棄物轉化能源 (Waste-to-Energy, WTE) 技術有潛力成為解決這兩個問題的樞紐其可以控制城市垃圾並將垃圾提升為能源生產的必要資源。本研究回顧並評估了快速發展的 WTE 技術，及其追求 SDG 7、11 時利用廢物能源的潛力。研究表示，WTE 技術能夠利用不同形式的廢物作為原料，因此具有相當大的靈活性，能夠有效實現永續發展目標。

Mondejar 等人 (2021) 發現數位化對社會和環境具有潛在的好處。透過開發連接到物聯網的智能系統，可以產生嶄新的方式來應對聯合國永續發展目標相關的挑戰，以確保一個公平、環境永續和健康的社會。通過提供數位化的護理服務，特別是為服務缺乏的社區，促進永續製造的實踐並提高公民的健康福祉。

Allam 與 Jones (2021) 闡述自智慧城市概念誕生以來，在廣泛的智能技術、物聯網設備、高速網絡連接以及不斷增加的數據量及其儲存量的支持下，世界一直在經歷前所未有的技術創新。隨著人工智能、人群計算、擴增實境、5G 等不同技術的出現，產生的數據量迅速增加，這引發了許多問題，包括安全性、道德問題、訪問和使用權等。因此，有必要確保所有參與者都有公平的機會來分享和促進未來智慧城市的建設，這些城市將體現永續發展和包容性，正如聯合國永續發展目標第 11 項所設想的「建立一個包容、安全、有彈性且永續的城市」。

根據上述文獻能發現，雖然近年來新興科技一直在蓬勃的發展，且大多數效率及功能性極高，但也因為發展迅速，許多新興科技仍然具有高度不確定性與諸多限制。目前學術界中新興科技與永續發展目標相關的參考文獻仍持續增加，因此新興科技該如何整合並達成永續發展目標將會是未來的一大趨勢。

11.4 案例說明

人類在進步的同時也連帶對自然環境造成影響，全球溫室效應不斷增長中，碳排放量也逐年增加，面對氣候變遷、環境污染，許多國家紛紛提出許多節能減碳的相關政策，以提高人民的環保意識。經專家學者表示，臺灣 PM2.5 空氣污染，70% 是來自於境內污染，其中 20% 來自於交通廢氣排放，因此唯有改善國內空污排放問題，才能真正改善國內的空氣品質。臺灣因為地狹人稠和生活習慣造成機車密度相當的高，由於數量龐大，因此若是將燃油機車更換為電動機車，空氣污染將大幅下降，並減少污染物質對環境的傷害，可見電動機車在未來的發展空間很大。

Pham 等人 (2019) 以 Gogoro 為例，將所有影響電動車的因素統整為三大類型，分別是：商業行銷、能源系統、車體。商業行銷因素中又可以細分為客服服務、保養維修服務、品牌形象、品牌價值、能源產品服務化、智能化系統；車體因素中可細分為車體重量、車體外觀、車速性能需求、水冷系統；能源系統因素中可細分為電池租借制度、換電站設置數目與地點、電池續航力、電池重量。

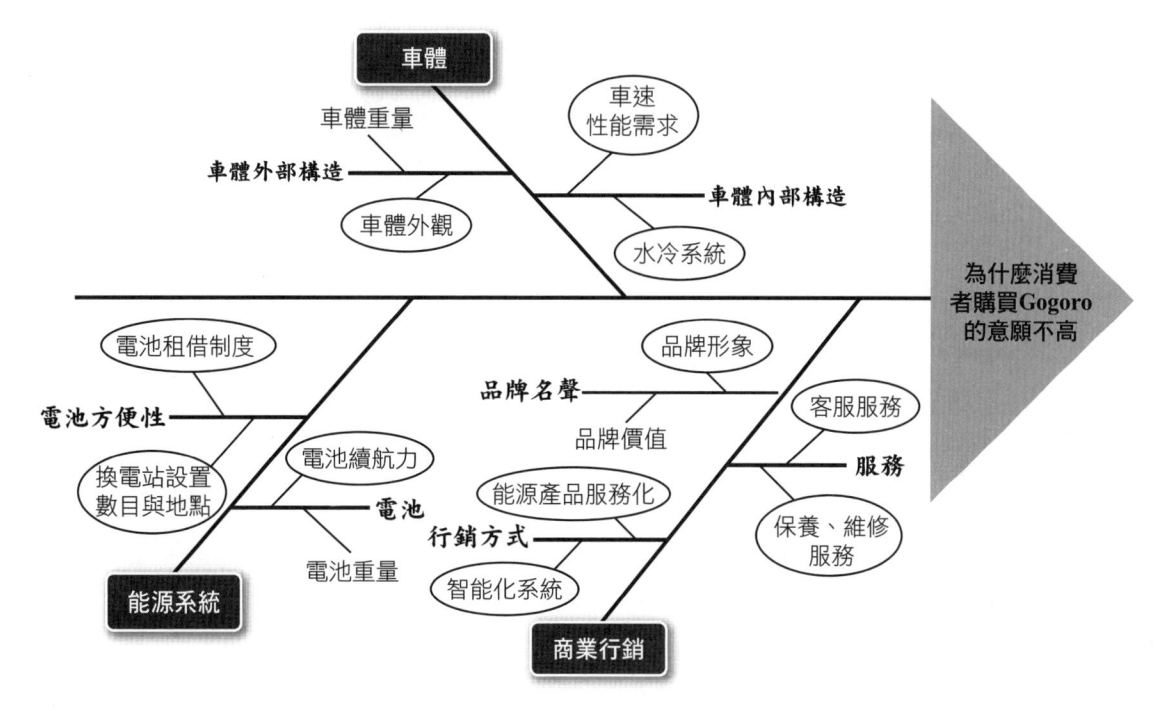

資料來源：郭財吉，2012

圖 11-1　電動車問題分析魚骨圖

表 11-2　要素分析表

	要素	出處
商業行銷	品牌形象	品牌形象代表了消費者對某個產品的輪廓式記憶，也可以說是消費者聽到或看到某個品牌名稱時所聯想到的所有事物，可幫助消費者評估產品品質，提高消費者對產品品質的要求，進而激發出購買行為
	能源產品服務化	使用不同以往電動機車的行銷模式，將電池獨立為所行銷的產品之一。
	客服服務	提供 24 小時的客服服務，讓消費者隨時有問題都可以向客服反應，也有提供 24 小時道路救援服務。
	保養維修服務	提供消費者購買新車即擁有兩年的新車不限里程保固服務，以保護消費者的權益，維修服務的方便性與普及性，和消費購買意願有很大的關係。
	智能化系統	車身中設置了多達 30 個感應器，可以用來分析使用者的騎乘習慣，亦能迅速的感應出車體是否有損壞並回報車主，搭配上 APP 更可以快速、簡潔的使消費者清楚自己的機車使用狀況，更能在 APP 中設置屬於自己風格的顏色與聲音搭配。

🟤 表 11-2　要素分析表（續）

	要素	出處
能源系統	電池租借制度	透過電池租借制度，解決了電池性能隨著使用時間而下降的問題，消費者較不用負擔電池維修的費用，也解決消費者購買電動車最在意的購車成本問題，這項制度影響了消費者購買的意願。由於電池產品化是一項對於電動車而言非常新穎的行銷方式，電池的租借方案理所當然地也成為客戶的關注重點之一，提供了月租費新臺幣 299 至 1,199 元不等的方案，給予不同需求的客戶選擇使用。
	電池續航力	一般消費者購買電動機車可以接受電池充飽一次的續航力平均為 40 至 50 公里，由此可知電動機車電池續航力不能過低，續航力越好，越能吸引消費者購買電動機車。目前的數據顯示，時速 40 km/hr 可以行駛高達 100 公里。
	換電站設置數目與地點	若要充分的布建這方面的設施，讓消費者可以隨時隨地的更換電池，可以結合便利商店、機車維修店、賣場等地方設置電池交換站，增加消費者的方便性，必定可以大大提升消費者購買電動車的意願。
車體	車速性能需求	以速度性能作為比較，目前最高時速為 95 km/hr，而瞬間加速能在 4.2 秒內加速至 50 km/hr，比起普通 125c.c. 的機車，提升了 16% 的速度性能。
	車體重量	在消費者考慮購買機車時，車體重量也是一般人考慮的因素之一，例如女性停車時力氣較小會導致無法順利移動車身。另外，車體越輕，電池負擔越小，電池續航力也能較大。
	車體外觀	功能設計特徵、人因設計特徵與外觀設計特徵，這三項產品設計特徵與消費者購買意願有正向關係。目前電動機車擁有多彩 LED 儀表板、100% LED 光環式定位燈、圓弧的車體設計等多樣特別的外觀設計。
	結構設計	不同於燃油機車高污染的驅動系統，電動機車在行進中幾乎是零廢氣排放，而且不同於燃油機車明顯的引擎聲，電動機車的馬達幾乎無噪音也不易有振動發生，是一種比較舒適的選擇。
	水冷系統	採用水冷系統的電動機車，由於工作溫度最高僅會在 70-80°C 左右，冷卻水在內部不會沸騰，因此也可以省下保養維修的費用，對於電動機車來說是一個新配置。
安全與環境	環保議題	環保是全球關注的議題，目前的燃油車會對地球造成傷害，而電動車倡導的是環保，運用電力來驅動車子，避免製造溫室氣體，也不會消耗石油燃料等，與燃油機車相比相對環保。

在郭財吉的研究中，提出了需優先改善的四個影響消費者購買電動車之因素，分別為：客服服務、保養與維修服務、電池續航力、換電站設置數目及地點，下列為針對四個改善的重點提出供 Gogoro 參考之意見：

1. **客服服務**：建議加強訓練客服人員，以及增設消費者回饋單，在客服服務完畢之後，對消費者做簡單的問卷調查是否滿意這次的客服服務，督促客服人員的服務品質，也能夠考核客服人員的服務是否達到滿意的標準，經過問卷調查可以看出哪些客服人員需待加強訓練。另外，也建議客服人員能利用電子化／數位化來服務，讓消費者能更快速的解決問題，也省去排隊等待客服人員的時間。

2. **保養與維修服務**：提供免費定期性驅動裝置檢查，讓消費者能夠更了解自己的電動車狀況，提早發現電動車的問題。另外有消費者提出保養維修需要排隊等待預約，雖然現在有特約的制度，但是也不足應付目前數量，因此後勤支援需要大力改進，增設更多合作副廠，負責維修較無涉及技術方面的部件，讓消費者能夠方便就近維修電動車。另外也可以從車身材料方面做改善，因為像是第一代 Gogoro 的零件設計是屬於一體成形的，如一小部分的車殼損壞，即需要更換整個車殼，若能將各個零件獨立出來，也能夠讓消費者維修零件的費用降低。

3. **換電站設置數目與地點**：目前電動車已與全台許多機構合作換電站，後續的設站點也會選擇有停車場的商場。然而消費者對換電站數量仍不滿意，應該更積極設置換電站，以提升密集度。另外，目前電動車提供的數據顯示，時速 40 km/hr 可以行駛高達 100 公里，但消費者實際騎乘時續航力大概只有 50 至 60 公里，因此消費者反映電動車不適合騎乘長途。後續應該計算縣市與縣市之前的換電站距離，達到縣市與縣市之間相隔 1 公里就有換電站，讓城市之間能夠連通，方便消費者能夠騎乘長途路程。

11.5 結語

　　面對工業新技術，中小型企業的經營方式，已面臨到需要轉型的必要。新興科技以創新為主，非常符合臺灣現代企業的永續發展需求，協助臺灣企業調整其產業經營模式，除了能夠提升企業的經濟價值，更可以降低環境衝擊。感測技術加上智能化設備預測模組可達到生產即時監控的目的，配合工業 4.0 的到來，讓所有的生產過程都能即時控管並且提供管理者作出適當的決策。當設備結合自主學習，並利用蒐集到的資料中，找出最佳參數取得其規律性，就可讓設備也具有自動調節及監控的能力。在即時監控過程中，設備預防管理是生產非常重要的後盾，若在系統中能夠提前預測設備的狀態，便能提供給設備商提前進行維修保養以降低能源損耗。

習題

1. 請說明新興科技有哪些？

解答　增材製造、人工智能、擴增／虛擬實境、自主機器人、大數據分析、區塊鏈、雲端運算、無人機、全球定位系統、工業物聯網、行動科技、奈米技術、無線射頻辨識、感測器、模擬／仿真、生物技術。

2. 請說明新興科技對於永續發展之影響？

解答　新興科技一直在蓬勃的發展，且大多數效率及功能性極高，但也因為發展迅速，許多新興科技仍然具有高度不確定性與諸多限制。目前學術界對於新興科技與永續發展目標相關的影響，各有正反兩面的論述，其中包括經驗、環境、社會之三重底線的影響。

3. 請說明新興科技與 SDGs 之關聯性。

解答　新興科技與 SDGs 有極高的關聯性。隨著資通信技術在全球範圍內變得更快、更便宜、更容易獲得，以及物聯網的進步，凸顯出 ICT 產生巨大的環境、經濟和社會效益的潛力。SDGs 在環境、經濟和社會效益均有明確的目標，因此新興科技的導入將可促進並加速達成 SDGs。

4. 請舉例說明新興科技於永續發展之影響為何？

解答 感測技術加上智能化設備預測模組可用來達成生產即時監控的目的，配合工業 4.0 的到來，讓所有的生產過程都能即時控管並且提供管理者作出適當的決策。當設備結合自主學習，並利用蒐集到的資料中，找出最佳參數取得其規律性，就可讓設備也具有自動調節及監控的能力。因此善用工業 4.0 等技術，將可促進永續發展的目標。

參考文獻

Allam, Z., & Jones, D. S. (2021). Future (post-COVID) Digital, Smart and Sustainable Cities in the Wake of 6G: Digital Twins, Immersive Realities and New Urban Economies. *Land Use Policy*, *101*, 105201. https://doi.org/https://doi.org/10.1016/j.landusepol.2020.105201.

Arfanuzzaman, M. (2021). Harnessing Artificial Intelligence and Big Data for SDGs and Prosperous Urban Future in South Asia. *Environmental and Sustainability Indicators*, *11*, 100127. https://doi.org/https://doi.org/10.1016/j.indic.2021.100127.

Bai, C., Dallasega, P., Orzes, G., & Sarkis, J. (2020). Industry 4.0 Technologies Assessment: A Sustainability Perspective. *International Journal of Production Economics*, *229*, 107776. https://doi.org/https://doi.org/10.1016/j.ijpe.2020.107776.

Boon, W., & Moors, E. (2008). Exploring Emerging Technologies Using Metaphors – A Study of Orphan Drugs and Pharmacogenomics. *Social Science & Medicine*, *66*(9), 1915-1927. https://doi.org/https://doi.org/10.1016/j.socscimed.2008.01.012.

Chien, F., Anwar, A., Hsu, C.-C., Sharif, A., Razzaq, A., & Sinha, A. (2021). The Role of Information and Communication Technology in Encountering Environmental Degradation: Proposing an SDG Framework for the BRICS Countries. *Technology in Society*, *65*, 101587. https://doi.org/https://doi.org/10.1016/j.techsoc.2021.101587.

de Villiers, C., Kuruppu, S., & Dissanayake, D. (2021). A (New) Role for Business – Promoting the United Nations' Sustainable Development Goals through the Internet-of-Things and Blockchain Technology. *Journal of Business Research*, *131*, 598-609. https://doi.org/https://doi.org/10.1016/j.jbusres.2020.11.066.

Di Vaio, A., & Varriale, L. (2020). Blockchain Technology in Supply Chain Management for Sustainable Performance: Evidence from the Airport Industry. *International Journal of Information Management*, *52*, 102014. https://doi.org/ https://doi.org/10.1016/j.ijinfomgt.2019.09.010.

Goralski, M. A., & Tan, T. K. (2020). Artificial Intelligence and Sustainable Development. *The International Journal of Management Education*, *18*(1), 100330. https://doi.org/https://doi.org/10.1016/j.ijme.2019.100330.

Martin, B. R. (1995). Foresight in science and technology. *Technology Analysis and Strategic Management*, *7*(2), 139-168.

Mondejar, M. E., Avtar, R., Diaz, H. L. B., Dubey, R. K., Esteban, J., GÓmez-Morales, A., Hallam, B., Mbungu, N. T., Okolo, C. C., Prasad, K. A., She, Q., & Garcia-Segura, S. (2021). Digitalization to Achieve Sustainable Development Goals: Steps Towards a Smart Green Planet. *Science of the Total Environment*, *794*, 148539. https://doi.org/https://doi.org/10.1016/j.scitotenv.2021.148539.

Pham, T. T., Kuo, T.-C., Tseng, M.-L., Tan, R. R., Tan, K., Ika, D. S., & Lin, C. J. (2019). Industry 4.0 to Accelerate the Circular Economy: A Case Study of Electric Scooter Sharing. Sustainability. *Sustainability*, *11*, 6661.

Rotolo, D., Hicks, D., & Martin, B. R. (2015). What is an emerging technology? *Research Policy*, *44*(10), 1827-1843. https://doi.org/https://doi.org/10.1016/j.respol.2015.06.006.

Stahl, B. C. (2011, June). *What does the future hold? A critical view on emerging information and communication technologies and their social consequences*. Researching the Future in Information Systems: IFIP WG 8.2 Working Conference, Future IS 2011. Turku, Finland, Proceedings.

Wu, B., Tian, F., Zhang, M., Zeng, H., & Y., Z. (2020). Cloud Services with Big Data Provide a Solution for Monitoring and Tracking Sustainable Development Goals. *Geography and Sustainability*, *1*(1), 2025-2032.

Zennaro, F., Furlan, E., Simeoni, C., Torresan, S., Aslan, S., Critto, A., & Marcomini, A. (2021). Exploring Machine Learning Potential for Climate Change Risk Assessment. *Earth-Science Reviews*, *220*, 103752. https://doi.org/ https://doi.org/10.1016/j.earscirev.2021.103752.

聯合國 (2015)。永續工業與基礎建設。取自 https://globalgoals.tw/9-industry-innovation-and-infrastructure。

第十二章

永續發展之經濟議題：能源使用──SDG 7

馬偕醫學院高齡福祉科技研究所　副教授
申永順

學習目標

- 永續能源之理念與情境發展。
- SDG 7 清潔可負擔能源之目標內容與進展。
- 從 2023 年世界能源展望報告了解全球永續能源相關議題。
- 國際間政府及企業主要因應永續能源發展之策略。

12.1 前言

　　能源的開發與使用為推動經濟發展、維持民生需求及保障國家安全的關鍵因素，能源的開發使用會隨著社會運作型態而不斷變化。全球目前所使用的初級能源仍有八成以上是化石能源，而化石能源的開發使用，會排放大量溫室氣體及各種環境污染物，已經為全球生態環境、自然資源及人類健康帶來嚴重衝擊。因此基於民生需求、經濟發展、環境保護，及社會正義之兼籌並顧，能源開發使用之永續考量，已成為各國規劃未來新能源政策及計畫的主軸，並投入大量資源以積極推動相關能源之開發使用，龐大投資所展現的商機，使永續能源相關產業快速發展。

　　永續能源 (sustainable energy) 是指可持續的供應能源，既能滿足目前的需求，又不損害後代滿足其本身需求的發展。促進永續能源的技術，包括可再生能源 (renewable energy)，如水電、太陽能、風能、核能、波浪能、地熱能、潮汐能，同時也包括設計提高能源利用效率的技術；也就是說，永續能源有兩個主要組成部分：可再生能源和能源效率。《永續能源》作者 J. W. Tester 等將永續能源定義為：「所有人民能公平地獲得能源密集型產品和服務，和為了未來後代維護地球之間的動態和諧」、「該解決方案將存在於尋求永續能源的來源，和更有效的轉換與利用能源的方式」。以上永續能源的定義與相似的名詞（如替代能源和綠色能源）之間的區隔，在於專注於一種來源擁有持續提供能源的能力。雖污染不足以大到需要無限期禁止大量使用此種能源，但永續能源仍可能對環境產生污染。永續能源也不同於低碳能源，因低碳能源是建立在不會增加大氣中二氧化碳的這個前提上才具有可持續性（維基百科，2023）。

　　為因應貧富差距、氣候變遷、性別平權等議題，2015 年聯合國啟動 2030 年永續發展議程 (Agenda, 2030)，提出十七項全球政府與企業共同邁向永續發展目標 (Sustainable Development Goals, SDGs)，SDG 7 (Affordable and Clean Energy) 主旨為「確保所有的人都可取得負擔得起、可靠、永續及現代的能源」(Ensure access to affordable, reliable, sustainable and modern energy for all)，呼籲全球一同關注基本能源的普及、可再生能源的占比，以及整體能源的使

用效率,確保人人都享有可負擔、可靠安全,並具永續性的能源 (UNSDG 7, 2023)。

根據國際能源總署 (Internation Energy Agency, IEA)「2023 年全球電力市場報告」預計,到 2025 年,再生能源將占全球發電結構的三分之一以上。再生能源和核能的低碳發電在 2022 年出現了此消彼長的趨勢,再生能源同比增長 5.7%,占發電結構近 30%。亞太地區的可再生能源發電量激增,占增長的一半以上,其次是美洲。國際能源總署在 2023 年至 2025 年展望時指出,可再生能源發電量的增長將超過其他所有能源的總和,年增長率將超過 9%(如圖 12-1)。隨著再生能源在發電裝置中所占份額的增加,如何將其「融入」電力系統,將變得越來越具有挑戰性。

Renewables growth dampens fossil fuel-fired generation from 2023 to 2025

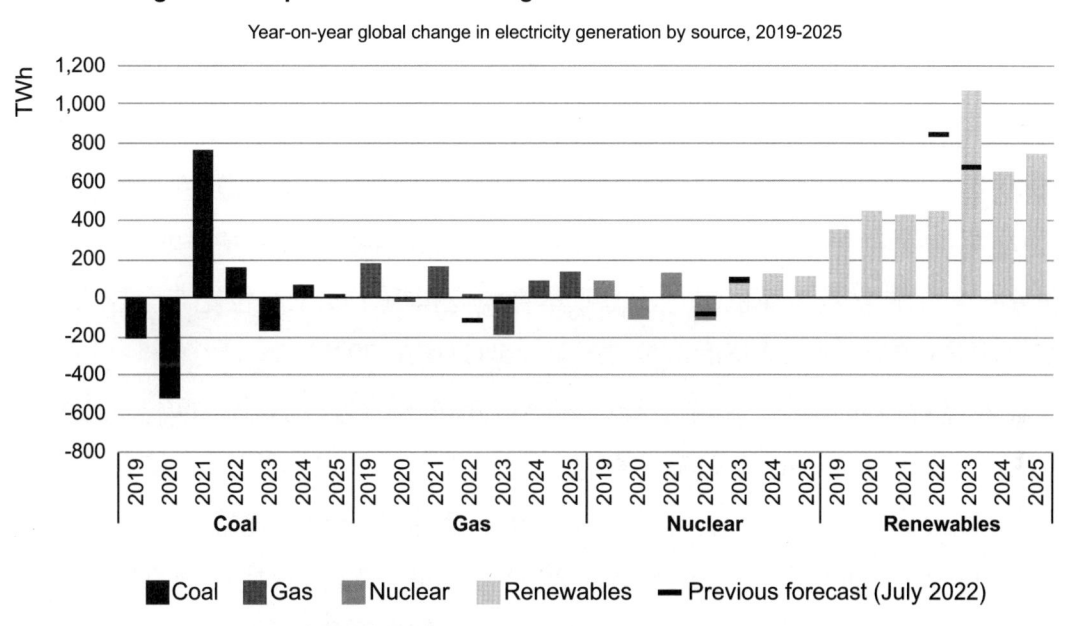

Year-on-year global change in electricity generation by source, 2019-2025

資料來源:IEA,2023 年全球電力市場報告

圖 12-1　不同能源之使用量變化情形

12.2　永續能源之理念與情境發展

　　由於傳統化石能源之開採量已將近極限，且因為國際政經局勢不穩定等因素，能源供應匱乏情況將持續惡化。為能增加能源供給，各國開始積極進行再生能源以及非傳統化石能源（如油頁岩、煤層氣、頁岩氣、重質原油、焦油砂、天然氣水合物等）之開發，而對於能源開發使用所引發的全球暖化及環境品質劣化的考量也將會更受關切。因此國際能源總署提出三種政策情境，包括現行能源政策情境 (Current Policies Scenario, CPS)、新能源政策情境 (New Policies Scenario, NPS)、以及永續能源政策情境 (Sustainable Development Scenario, SDS)，以推估全球未來至 2040 年期間初級能源總需求、能源占比及因能源使用而造成之溫室氣體排放等（簡又新等，2019）。

　　現行能源政策情境是指各國政府持續實施現行能源政策，並未特別推動再生能源開發或節能計畫之政策情境。若然，全球初級能源總需求將增長將近 40%，自 2015 年約 14,000 百萬公噸油當量增加至 2040 年約 19,000 百萬公噸。2040 年全球初級能源需求之供給仍以傳統化石能源及核能源為主，占總需求比例將近 85%，再生能源占比約為 15%，與能源相關之溫室氣體排放約為 420 億噸二氧化碳當量。而依現行能源政策情境之模擬，二十一世紀末全球平均氣溫升幅將可能高於工業革命前約 2.5 至 3.5°C (IEA, 2017)。

　　新能源政策情境是指除了現行能源政策外，將各國政府為配合《巴黎協定》(Paris Agreement) 等規範之要求，已公布將實施之新能源政策納入情境考量。若依新能源政策情境預估，2040 年全球初級能源總需求將增加至約 17,500 百萬公噸油當量，2015 年到 2040 年期間全球初級能源總需求仍將增長約 25%，但是比較現行能源政策情境之能源總需求降低約 8%。2040 年化石能源及核能源占總需求供給之比例仍然約達 75% 以上，再生能源占比約為 25%，全球與能源相關之溫室氣體排放較現行能源政策情境降低約 20%，約為 330 億噸二氧化碳當量 (IEA, 2017)。

　　依新能源政策情境模擬，本世紀末全球平均氣溫升幅將可能超過工業革命前約 2 至 3°C (IEA, 2017)。國際能源總署之永續能源政策情境是假設各國

政府為確保全球大氣中二氧化碳濃度不超過 450 ppm，而規劃實施永續能源政策之情境。國際能源總署預估在永續能源政策情境下，全球初級能源總需求在 2040 年將可能維持在目前約 14,000 百萬公噸油當量，較現行能源政策情境低約 20%。2040 年化石能源及核能源占初級能源總需求供給之比例下降至約 70% 左右，再生能源之需求供給將大幅增長，占比約達 3% 以上。依永續能源政策情境之模擬，2040 年全球與能源相關之氣體排放約略低於 200 億噸二氧化碳當量，不及現行能源政策情境全球二氧化碳排放當量之一半，本世紀末全球平均氣溫升幅將可能有約 66% 的機會達成不超過工業革命前約 2°C 的期望 (IEA, 2017)。

為能降低全球能源供需及氣候暖化的壓力，許多國家都針對永續能源相關議題積極投入大量資源，開展各項永續能源相關創新技術、產品、系統之開發、應用及推廣。國際間能源相關市場所涉及之經濟利益極為龐大，因此各國政府已陸續將推動永續能源相關產業的發展及管理方式，納為國家永續能源整體規劃中最重要的策略項目之一。

12.3　SDG 7 之內容與成果

一、聯合國 UNSDG 7 之內容

UNSDG 7 主要涵蓋以下關鍵目標：提高取得電力供應及清潔烹飪的全球人口數量、增加再生能源使用比例、改善能源效率、強化國際資金合作發展再生能源等，藉以衡量全球永續能源的總體進展。UNSDG 7 可負擔的潔淨能源包含細項目標 (targets) 如下 (UNSDG 7, 2023)：

7.1：在 2030 年前，確保所有人都能取得可負擔、可靠和現代化的能源服務。根據聯合國統計，全球有超過 7.5 億人口無法使用電力，且其中四分之三集中在撒哈拉以南的非洲。因此，聯合國呼籲在 2030 年前，確保人人都能獲得可負擔、可靠的現代能源服務。

7.2：在 2030 年前,大幅增加再生能源在全球能源結構中的比例。可再生能源如太陽能、風力發電、生物燃氣等,因其取於自然,用之不竭,可減少環境污染以及碳排放量,被各國視為重要的能源發展項目。在 UNSDG 7.2 中,聯合國呼籲在 2030 年前提高可再生能源的使用比例。根據國際能源總署的研究,全球可再生能源占總消耗能源的比例從 2000 年的 7.4%,成長至 2019 年的 11.5%,前景樂觀。

7.3：在 2030 年前,使全球能源效率改善率成長一倍。聯合國呼籲在 2030 年前,將全球的能源效率提高一倍,而其評定指標為「每單位 GDP 的全球總能源供應量之下降百分比」,此數值越高,則能源使用越有效率。根據國際能源總署的資料顯示,近年此數值約為 2.2%,但若要達成 2030 年淨零,則此數值需要進步至 4%。仍然有些許進步的空間。

7.A：在 2030 年前,加強國際合作,以提升清潔能源研究與技術,包括可再生能源、能源效率、更先進與清潔的石化燃料科技,並促進對能源基礎建設與清潔能源技術的投資。

7.B：在 2030 年前,擴大基礎建設並升級技術,向開發中國家提供現代化及永續的能源服務,尤其是最低度開發國家 (Least Developed Country, LDCs)、小島嶼發展中國家 (Small Island Developing State, SIDS) 和內陸開發中國家 (Landlocked Developing Countries, LLDCs)。

二、我國永續發展目標：T-SDG 7

　　我國行政院為呼應聯合國永續發展目標所制定之首版臺灣永續發展目標係於 2019 年 7 月 31 日公布,後於 2022 年 12 月 29 日核定修正本,臺灣永續發展目標共包含十八項核心目標,一百四十三項具體目標及三百三十七項對應指標。與永續能源相關之核心目標第七項:「確保人人都能享有可負擔、穩定、永續且現代的能源」,共有三項具體目標,五項對應指標,如表 12-1 所示。

表 12-1　我國永續發展目標：T-SDG 7

具體目標	對應指標
7.1：確保所有的人都可取得能源服務，並提高潔淨燃料發電占比	7.1.1：獲得供電的家戶比例
	7.1.2：潔淨燃料發電比例
7.2：提高再生能源裝置容量	7.2.1：再生能源累計裝置容量
7.3：提高強制性節能規定能源消費涵蓋率，並降低能源密集度	7.3.1：強制性節能規定能源消費涵蓋率
	7.3.2：能源密集度

資料來源：國家永續發展委員會，2023

三、SDG 7 之成果追蹤

國際再生能源總署 (International Renewable Energy Agency, IRENA) 2022 年 6 月 1 日發布最新「追蹤 SDG 7：2022 能源進展報告」(Tracking SDG 7: The Energy Progress Report, 2022)，這份報告透過國際通用的數據調查與方法架構，每年提供全球能源永續發展概況，並針對現況與目標提出建言。

根據國際再生能源總署 2022 年最新報告，COVID-19 疫情阻礙各項指標推進，即使俄烏戰爭引發的能源危機，帶動全球重新省思再生能源發展的戰略重要性，但總體而言，按照目前進度狀況，全世界仍無法實現 2030 年的 SDG 7 設定目標。茲將目前國際社會推動 SDG 7 之成果摘述如下（陳惠萍，2021）：

1. 在 SDG 7 之中的「電力供應」(SDG 7.1.1)、「清潔烹飪」（SDG 7.1.2），目前處於進步速度漸趨緩慢的狀態。首先，在電力供應的發展上，全球用電人口比例從 2010 年的 83% 提升至 2020 年的 91%（無電可用的人口已降為 7.33 億）。此外，全球無法使用清潔烹飪的人數也從 2010 年的 30 億減少至 2020 年的 24 億。儘管此兩項指標有逐步推進，但近年成長速度趨緩，有待突破發展瓶頸。

2. 在「再生能源」(SDG 7.2.1) 則有著明顯增長。儘管在疫情衝擊下，全球經濟活動與供應鏈均受衝擊，但與其他能源相比，再生能源設置量則有相對顯著的增長。

3. 2020 年再生能源占全球能源消費總量之占比，由 2010 年的 16.1% 提升至 17.7%。然而，這樣的成長速度仍是不足的，如要達到 2030 年再生能源占比達 30% 之設定，並在 2050 年實現淨零排放目標，世界各國仍需投入更多資源並且加快速度。
4. 同樣也是 SDG7 指標細項之下的「能源效率」(SDG 7.3.1)、「國際資金流動」(SDG 7.A.1)，則處於落後且退步狀態。

報告顯示全球能源效率部分，SDG 7 目標所設定的全球年平均改善率應為 2.6%。但依據 2022 年報告揭示，目前能源效率的改善數據僅有 1.9%，遠低於期許目標。若要達到 2030 年設定目標，能源效率的改善率需達到 3.2%；而若以 2050 年淨零排放為目標，能源效率的改善率甚至每年都需超過 4%。此外，支持再生能源的國際公共資金是推進 SDG 7 的關鍵資源，特別對發展中國家而言尤其重要，但過去兩年疫情導致國際能源合作資金大幅減少，從 2018 年 142 億美元，降至 2019 年的 109 億美元，將嚴重影響落後及開發中國家的能源轉型發展。

在 2022 年的 SDG 7 追蹤報告結論中指出，儘管與設定目標仍有差距，但國際能源總署的「2050 淨零：全球能源部門路徑」，以及國際再生能源總署「世界能源轉型展望：1.5°C 路徑」均已提出弭平落差的可行途徑。因此人類仍有一半的機會，幫助世界能源系統步上轉型軌道，朝向本世紀全球升溫不超過 1.5°C 的目標。

12.4　2023 年世界能源展望報告摘要

2023 年「世界能源展望」(World Energy Outlook, WEO) 就全球能源體系的各面向提供深入的分析和策略見解。在地緣政治局勢緊張、能源市場脆弱的背景下，2023 年的報告探討經濟和能源使用的結構性變化，如何改變世界滿足能源需求成長的方式。此版「世界能源展望」報告評估了國際能源總署成立五十年以來，能源安全問題不斷演變的特性，也探討在 2023 年杜拜舉行的第

28 屆聯合國氣候變遷大會 (COP 28) 上應達成怎樣的成果，才能確保 1.5°C 的目標仍能實現。

自 1998 年以來，「世界能源展望」作為國際能源總署每年出版的旗艦出版物，提供全球能源領域權威的分析和預測。透過客觀的數據和理性的分析，「世界能源展望」就不同情境下全球能源供需及其對能源安全、氣候變遷目標和經濟發展的影響提供了至關重要的見解。茲將 2023 年「世界能源展望」報告重要觀察與論述摘要如下：

一、國際政經趨勢下對能源供應及清潔能源經濟之影響

全球能源危機造成的緊迫壓力雖已經緩解，但能源市場、地緣政治和全球經濟仍然動盪不安，進一步中斷的風險始終存在。化石燃料價格已從 2022 年的高峰迴落，然而市場仍緊張且波動。自俄羅斯入侵烏克蘭至今，烏克蘭境內戰事仍在繼續；與此同時，中東地區亦正目前面臨持久衝突的風險。宏觀經濟基調悲觀，通貨膨脹居高不下，借貸成本和債務水準不斷上升。時至今日，全球平均地表溫度比工業化前水準高出約 1.2°C，引發了熱浪和其他極端天氣事件，而溫室氣體排放量尚未達到高峰。能源部門也是空氣污染的罪魁禍首，如今全球 90% 以上的人口被迫呼吸受污染的空氣，而且每年超過 600 萬人過早死亡都與空氣污染有關。部分國家改善電力普及率和清潔炊事供應的正面趨勢開始有所放緩，甚至發生了逆轉。

在這種複雜的背景下，由太陽能光電和電動車 (Electric Vehicle, EV) 引領的新型清潔能源經濟應運而生，點燃了未來發展的希望。自 2020 年以來，清潔能源領域的投資成長了 40%，其中推動減排是關鍵原因，但不是唯一原因。成熟的清潔能源技術具有充分的經濟性，能源安全也是重要因素，對燃料進口國尤其如此，而工業戰略和創造清潔能源就業機會的意願同樣是重要因素之一。然而並非所有的清潔技術都在蓬勃發展，部分供應鏈（特別是風電供應鏈）正面臨壓力，但還是有一些引人注目的例子顯示，變革的步伐正在加快。2020 年，每 25 輛售出的轎車中有 1 輛是電動車；到了 2023 年，每 5 輛售出的轎車中就有 1 輛是電動車。2023 年，再生能源發電容量將增加超過 500 GW，創下新的紀錄，用於進行太陽能布署的費用將超過每日 10 億美元。現

今清潔能源系統的關鍵組成部分（包括太陽能光電模組和電動車電池）的產能正在迅速擴大，因此，國際能源總署最近在其更新的「淨零排放路線圖」(Net Zero Roadmap) 中得出結論認為，實現全球升溫限制在 1.5°C 這一目標儘管非常艱難，但並非不可能。

二、化石燃料時代開始走向終結

全球能源危機的影響之一可能是引領化石燃料時代開始走向終結，在既定政策情境下，推動清潔能源轉型的動力目前足以使全球對煤炭、石油和天然氣的需求在 2030 年之前達到高峰。過去幾十年來，煤炭、石油和天然氣在全球能源供應中的占比一直維持在 80% 左右，而在既定政策情境下開始緩慢下降，到 2030 年將降至 73%，這是一個重要的轉變。然而，如果對這些化石燃料的需求仍然保持在高水準（如近年來煤炭需求的狀況），以及既定政策情境中對石油和天然氣需求的預測，那麼將遠遠無法實現全球氣候目標。

隨著世界各地主要市場預計變革的步伐加快，支持清潔能源的政策正在發揮作用。根據目前的預測，在既定政策情境下，至 2030 年，美國 50% 的新註冊轎車將會是電動車，這在很大程度上得益於美國總統拜登（Joe Biden）於 2022 年 8 月簽署通過 4,370 億美元支出的「降低通貨膨脹法案」(The Inflation Reduction Act)，兩年前在 2021 年「世界能源展望」中公布的這項預測比例僅 12%。在既定政策情境下，到 2030 年，歐洲聯盟的熱泵安裝量將達到 2050 年淨零排放情境所需安裝量的三分之二，而按照兩年前的預測，這一比例僅為三分之一。到 2030 年，中國的太陽能光電發電和離岸風電新增裝置容量，預計將比 2021 年「世界能源展望」中的預測量高出三倍。由於日本、韓國和美國等國家支持延長現有核反應器的壽期，以及其他幾個國家支持新建核反應堆，各大主要市場的核電前景也有所改善。

僅僅削減用於石油和天然氣的開支並無法讓世界走上 2050 年淨零排放情景的正軌，實現有序轉型的關鍵在於擴大對清潔能源體系各方面的投資，透過制定相關政策，推動效率低落、污染嚴重的資產（如老化的燃煤電廠）退場，或限制新的此類資產進入清潔能源體系，可以加大清潔能源體系發展力度，並增強清潔能源體系對排放的影響。不過，目前迫在眉睫的挑戰之一是加快新的

清潔能源項目的建設步伐，尤其是中國以外的許多新興和發展中經濟體，這些經濟體必須在 2030 年之前將能源轉型投資增加五倍以上，才能達到 2050 年淨零排放情境要求的水準。為了克服諸如資本成本高、政府提供支持的財政空間有限以及營商環境富有挑戰性等障礙，必須進一步作出努力，包括加強國際支持力度。

三、中國經濟發展與能源使用對世界之影響

　　中國在塑造全球能源趨勢方面發揮巨大作用，隨著中國經濟成長放緩和結構調整以及清潔能源使用量的成長，這種影響正在不斷演變。在過去十年裡，中國石油消費量成長占全球的近三分之二，天然氣消費量成長占全球的近三分之一，中國也一直是煤炭市場的主要參與者。然而，人們（包括中國的領導階層）普遍意識到，中國的經濟即將迎來轉折點。在極為迅速地對實體基礎設施進行擴建之後，中國進一步進行此類建設的空間正在縮小。中國已經建成了世界一流的高速鐵路網，人均住宅面積與日本相當，儘管人均 GDP 遠低於日本，這種飽和狀態意味著未來許多能源密集部門（如水泥和鋼鐵等）需求將會下降。中國也是清潔能源大國，2022 年風能和太陽能新增發電量約占全球的一半，電動車銷量遠高於全球的一半。

　　推動中國經濟成長的動力正在減弱，如果經濟成長進一步放緩，那麼化石燃料需求的下行潛力更大。在「世界能源展望」設定的情境下，到 2030 年，中國的 GDP 年平均成長率略低於 4%。因此，中國的能源總需求將在 2030 年代中期左右達到峰值，而清潔能源的強勁擴張將推動整體化石燃料需求和排放量下降。如果中國的近期經濟成長再放緩 1 個百分點，那麼 2030 年煤炭需求的相應減少量將幾乎等於整個歐洲目前的消費量，石油進口量將下降 5%，液化天然氣進口量將下降超過 20%，這些都將對全球平衡產生重大影響。

四、新興和發展中經濟體之能源需求，是決定全球減少使用化石燃料之關鍵因素

　　全球對煤炭、石油及天然氣三大化石燃料的需求達到高峰的情況，掩蓋了處於不同發展階段的各個經濟體之間的重大差異。對於大多數新興和發展中經

濟體而言，能源服務需求成長的驅動力仍然非常強勁，這些經濟體的都市化率、人均建築面積，以及空調和汽車擁有率都遠低於已開發經濟體。到2050年，全球人口預計將增加約17億，而增加的這些人口幾乎全都分布在亞洲和非洲的城市地區。在既定政策情境下，印度是全球能源需求成長的最大貢獻來源，領先東南亞和非洲。找到並資助採用低排放方式來滿足這些經濟體不斷增長的能源需求，是決定全球最終降低使用化石燃料速度的關鍵因素。

對於新興和發展中經濟體而言，清潔電氣化、提高效率以及改用低碳和零碳燃料是可用以實現國家能源和氣候目標的關鍵手段，步入實現這些目標（包括淨零目標）的正軌，會對未來的方向產生廣泛的影響。以印度為例，這意味著到2030年，印度工業每增值1美元，所排放的二氧化碳(CO_2)會相較目前的排放量減少30%，而乘用車行駛一公里所排放的二氧化碳相較目前的排放量，將平均減少25%；到2030年，售出的兩輪車和三輪車有60%左右會是電動的，比目前比例高出十倍。在印尼，到2030年，再生能源的發電量將增加一倍，超過35%；在巴西，到2020年代末，生物燃料將滿足40%的道路運輸燃料需求，高於目前的25%；在撒哈拉以南非洲地區，實現多樣化的國家能源和氣候目標，意味著到2030年，85%的新發電廠將基於再生能源。

五、清潔能源供應鏈之安全與韌性議題重要性漸增

全球能源危機並不是一場清潔能源危機，但它使人們注意到確保快速、以人為本和有序轉型的重要性，凸顯出來相互關聯的三個問題是：可負擔性風險、電力安全、清潔能源供應鏈韌性。2022年，為了保護消費者免受燃料價格波動的影響，各國政府花費了9,000億美元用於緊急支援，若要控制未來此類支出的方法是大規模布署具有成本效益的清潔技術，尤其是在難以籌集所需的前期投資資金的較貧困的家庭、社區和國家。隨著世界朝向基於再生能源、電氣化程度更高的系統發展，電力供應安全也變得至關重要，在增加對穩健的數位電網投資力度的同時，必須發揮儲能電池的作用，採取需求響應措施以實現短期靈活性，並針對季節間變化採用各種低排放技術，包括水電、核能、配套碳捕捉與封存再利用 (Carbon Capture Utilisation and Storage, CCUS) 的化石燃料、生物能源、氫能和氨能。

多樣化和創新是管理清潔能源技術和關鍵礦產供應鏈依賴性的最佳策略，目前各國已經制定了一系列策略，加強清潔能源供應鏈的韌性，並降低目前高水準的集中度，但這些策略需要時間才能取得成果。全球對儲能電池產業相關之關鍵礦產（如鋰、鈷、鎳和稀土）勘探和生產的投資正在不斷增加，然而，截至 2022 年，世界前三大生產商的世界產能占比不斷升高，預期至 2030 年的集中程度將保持高水準，尤其在精煉和加工部分。許多中游項目正在目前的主要生產地區進行開發，中國規劃的鋰化工廠占全球總數的一半，印尼規劃的鎳精煉設施占全球總數的近 90%。除了對多樣化供應進行投資以外，鼓勵創新、礦產替代和回收的政策可以緩和需求方面的趨勢，並緩解市場壓力。

12.5　政府及企業主要因應永續能源發展之策略

　　能源是帶動國家經濟發展之基本驅動力，因此一國能源政策的發展與走向，將是影響民生、產業乃至於國家安全的關鍵因素。隨著國際間對生態、環保以及溫室效應現象帶來的地球暖化等問題日益正視，能源開發與使用所產生大量溫室氣體，對全球造成衝擊與影響也逐漸浮上檯面。為此，各國政府在能源政策制定上，均以追求能源 (energy)、經濟 (economy)、環境 (environment) 等 3E 均衡發展為目標，並依其本身地理環境、自然稟賦、經濟發展歷程之不同，以及國際情勢、能源供應狀況等背景，訂定適合國家發展之能源政策。臺灣自產能源不足，能源供給高度依賴進口，加上能源供給系統為孤島型態欠缺備援系統，能源供應及價格易受國際能源情勢影響，在政策發展上如何達到穩定能源供應安全，同時兼顧民生經濟與合理能源價格，將是一大挑戰。此外，臺灣在經濟發展過程中對傳統化石能源依賴程度高，在全球減碳趨勢的道路上，如何透過政策引導能源轉型以降低碳排放，將成為未來能源政策之重要工作。

一、我國發電量現況

近年來我國發電量變化如下：總發電量由 105 年的 2,641 億度，至 111 年增加為 2,882 億度；以發電結構來看，燃煤占比由 105 年的 45.9%，至 111 年減少為 42%；燃氣占比由 105 年的 31.5%，至 111 年增加為 38.9%；核能占比由 105 年的 12%，至 111 年減少為 8.2%；再生能源占比由 105 年的 4.8%，至 111 年增加為 8.3%。其中，再生能源發電量變化如下：再生能源總發電量由 105 年的 127 億度，至 111 年增加為 238 億度；以再生能源發電結構來看，太陽光電占比由 105 年的 8.7%，至 111 年增加為 44.8%；慣常水力占比由 105 年的 51.5%，至 111 年減少為 24.5%；生質能及廢棄物占比由 105 年的 28.3%，至 111 年減少為 15.8%；風力占比由 105 年的 11.4%，至 111 年增加為 14.9%（如圖 12-2 所示）。

二、我國能源政策

為因應國內外能源情勢，行政院於 2008 年核定「永續能源政策綱領」，期望能在維持經濟成長的基本動能下，兼顧「能源安全」、「經濟發展」與「環境保護」，以滿足未來世代發展的需要，並將有限資源有「效率」的使用，開發對環境友善的「潔淨」能源，確保持續「穩定」的能源供應，以創造跨世代能源、環保與經濟三贏願景。永續能源政策的基本原則是建構「高效率」、「高價值」、「低排放」及「低依賴」二高二低的能源消費型態與能源供應系統，包含提高能源使用與生產效率、增加能源利用的附加價值、追求低碳與低污染能源供給與消費方式，及降低對化石能源與進口能源的依存度，同時以能源供應面的「淨源」與能源需求面的「節流」作為主要推動策略。

我國為達成能源轉型目標，以減煤、增氣、展綠、非核之潔淨能源發展方向為規劃原則，確保電力供應穩定，兼顧降低空污及減碳。在擴大再生能源發展方面，2025 年能源政策目標為再生能源將占 20%，現正積極推動太陽光電及風力發電，預計 2025 年太陽光電裝置容量達 20 GW，離岸風力裝置容量則達 5.7 GW 以上。依「技術成熟可行、成本效益導向、分期均衡發展、帶動產業發展、電價影響可接受」原則，規劃各類再生能源發展路徑及策略，並於

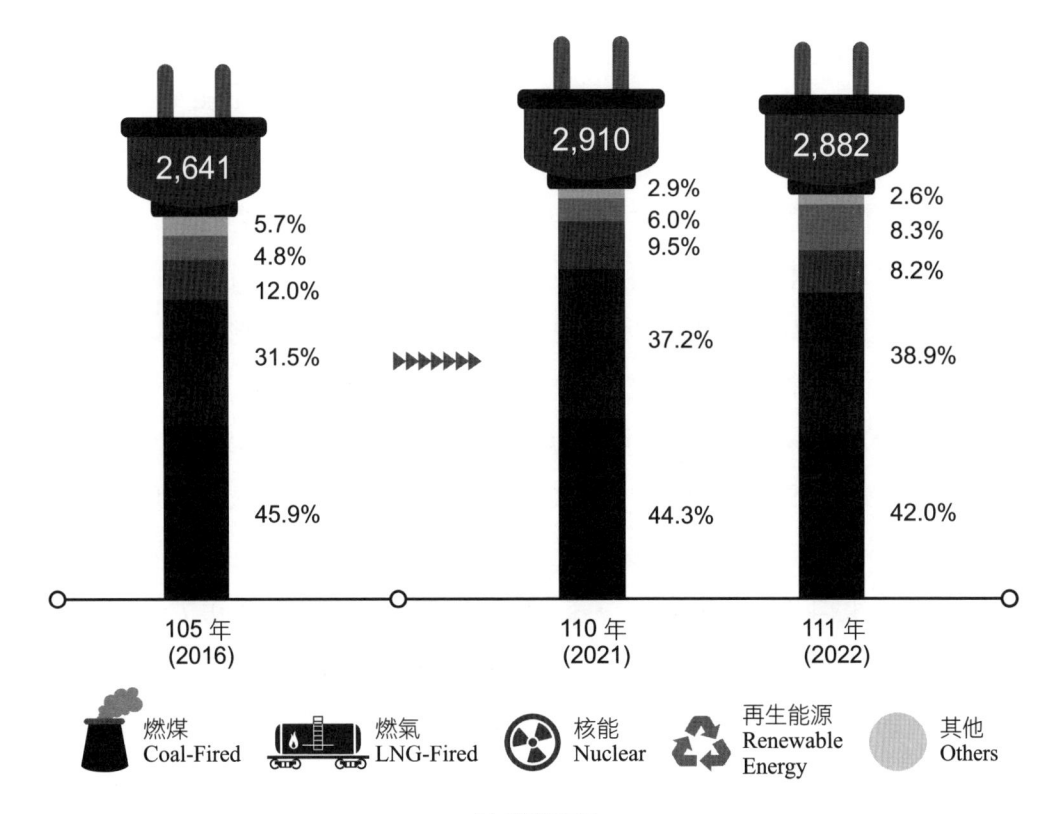

第十二章
永續發展之經濟議題：能源使用──SDG 7

(a) 總發電量

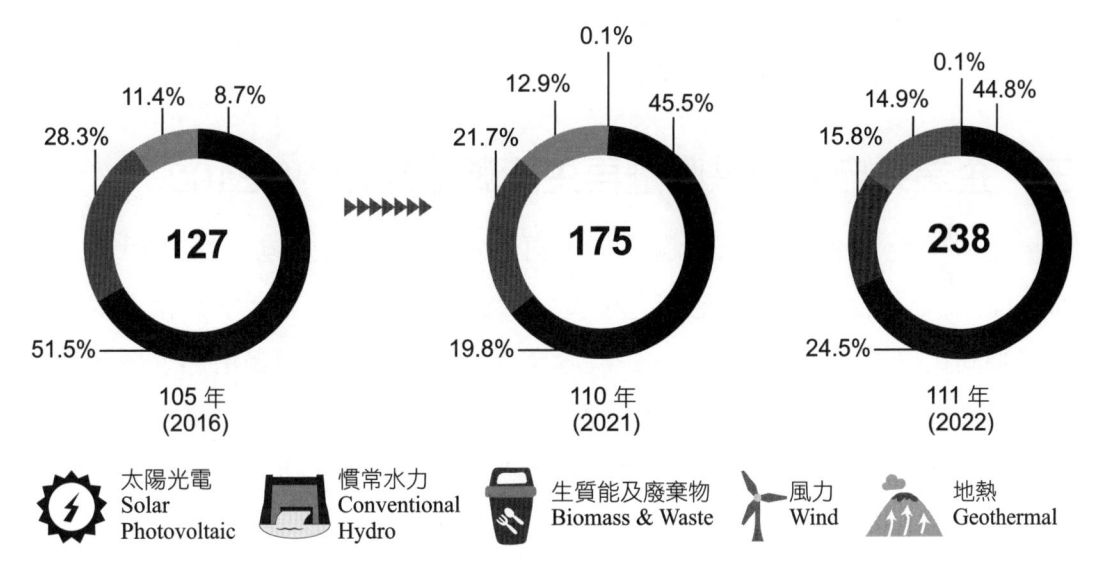

年度	總發電量	燃煤	燃氣	核能	再生能源	其他
105年 (2016)	2,641	45.9%	31.5%	12.0%	4.8%	5.7%
110年 (2021)	2,910	44.3%	37.2%	9.5%	6.0%	2.9%
111年 (2022)	2,882	42.0%	38.9%	8.2%	8.3%	2.6%

圖例：燃煤 Coal-Fired、燃氣 LNG-Fired、核能 Nuclear、再生能源 Renewable Energy、其他 Others

(b) 再生能源發電量

年度	總量	太陽光電	慣常水力	生質能及廢棄物	風力	地熱
105年 (2016)	127	8.7%	51.5%	28.3%	11.4%	—
110年 (2021)	175	45.5%	19.8%	21.7%	12.9%	0.1%
111年 (2022)	238	44.8%	24.5%	15.8%	14.9%	0.1%

圖例：太陽光電 Solar Photovoltaic、慣常水力 Conventional Hydro、生質能及廢棄物 Biomass & Waste、風力 Wind、地熱 Geothermal

資料來源：經濟部能源署，2023

圖 12-2 我國 2022 年發電量情形：(a) 總發電量；(b) 再生能源發電量（單位：億度 10^2 GWh）

2019 年 5 月「再生能源發展條例」修法中規範 2025 年再生能源裝置容量目標，以彰顯政府發展再生能源的決心。另，依據國際能源總署報告，天然氣具低碳特性，短中期可以取代相對高碳的煤炭，以加速減少碳排放；長期隨再生能源供給增加，仍可扮演提供電力系統輔助服務的重要角色，以維持供電穩定，並透過導入碳捕捉與封存再利用技術解決碳排問題。因此，天然氣在全球能源轉型過程被視為重要的橋接能源，2025 年前政府未規劃新擴建任何燃煤機組，而燃煤機組除役後，將改建為燃氣機組（經濟部，2023）。

我國行政院國家發展委員會於 2022 年 3 月公布臺灣 2050 年淨零排放路徑，為達成全球平均升溫控制在 1.5°C，政府以每年電力需求年均成長率正負 0.5% 來規劃，預計 2030 年將投入近 9 千億元推動淨零轉型。由於臺灣溫室氣體來源九成來自化石燃料燃燒，為達到淨零排放，2050 年電力需求增幅超過 50%，政府規劃的電力配比為再生能源 60-70%、氫氣 9-12%、火力發電搭配碳捕捉與封存再利用為 20-27%、抽蓄水利 1%，其餘難以削減的二氧化碳約 2,250 萬噸，由森林碳匯抵減的方式達到淨零。從階段性里程碑來看，政府規劃 2025 年不興建新的燃煤電廠，2030 年風力、光電累積裝置容量達 40 GW，2040 年新售車輛全面電動化，2050 年 100% 新建築物及超過 85% 建築物為近零碳建築，再生能源占比超過 60%（經濟部，2023）。

三、企業來自永續供應鏈再生能源的壓力：RE100

在國際企業永續與減碳趨勢下，再生能源為企業邁向永續及淨零 (Net Zero) 的重要途徑。臺灣已宣布「2050 淨零碳排目標」，並展示其減碳承諾，這是朝向正確方向的重要一步。由於產業界對綠電的需求持續增加，臺灣至少須保持綠電發展趨勢與淨零目標一致。對於有能力採購綠電的企業來說，隨著綠電供應量的增加，市場是否可維持可負擔的採購價格，以應對法遵及供應鏈壓力，至關重要。

RE100 是由氣候組織 (The Climate Group) 與碳揭露計畫 (Carbon Disclosure Project, CDP) 所主導的全球再生能源倡議，匯聚全球具影響力的企業，以電力需求端的角度，透過永續淨零供應鏈的推動，共同努力提升使用友善環境的綠電。加入企業必須公開承諾在 2020 年至 2050 年間達成 100% 使用綠電的時

程，並逐年提報使用進度，目前已有超過 400 家企業成員參與，包括科技業 (Apple、Google、Facebook、HP)、金融業（高盛、瑞士信貸、花旗銀行）、食品飲料 (Walmart、Coca-Cola、Starbucks)、服裝流行業 (Nike、Burberry、H&M)、美妝保養產業 (Unilever、P&G、Johnson & Johnson、Estée Lauder、L'OCCITANE Group) 等。會員透過綠電投資自發自用、購買再生能源憑證 (Renewable Energy Certificates, RECs)、簽訂綠電購售合約 (Power Purchase Agreement, PPA) 等手段，達成綠電使用目標。

透過參與 RE100 可提升企業與各品牌大廠齊頭地位之國際形象，相關企業的影響力包括：Apple 要求亞洲供應商採購綠電；釀酒業龍頭百威 (AB InBev) 在美國推出 100% 綠電製造啤酒；英國最大商業地產開發集團 Landsec 向承租戶提供 100% 綠電；Google 利用資訊科技推動全時綠電使用等案例。RE100 會員全球綠電總需求加總起來，已超過一個 G7 國家的用電量（如英國）(Climate Group, 2023)。

12.6　結語

目前人類已有成熟的政策和技術可用於調整能源安全和永續發展目標、加快未來的變革步伐，以確保 1.5°C 的目標可以實現。在既定政策情境下，與能源相關的二氧化碳排放量將在二十一世紀 20 年代中期達到峰值，但排放量仍足以在 2100 年將全球平均氣溫推高 2.4°C 左右。如果將再生能源發電容量增加兩倍，將能源效率提高速度加快一倍至每年 4%，加速推進電氣化，並且削減化石燃料運營產生的甲烷排放量，那麼到 2030 年，所有這些措施將使減排量達到所需水準的 80% 以上，促使能源部門走上將升溫限制在 1.5°C 此目標的道路。此外，必須建立創新的大規模融資機制以支持新興和發展中經濟體的清潔能源投資，同時必須採取措施以確保有序減少化石燃料的使用，包括停止批准興建無配套碳捕捉與封存再利用的燃煤電廠。每個國家都需要找到適合自身的轉型道路，這條道路應具有包容性和公平性，以確保獲得公眾接受。

在國際上任何一個國家都不會是能源孤島，也沒有一個國家能避免氣候變遷的風險，值此存亡之秋，各國間攜手合作的必要程度之高，前所未有。尤其是在當前的緊張時期，各國政府必須找到方法來保障能源和氣候合作，包括支持基於規則的國際貿易體系以及刺激創新和技術轉移；否則，將全球升溫限制在 1.5°C 的機會將不復存在。如果人類社會失去了互聯互通、運作良好的能源市場，將無法抵禦意外的衝擊，能源安全的前景也會岌岌可危。

我國「2050 淨零排放路徑及策略總說明」已於 2022 年 3 月公布，在「能源」、「產業」、「生活」、「社會」等四大轉型及「科技研發」、「氣候法制」兩大治理基礎上，輔以「十二項關鍵戰略」來整合跨部會資源，制定行動計畫，主政機關業依分工研擬行動計畫並開展社會溝通工作。爰此，未來幾年也將是我國能源產業發展的關鍵時刻，期望在能源安全、經濟發展、環境保護及社會正義兼籌並顧的考量下，能由科技開發、管理機制及社會參與等方面著手，擘劃出永續能源相關政策及措施藍圖，推動永續能源相關產業之技術開發及示範推廣，開發能源相關商機，鼓勵發展能源事業，以建立具有韌性的能源供需結構，持續提供我國民生及產業所需之優質能源服務。

習題

1. 試說明永續能源之定義與種類。

解答 永續能源是指可持續的能源供應，既滿足目前的需求，又不損害後代子孫滿足其本身需求的發展。促進永續能源的技術，包括可再生能源，如水電、太陽能、風能、核能、波浪能、地熱能、潮汐能，同時也包括設計提高能源利用效率的技術。

2. 試說明聯合國永續發展目標 SDG 7 之主旨與內涵。

解答 SDG 7 為「確保所有的人都可取得負擔得起、可靠、永續及現代的能源」，呼籲全球一同關注基本能源的普及、可再生能源的占比，以及整體能源的使用效率，確保人人都享有可負擔、可靠安全，並具永續性的能源。

3. 試說明聯合國永續發展目標 SDG 7 所包含的三項細項目標。

解答 7.1：在 2030 年前，確保所有人都能取得可負擔、可靠和現代化的能源服務。

7.2：在 2030 年前，大幅增加再生能源在全球能源結構中的比例。

7.3：在 2030 年前，使全球能源效率改善率成長一倍。

4. 根據國際再生能源總署 2022 年 6 月發布之「追蹤 SDG 7：2022 能源進展報告」，目前國際社會推動 SDG 7 之成果如何？達成本世紀全球升溫不超過 1.5°C 的目標是否樂觀？

解答 1. 報告顯示全球能源效率部分，SDG 7 目標所設定的全球年平均改善率應為 2.6%。但依據 2022 年報告揭示，目前能源效率的改善數據僅有 1.9%，遠低於期許目標。若要達到 2030 年設定目標，能源效率的改善率需達到 3.2%；而若以 2050 年淨零排放為目標，能源效率的改善率甚至每年都需超過 4%。此外，支持再生能源的國際公共資金是推進 SDG7 的關鍵資源，特別對發展中國家而言尤其重要，但過去兩年疫情導致國際能源合作資金大幅減少，從 2018 年 142 億美元，降至 2019 年的 109 億美元，將嚴重影響落後及開發中國家的能源轉型發展。

2. 在 2022 年的 SDG 7 追蹤報告結論中指出，儘管與設定目標仍有差距，但國際能源總署的「2050 淨零：全球能源部門路徑」，以及國際再生能源總署「世界能源轉型展望：1.5°C 路徑」均已提出弭平落差的可行途徑。因此人類仍有一半的機會，幫助世界能源系統步上轉型軌道，朝向本世紀全球升溫不超過 1.5°C 的目標。

5. 試說明各國政府在能源政策制定上所追求的 3E 目標及原因。

解答 能源是帶動國家經濟發展之基本驅動力，因此一國能源政策的發展與走向，將是影響民生、產業乃至於國家安全的關鍵因素。隨著國際間對生態、環保以及溫室效應現象帶來的地球暖化等問題日益正視，能源開發與使用所產生大量溫室氣體，對全球造成衝擊與影響也逐漸浮上檯面。為此，各國政府在能源政策制定上，均以追求能源、經濟、環境等 3E 均衡發展為目標，並依其本身地理環境、自然稟賦、經濟發展歷程之不同，以及國際情勢、能源供應狀況等背景，訂定適合國家發展之能源政策。

6. 試說明何為 RE100 及其主要的規範內容。

解答 RE100 是由氣候組織與碳揭露計畫所主導的全球再生能源倡議，匯聚全球具影響力的企業，以電力需求端的角度，透過永續淨零供應鏈的推動，共同努力提升使用友善環境的綠電。加入企業必須公開承諾在 2020 至 2050 年間透過綠電投資自發自用、購買再生能源憑證、簽訂綠電購售合約等手段，達成 100% 使用綠電的時程，並逐年提報使用進度。

參考文獻

Climate Group RE100 (2023)。關於我們。取自 https://www.re100.org.tw。

International Energy Agency. (2017). *World Energy Outlook 2017*. Retrieved from https://www.iea.org/reports/world-energy-outlook-2017

International Energy Agency. (2023). *World Energy Outlook 2023*. Retrieved from https://www.iea.org/reports/world-energy-outlook-2023.

International Energy Agency. (2023). *Electricity Market Report 2023*. Retrieved from https://www.iea.org/reports/electricity-market-report-2023.

International Renewable Energy Agency. (2022). *Tracking SDG 7: The Energy Progress Report*. Retrieved from https://www.irena.org/Publications/2022/Jun/Tracking-SDG-7-2022.

Tester, J. W., Drake, E. M., Driscoll, M. J., Golay, M. W., & Peters, W. A. (2012). *Sustainable Energy* (Second Edition.). Cambridge, MA: The MIT Press.

United Nations. (2023). Goals 7: Ensure Access to Affordable, Reliable, Sustainable and Modern Energy for All. Retrieved from https://sdgs.un.org/goals/goal7.

維基百科 (2023)。永續能源。取自 https://zh.wikipedia.org/zh-tw/%E5%8F%AF%E6%8C%81%E7%BA%8C%E8%83%BD%E6%BA%90。

顧洋（2019）。第十二章：永續能源發展。載於簡又新（主編），**聯合國永續發展目標──永續產業理念與實踐**。臺北市：台灣永續能源研究基金會。

陳惠萍（2021 年 6 月 24 日）。追蹤 SDG7──此時，與「人人享有永續能源」的距離。**聯合新聞網**。取自 https://ubrand.udn.com/ubrand/story/12117/6412998。

經濟部能源署 (2022)。111 年發電概況。取自 https://www.moeaea.gov.tw/ECW/populace/content/Content.aspx?menu_id=14437。

經濟部 (2023)。推動能源轉型「展綠、增氣、減煤、非核」。取自 https://www.moea.gov.tw/MNS/populace/Policy/Policy.aspx?menu_id=32800&policy_id=9。

行政院國家永續發展委員會 (2023)。**臺灣永續發展目標**。取自 https://ncsd.ndc.gov.tw/Fore/aboutsdg。

第十三章

永續發展之治理議題：和平與正義──SDG 16

國立臺灣大學社會工作學系　教授
古允文

學習目標

▌永續發展目標第 16 項的內涵。
▌永續發展目標第 16 項與其他目標的關聯性。
▌了解暴力與和平威脅的現況，以及其對人類文明的威脅性。
▌永續發展目標第 16 項所立基的主要理念。
▌臺灣與國際在實現永續發展目標第 16 項所付出的努力。

13.1 前言

　　二十一世紀將是一個「國際化」(internationalization) 的時代，更明確地說，我們正邁向一個「全球化」(globalization) 的新世紀！加州柏克萊大學教授麥吉利 (James Midgley) 在其所著的《全球脈絡中的社會福利》(1997) 一書中，即強調為了因應這樣的趨勢，協助社會福利與社會工作的學生及專業從業人員意識並掌握社會福利的國際發展脈動，進一步刺激跨國合作的可能性。但是，麥吉利的分析卻呈現出一種過度的樂觀主義，而這又是與其根本的立足點息息相關！總的來說，麥吉利將「國際化」與「全球化」視為同一，這個致命性的混用，使得後續的論述難以完整地深入當代世界福利困境與改革的深層，也使得社會福利的國際化停留在交流、合作之類的表面關係，忽略了其背後所隱含的競爭、衝突與矛盾，過度簡化了問題的複雜性。

　　事實上，「全球化」的歷程早自十九世紀時已正式展開，直至今日其進展更是迅速，影響層面益形擴大。我們不妨從一個簡單的例子講起，拜工業革命之賜，英國曼徹斯特紡織工業快速成長，成為世界紡織業的中心，在這個過程中卻影響了遠至印度的紡織工人及其家屬的生計。由於印度仍停留在傳統手工業的階段，不論就產量、品質與價格而言，均難和工業產品競爭，所以在世界市場上急速衰退下來，甚至當工業產品輸進印度本地時，他們也甚難抵擋，失業與貧窮危機隨之產生並擴散至其他部門。類似的發展過程在馬派政治經濟學中斑斑可考，也構成帝國主義、依賴理論、世界體系等詮釋第三世界發展理論的核心。

　　因此，如何降低全球化可能產生的國際競爭與衝突機會，引導全球化走向對所有國家都有利的方向，乃成為「永續發展目標」第 16 項的重要內涵，並將重心放於建立和平與正義的全球治理架構之上。

13.2 議題背景與發展現況

　　如果沒有和平、穩定、基於人權和法治的有效治理，我們就無法指望永續發展。然而我們的世界卻日益分裂，有些地區享有和平、安全和繁榮，而有些地區則陷入看似無休無止的衝突和暴力循環。武裝暴力和不安全對一個國家的發展有破壞性影響，除了影響經濟成長，還常常導致世代相傳的不滿。在大量衝突或沒有法治的地方，也會充斥著性暴力、犯罪、剝削和酷刑，促使各國必須採取措施保護那些處境最危險的人民。永續發展目標旨在大幅減少一切形式的暴力，並與政府和社區合作以終結衝突和不安全局勢。促進法治和人權雖是這項進程的關鍵，但減少非法武器流動和加強開發中國家對全球治理機構的參與也同樣重要。關於目前世界上和平與正義的問題，我們可參考聯合國所提供的資料（圖 13-1）。

　　依據聯合國官網的統計，世界各地持續不斷的新暴力衝突正在破壞全球和平，與實現「永續發展目標」第 16 項的道路（聯合國，2024）：

1. 全球四分之一的人類生活在受衝突影響的地區，截至 2022 年 5 月，全球有創紀錄的 1 億人被迫流離失所，這是十年前的兩倍。公民在訴諸司法、獲得基本服務／法律保障方面也面臨挑戰，並且由於機構效率低下，其代表性普遍不足。此外，結構性不公、不平等，以及新出現的人權挑戰使得和平和包容的社會更加遙不可及，亟需採取行動恢復信任並加強機構能力，以確保所有人享有正義，並促進轉型以推動永續發展。

2. 2021 年，全球約有 457,000 人成為凶殺案受害者，這是過去二十年來受害者人數最多的一年。2021 年殺戮事件明顯激增，部分原因是與新冠病毒相關的限制措施造成的經濟影響，以及一些國家與幫派相關的暴力和社會政治暴力的升級。2021 年全球平均凶殺率為每 10 萬人中有 5.8 人，略低於 2015 年（每 10 萬人有 5.9 人）。男性和男孩約占受害者的 80% 和嫌疑人的 90%。

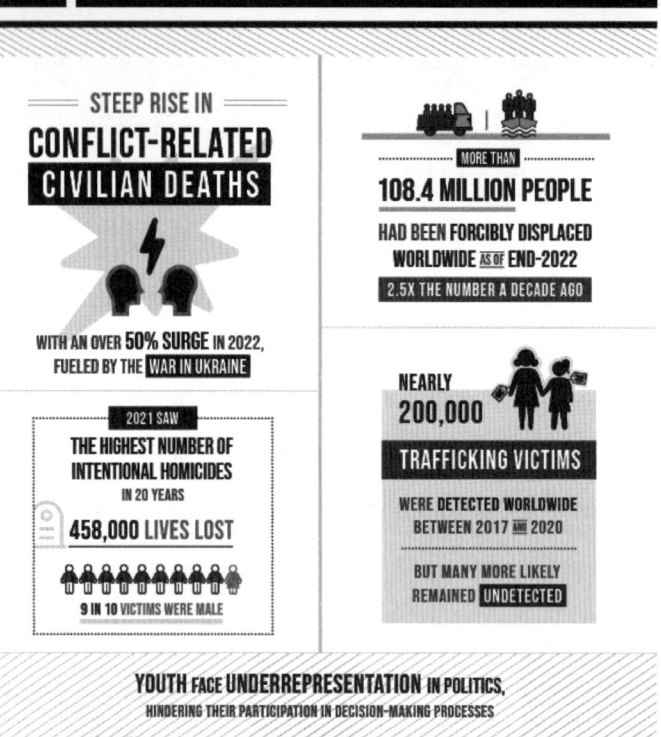

資料來源：https://sdgs.un.org/goals/goal16#progress_and_info

圖 13-1 目前世界和平與正義的問題概況

3. 2022 年，聯合國紀錄，有 16,988 名平民在武裝衝突中被殺，與 2021 年相比增加了 53%，40% 的死亡發生在烏克蘭，20% 是女性。重型武器和爆炸性彈藥造成的死亡比例大幅上升，從 2021 年的 13% 上升到 2022 年的 39%，而過去五年是穩定下降的。

4. 根據 114 個國家的調查數據，平均約 69% 的人口表示，在天黑後於自己居住的地區獨自行走感到安全或非常安全，這一數字在 2016 年至 2021 年期間保持穩定，而女性的安全感仍然明顯低於男性。

5. 根據 75 個國家（主要是低收入和中等收入國家）在 2014 年至 2022 年的數據，每 10 名一歲至十四歲兒童中，就有 8 名上個月在家中曾遭受某種

形式的心理攻擊和／或體罰。在其中的 70 個國家裡，至少有一半的兒童經常遭受暴力管教。

6. 2020 年，全球被發現的人口販運受害者人數二十年來首次下降，COVID-19 預防措施改變了剝削動態，同時削弱了反人口販運應對措施。由於更多的受害者可能未被發現，因此需要加強根據犯罪的實際發生率制定應對措施。

7. 2014 年至 2021 年期間，只有 55 個國家擁有有關女童性暴力的國際可比較數據，而只有 12 個國家提供了針對男童的此類數據。在具有代表性的區域中，十八歲至二十九歲年輕女性兒童期（十八歲之前）性暴力的發生率從中亞和南亞的 1% 到大洋洲（不包括澳洲和紐西蘭）的 7%。

8. 2021 年，全球監獄人口為 1,120 萬，除了 2019 年至 2020 年期間曾出現暫時下降外，2015 年至 2021 年期間皆保持相對穩定。所有囚犯中約 340 萬為未判刑的在押人員，其在所有囚犯中的比例維持在 30% 左右，距離人人平等訴諸司法的目標還很遙遠。

9. 雖然追查是調查和揭露非法槍支來源過程中的關鍵措施，但其實施方面仍然是一項全球挑戰。平均而言，擁有可靠數據的會員國成功追蹤了 2016 年至 2021 年間繳獲了可追蹤到武器的三分之一。

10. 根據 2006 年至 2023 年期間對 154 個國家進行調查的企業級數據，在全球範圍內，大約有七分之一 (15%) 的企業面臨公職人員的賄賂請求。

11. 多重危機損害了所有地區的預算可信度。預算與核准預算的平均偏差從 2015 年的 5-10% 下降到 2019 年低於 5% 的目標。然而，2020 年至 2021 年部分地區的偏差卻達到近 10%。

12. 在除了歐洲以外的世界每個地區，四十五歲以下的人在議會中的代表性相對於其在全國人口中所占的比例來說嚴重不足。

13. 透過從出生的第一天起向所有兒童提供合法身分證明，使他們的權利可以得到保護，並且可以普遍獲得司法救助和社會服務。2022 年，全球約四分之一的五歲以下兒童從未被正式記錄出生，而撒哈拉以南非洲地區只有一半五歲以下兒童進行了出生登記。

以上的數字顯示，我們離實現「永續發展目標」第 16 項仍有相當需要努力空間。

13.3 聯合國永續發展目標第 16 項內容

「永續發展目標」第 16 項強調「促進和平且包容的社會，以落實永續發展；提供司法管道給所有人；在所有的階層建立有效的、負責的且包容的制度」，主要細項如下：

16.1：大幅減少各地各種形式的暴力以及有關的死亡率。

16.2：終結各種形式的兒童虐待、剝削、走私、暴力以及施虐。

16.3：促進國家與國際的法則，確保每個人都有公平的司法管道。

16.4：在 2030 年前，大幅減少非法的金錢與軍火流，提高失物的追回，並對抗各種形式的組織犯罪。

16.5：大幅減少各種形式的貪污賄賂。

16.6：在所有的階層發展有效的、負責的且透明的制度。

16.7：確保各個階層的決策回應民意，是包容的、參與的且具有代表性。

16.8：擴大及強化開發中國家參與全球管理制度。

16.9：在 2030 年前，為所有的人提供合法的身分，包括出生登記。

16.10：依據國家立法與國際協定，確保民眾可取得資訊，並保護基本自由。

16.A：強化有關國家制度，作法包括透過國際合作，以建立在各個階層的能力，尤其是開發中國家，以預防暴力並對抗恐怖主義與犯罪。

16.B：促進及落實沒有歧視的法律與政策，以實現永續發展。

13.4 相關理論與原理

從上一節對「永續發展目標」第 16 項的描述中，我們可以發現「包容」、「正義」（又可翻譯為「司法」）、「治理」等關鍵字，這些也正意涵著第 16 項所立基的相關理論與原理，我們底下將逐一說明。

一、包容

「包容」(inclusion) 並不是臺灣本土的概念，而是發展自歐洲聯盟 (European Union) 相對於「排除」(exclusion) 的重要政策理念。歐盟對社會排除的重視主要是源自對貧窮與經濟安全的關心，究其根本即是要預防貧窮問題的產生。社會排除的面向包括了性別（如女性貧窮問題）、團體（如殘障團體的經濟與社會機會問題）、種族（如少數民族的歧視或工作機會被替代問題）、年齡（如老年經濟安全問題）、社區或地區（如教育優先區問題），乃至國家（如國家競爭力與資本主義全球化問題）。在這個新觀點下所提出的社會政策，因而必須更具宏觀的角度，不但要涵蓋人的生命週期 (life-span)，同時也要了解全球化 (globalization) 過程中，國內勞力市場的變化，才能較妥善地因應新社會裡的經濟不安全與貧窮問題（古允文，2018）。

進一步的問題是，雖然社會排除已經成為歐盟重要的政策研究觀點，但政策的目標是要打擊社會排除，因此不能採用「社會排除」作為政策目標，而必須採用相對的概念，於是「社會包容」乃成為歐盟的共同政策目標。隨著「包容」理念受到重視，不只是歐盟，聯合國發展方案 (United Nations Development Programme, UNDP) 也開始倡議「包容性成長」(inclusive growth)，用以調整過去過度強調經濟單一面向發展所可能導致的貧富差距不斷擴大的社會問題。UNDP 在官網上強調許多人由於他們的性別、種族、年齡、性向、傷殘或者貧窮而被從發展中排除，加深了全球性的不平等，處境最惡劣的 50% 人口只擁有 1% 財富，而最富有的 10% 人口卻擁有 85% 的財富。因此 UNDP 認為發展應該是包容的，也就是減少貧窮，創造機會給所有的人，讓他們能分享發展的好處，並且參與政策制定。而為了實現包容性成長，各國

政府應該致力於創造有生產力和正式的工作機會，對不太可能工作或無法賺取足夠收入的人，必須提供有效的社會安全保護；政府支出應該被引導到修建學校、強化飲水、衛生、運輸和醫院等公共服務，並訓練老師和醫生等人才作為公共服務的基礎人力資源；而妥善設計的政府財政政策與制度（用以收集與有效運用公共資源），則可以在刺激成長與減少貧窮上扮演重要角色（古允文，2018）。

此段敘述相當程度上是對1980年代以來新自由主義的反思，「大市場、小政府」不再是主要的改革目標，即使政府不該干預當地市場的運作，但也不意味著政府應該無所作為。如何讓最弱勢的人們都能獲得協助、並有跳脫貧窮的機會，是「包容」最主要的核心，同時也與「永續發展目標」第1、2、4項遙遙呼應（請參閱第七章）。

二、正義

正義(justice)與司法在英文上是同一單字，這也顯示正義與司法之間的緊密關係。正義、公平(fairness)與平等(equality)皆是我們日常生活中所常接觸到之概念，舉凡政治、司法、經濟、社會領域皆是「正義」發生之場域。惟社會正義乃一抽象之概念，不易具體衡量，如何將抽象概念具體化、操作化，乃成為學術研究的焦點。

一般學理上探討「正義」，大多會從以羅斯(John Rawls, 1971)提出的「正義論」(A Theory of Justice)展開，也就是追求一個普世的純粹正義觀，但諸多研究仍強調不同文化脈絡下的正義有相異的著重點。西方對「社會公平正義」的探討著重在「分配」議題上，強調各種制度對個人的影響，相較於東方文化的「不患寡而患不均」，西方「社會公平正義」此一詞彙較偏重「正義」的概念；東方對「社會公平正義」的探討則由人性的道德面及良知面來出發，希望能夠推己及人，因此，東方「社會公平正義」此一詞彙自然地較偏重「公平」的概念。惟雖然東方傳統較重視「公平」之概念，但隨著時代的演進，貧富差距日益擴大與M型化社會產生，社會公平正義概念除日漸受到重視外，探討內涵也從以往強調「公平」外加入「正義」思維，從以往強調的程序正義轉為現今之實質正義。

詹火生等人 (2009) 從「正義」的相關理論著手，進行社會正義的指標建構，並以電話民調的方式調查民眾對社會公平正義的看法。「社會公平正義是什麼？」這是個嚴肅的哲學問題，我們沒辦法這麼大哉問地直接去問民眾，而是必須轉換成庶民的經驗與語言，簡單講就是「你覺得幸福嗎？快樂嗎？」一個可以讓民眾覺得幸福快樂的社會，不論經濟發展程度高低，必然會是一個公平正義的社會。而這樣的幸福感又來自於數個層面，如政治上（是不是有可以發聲與參與的管道？）、經濟上（是不是有適當的工作與所得？）、社會上（能不能保障弱勢者的權益？），以及司法上（能不能剷奸除惡、保護好人？）有趣的是，研究顯示在經濟與司法面，民眾的評價普遍較低，政治與社會面則較高。

這樣的結果究竟蘊含著什麼意義呢？雖然政治上的朝野對抗令人厭惡，但開放的民主社會卻也是臺灣民眾珍惜而且引以為傲的資產；而社會福利的發展是民主化之外的重要成就，逐步撐起了臺灣的社會安全網。然而，如果有適當的工作機會與所得，不僅沒有人會想靠社會福利維生，甚至還能有餘力去幫助有需要的人，但失業率與非典型就業的升高，以及薪資的凍結（甚至減少），卻是薪資階層所面臨的現況。另一方面，諸多貪腐案件讓民眾的相對剝奪感更甚，司法的回應卻相對緩慢，對於因貧犯罪的案例，民眾有著更多的同情心。這些矛盾交織的結果，讓研究問到臺灣近一年的公平正義是否較以往進步時，多數民眾陷入在兩難的判斷中，即使扣掉無反應者與抽樣誤差的可能性，持負面看法的民眾還是較多。

產業與財稅政策過去的偏頗，壯大了特定的產業，一般薪資階層卻無法分享到合理的經濟發展成果，已經成為臺灣社會的隱憂。民眾對因貧犯罪者的同情，某種程度也意味著自身對未來的恐懼，擔心自己落入到類似的處境中；對未來的擔憂更影響到生育下一代的意願，不思從根本解決，天真地期待發津貼來誘發生育行為，終究成效有限。大雨寒冷的春節假期，沒有了年前尾牙的大魚大肉，一碗自家熬的地瓜稀飯，溫暖了身體，幸福感油然而生，這就是簡單的幸福。其實民眾要求的不多，一份穩定的工作、可以預期逐年成長的薪資，以及一個可以真正保護好人的司法體系，就能使民眾的幸福感有著全然不同的結果。因此「永續發展目標」第 16.3 項強調「促進國家與國際的法則，確保

每個人都有公平的司法管道」，正彰顯司法作為正義最後一道防線的重要性，也與詹火生等人(2009)的臺灣實證研究結論互相呼應。

三、治理

　　世界主要國家從 1980 年代受到新自由主義意識形態的影響，而開始強調由市場來分配資源，但社會問題（尤其是貧窮與不平等）並未減少，反而越來越嚴重與複雜化，構成 2000 年以後聯合國「千禧年發展目標」與「永續發展目標」政策形成的背景。而政策典範也逐漸地從以市場邏輯至上的新自由主義模式，轉變成以社會投資政策典範（參閱第七章）為主，不再僅是一種將國家的福利供給責任轉移給市場（私有化／市場化）的合法化理由，而是進一步強化了國家作為管制者 (regulator) 的角色，並同時藉由多元福利供給者建立福利市場 (welfare market)（葉崇揚、古允文，2022；Benish et al., 2017； Gingrich, 2011；Leisering and Mabbett, 2011）。這使得過去在新自由主義下的管理 (management) 邏輯，逐漸地被治理 (governance) 所取代 (Osborne, 2010b)。新公共治理不再強調管理所注重的市場單一最佳模式，而是在於強調為了因應現代社會的複雜性，且必須反映了治理客體的現實 (Osborne, 2010a)。因此，如何建立一個制度化的治理模式乃成為學界與國際組織關注的重點，這點可以從「永續發展目標」第 16.6、16.7、16.8 等項中看出。

　　「治理」(governance) 概念於 1990 年代以後，在世界銀行、國際貨幣基金會、聯合國開發計畫署、國際發展援助等國際經濟金融組織的共同努力下產生，其促成因素包括：

1. 人們發現政府在實現與開發中國家人民的進步和福祉有關的政策目標方面效率低下。
2. 這段時期也見證了包容性成長的擴展，並開始涵蓋健康、教育、幸福、人權，以及利害關係人自由和參與決策程序。
3. 蘇聯的解體和冷戰的結束，證明了威權政府模式的失敗。
4. 治理一詞被用來定義公共行政的重塑，特別是在開發中國家，以使其更容易滿足人們的需要。

隨後各國際組織提出「善治」（good governance，也就是「好的治理」）的概念，例如聯合國在善治方面即發揮越來越重要的作用。聯合國前秘書長安南 (Kofi Annan) 表示「善治是確保尊重人權和法治、加強民主、提高公共行政的透明度和能力」。如圖 13-2 顯示，善治有八大要素。它具有參與性的、以共識為導向的、負責任的、透明的、反應靈敏的、有效和高效的、公平的和包容性的，並遵循法治。它確保最大限度地減少腐敗，考慮少數群體的意見，並在決策過程中聽取社會最弱勢群體的聲音。它也響應社會當前和未來的需求。

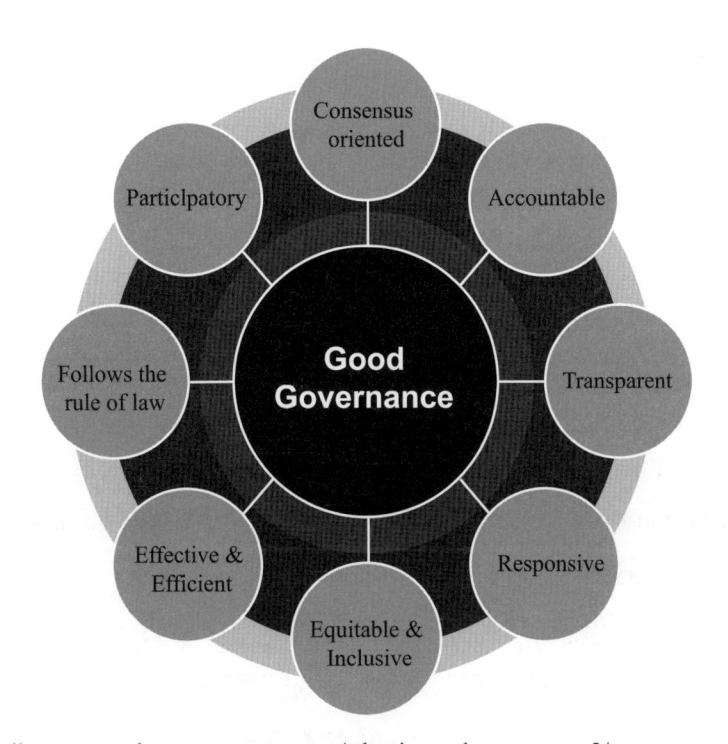

資料來源：https://www.groundwatergovernance.org/what-is-good-governance-2/

圖 13-2　善治的八大要素

13.5 推動案例與反思

一、聯合國各類人權公約

為確保人權免受暴力侵害、實現和平與正義,聯合國推動各類人權公約,包括《公民與政治權利國際公約》(International Covenant on Civil and Political Rights, ICCPR)、《經濟社會文化權利國際公約》(International Covenant on Economic, Social and Cultural Rights, ICESCR)、《兒童權利公約》(Convention on the Rights of the Child, CRC)、《身心障礙者權利公約》(Convention on the Rights of Persons with Disabilities, CRPD)、《消除對婦女一切形式歧視公約》(Convention on the Elimination of all Forms of Discrimination Against Women, CEDAW)、《消除一切形式種族歧視國際公約》(International Convention on the Elimination of All Forms of Racial Discrimination, ICERD)、《禁止酷刑和其他殘忍、不人道或有辱人格的待遇或處罰公約》(Convention against Torture and Other Cruel, Inhuman or Degrading Treatment or Punishment, CAT)、《保護所有人免遭強迫失蹤國際公約》(International Convention for the Protection of All Persons from Enforced Disappearance, ICPPED),與《保護所有移徙工人及其家庭成員權利國際公約》(International Convention on the Protection of the Rights of All Migrant Workers and Members of Their Families, ICMW)。為因應此一國際趨勢,臺灣經 1997 年人權學者黃默倡議,1999 年臺灣人權促進會會長黃文雄聯合 22 個民間團體,組成「國家人權委員會推動聯盟」,展開推動成立國家人權機構的社會運動。這個過程更與 1990 年代國內、外情勢密切相關,包括臺灣國內完成憲政改革的民主化工程,國際上聯合國開始更關注國家人權機制的成立與運作。終於國家人權委員會在 2019 年 12 月 10 日組織法三讀通過,2020 年 8 月 1 日正式揭牌成立。設置在監察院的國家人權委員會,共有 10 名委員,由主委、副主委及 8 位委員所組成,其職權如下(國家人權委員會,2023):

1. 依職權或陳情,對涉及酷刑、侵害人權或構成各種形式歧視之事件進行調查,並依法處理及救濟。

2. 研究及檢討國家人權政策，並提出建議。
3. 對重要人權議題提出專案報告，或提出年度國家人權狀況報告，以了解及評估國內人權保護之情況。
4. 協助政府機關推動批准或加入國際人權文書並國內法化，以促進國內法令及行政措施與國際人權規範相符。
5. 依據國際人權標準，針對國內憲法及法令作有系統之研究，以提出必要及可行修憲、立法及修法之建議。
6. 監督政府機關推廣人權教育、普及人權理念與人權業務各項作為之成效。
7. 與國內各機關及民間組織團體、國際組織、各國國家人權機構及非政府組織等合作，共同促進人權之保障。
8. 對政府機關依各項人權公約規定所提之國家報告，得撰提本會獨立之評估意見。
9. 其他促進及保障人權之相關事項。

二、中華民國建國一百年社會福利政策綱領

行政院於 2012 年頒布「中華民國建國一百年社會福利政策綱領」，並以「邁向公平、包容與正義的新社會」作為臺灣未來社會發展的願景，蘊含新的發展道路的思考。其中，「包容」概念首次在我國的政策文件中被提升到與傳統的「公平」和「正義」同等重要的地位，綱領中對「包容」是這麼定義的：「包容的新社會在於消除一切制度性的障礙，保障所有國民參與社會的權利。政府應積極介入，預防與消除國民因年齡、性別、種族、宗教、性傾向、身心狀況、婚姻、社經地位、地理環境等差異而可能遭遇的歧視、剝削、遺棄、虐待、傷害與不義，以避免社會排除。尊重多元文化差異，為不同性傾向、族群、婚姻關係、家庭規模、家庭結構所構成的家庭型態營造友善包容的社會環境。為達上述目標，政府應結合社會福利、衛生醫療、民政、戶政、勞動、教育、農業、司法、營建、原住民等部門，加強跨部會整合與績效管理，俾利提供全人、全程、全方位的服務，以增進資源使用的效率。」

從這個定義可以發現，多元接納、尊重差異、減少社會排除 (social exclusion) 等均是「包容」的核心要素，相當程度上也反應出臺灣民主化以來的社會趨勢與價值（古允文、張玉芳，2021）。

三、歐洲聯盟歐洲 2020 計畫

歐洲聯盟執行委員會於 2020 年提出「歐洲 2020」計畫，強調三個相輔相成的優先事項：明智成長 (smart growth)，發展以知識和創新為基礎的經濟；永續成長 (sustainable growth)，促進資源更有效率、更綠色、更具競爭力的經濟；包容性成長 (inclusive growth)，培育高就業經濟，帶來社會和領域內的凝聚力。執行委員會進而提出了七項旗艦舉措，以促進每個優先主題的進展：

1. **創新聯盟**：改善研究和創新的框架條件和融資管道，以確保創新理念能夠轉化為創造成長和就業的產品和服務。
2. **青年流動**：提高教育系統的績效並促進年輕人進入勞動市場。
3. **歐洲數位議程**：加快高速互聯網的推出，並為家庭和企業帶來數位單一市場的好處。
4. **資源節約型歐洲**：旨在幫助經濟成長與資源使用脫鉤，支持往低碳經濟轉型，增加再生能源的使用，實現運輸部門現代化並提高能源效率。
5. **全球化時代的產業政策**：改善營商環境，特別是中小企業，並支持發展能夠參與全球競爭的強大且可持續的工業基礎。
6. **新技能和就業議程**：實現勞動力市場現代化，並透過在整個生命週期中發展技能來增強人們的能力，以提高勞動力參與度並更好地匹配勞動力供需，包括透過勞動力流動。
7. **歐洲反貧窮平台**：確保社會凝聚力，讓成長和就業的好處得到廣泛分享，使遭受貧困和社會排除的人們能夠有尊嚴地生活並積極參與社會。

13.6 結語

「永續發展目標」第 16 項所強調的「促進和平且包容的社會」近幾年來受到不少挑戰，一方面全球 COVID-19 的大流行讓貧富差距與不平等的問題更加惡化，弱勢群體與低度發展國家或地區承受著更多負面影響，也加劇了暴力犯罪與衝突的頻率。另一方面，戰爭的威脅仍無所不在，例如俄羅斯在 2022 年入侵烏克蘭，在這場衝突中平民死亡人數增加了 53%，使第 16 項目標指標遭到重大挫折，加上 2023 年以巴加薩衝突又起，讓第 16 項目標的前景更加不樂觀。

由於永續發展目標並不被視為完全獨立，而是緊密相連，透過這種方式，媒體發展增強了言論自由和和平，同時也有助於永續發展、消除貧窮與保障人權。促進和平和包容性社會有助於減少不平等 (SDG 10) 並幫助經濟繁榮 (SDG 8)。而 2012 年聯合國 2030 年議程高峰會成果文件認為，如果不建設和平、公正和包容的社會並解決腐敗、治理不善、不安全和不公正問題，就無法實現永續發展。即使面臨困難，和平與包容還是人類社會的普世願望！透過所有工作夥伴組織的協力，人類社會依舊堅定地向目標邁進。

習題

1. 請說明「永續發展目標」第 16 項的內涵以及與其他目標的關聯性？

解答 「永續發展目標」第 16 項強調「促進和平且包容的社會，以落實永續發展；提供司法管道給所有人；在所有的階層建立有效的、負責的且包容的制度」。由於永續發展目標並不被視為完全獨立，而是緊密相連，透過這種方式，媒體發展增強了言論自由和和平，同時也有助於永續發展、消除貧窮與保障人權。促進和平和包容性社會有助於減少不平等 (SDG 10) 並幫助經濟繁榮 (SDG 8)。而 2012 年聯合國 2030 年議程高峰會成果文件認為，如果不建設和平、公正和包容的社會並解決腐敗、治理不善、不安全和不公正問題，就無法實現永續發展。

2. 請說明「永續發展目標」第 16 項目前的挑戰以及應如何實現此一目標？

解答　「永續發展目標」第 16 項所強調的「促進和平且包容的社會」近幾年來受到不少挑戰，一方面全球 COVID-19 的大流行讓貧富差距與不平等的問題更加惡化，弱勢群體與低度發展國家或地區承受著更多負面影響，也加劇了暴力犯罪與衝突的頻率。另一方面，戰爭的威脅仍無所不在，例如俄羅斯在 2022 年入侵烏克蘭，在這場衝突中平民死亡人數增加了 53%，導致第 16 項目標指標遭到重大挫折，加上 2023 年以巴加薩衝突又起，更讓第 16 項目標的前景不甚樂觀。即使面臨困難，和平與包容還是人類社會的普世願望！透過所有工作夥伴組織的協力，人類社會依舊堅定地向目標邁進。

3. 包容作為「永續發展目標」第 16 項的核心理念之一，請說明其內涵為何？

解答　雖然社會排除已經成為歐盟重要的政策研究觀點，但政策的目標是要打擊社會排除，因此不能採用「社會排除」作為政策目標，而必須採用相對的概念，於是「社會包容」乃成為歐盟的共同政策目標。隨著「包容」理念受到重視，不只是歐盟，聯合國發展方案也開始倡議「包容性成長」，用以調整過去過度強調經濟單一面向發展所可能導致的貧富差距不斷擴大的社會問題。UNDP 在官網上強調許多人由於他們的性別、種族、年齡、性向、傷殘或者貧窮而被從發展中排除，加深了全球性的不平等，處境最惡劣的 50% 人口只擁有 1% 財富，而最富有的 10% 人口卻擁有 85% 的財富。因此 UNDP 認為發展應該是包容的，也就是減少貧窮，創造機會給所有的人，讓他們能分享發展的好處，並且參與政策制定。而為了實現包容性成長，各國政府應該致力於創造有生產力和正式的工作機會，對不太可能工作或無法賺取足夠收入的人，必須提供有效的社會安全保護；政府支出應該被引導到修建學校、強化飲水、衛生、運輸和醫院等公共服務，並訓練老師和醫生等人才作為公共服務的基礎人力資源；而妥善設計的政府財政政策與制度（用以收集與有效運用公共資源），則可以在刺激成長與減少貧窮上扮演重要角色。

4. 請說明「善治」有哪些要素？

解答
1. 參與：人們應該能夠透過合法的直屬組織或代表來表達自己的意見。
2. 法治：法律架構應得到公正執行，特別是人權法。
3. 以共識為導向：調解不同的利益，以達成社區最佳利益的廣泛共識。
4. 公平和包容性：人們應該有機會改善或維持自己的福祉。
5. 有效性和效率：流程和機構應該能夠產生滿足社區需求的結果，同時充分利用其資源。
6. 問責制：政府機構、私部門和民間社會組織應對公眾和機構利害關係人負責。
7. 透明度：資訊應該向公眾開放、易於理解和監控。
8. 回應能力：機構和流程應該為所有利害關係人服務。

5. 請說明臺灣在保障人權方面有哪些重要成就？

解答 臺灣經 1997 年人權學者黃默倡議，1999 年臺灣人權促進會會長黃文雄聯合 22 個民間團體，組成「國家人權委員會推動聯盟」，展開推動成立國家人權機構的社會運動。這個過程更與 1990 年代國內、外情勢密切相關，包括臺灣國內完成憲政改革的民主化工程，國際上聯合國開始更關注國家人權機制的成立與運作。終於國家人權委員會在 2019 年 12 月 10 日組織法三讀通過，2020 年 8 月 1 日正式揭牌成立。設置在監察院的國家人權委員會，共有 10 名委員，由主委、副主委及 8 位委員所組成，其職權如下：

1. 依職權或陳情，對涉及酷刑、侵害人權或構成各種形式歧視之事件進行調查，並依法處理及救濟。
2. 研究及檢討國家人權政策，並提出建議。
3. 對重要人權議題提出專案報告，或提出年度國家人權狀況報告，以了解及評估國內人權保護之情況。
4. 協助政府機關推動批准或加入國際人權文書並國內法化，以促進國內法令及行政措施與國際人權規範相符。
5. 依據國際人權標準，針對國內憲法及法令作有系統之研究，以提出必要及可行修憲、立法及修法之建議。

6. 監督政府機關推廣人權教育、普及人權理念與人權業務各項作為之成效。
7. 與國內各機關及民間組織團體、國際組織、各國國家人權機構及非政府組織等合作，共同促進人權之保障。
8. 對政府機關依各項人權公約規定所提之國家報告，得撰提本會獨立之評估意見。
9. 其他促進及保障人權之相關事項。

參考文獻

Benish, A., Haber, H. & Eliahou R. (2017). The Regulatory Welfare State in Pension Markets: Mitigating High Charges for Low-Income Savers in the United Kingdom and Israel. *Journal of Social Policy, 46*(2), 313-330.

Europe 2020: A Strategy for Smart, Sustainable and Inclusive Growth. (2020). *European Commission.* Retrieved from https://eur-lex.europa.eu/LexUriServ/LexUriServ.do?uri=COM:2010:2020:FIN:en:PDF.

Gingrich, J. R. (2011). *Making Markets in the Welfare State: The Politics of Varying Market Reforms.* Cambridge, MA: Cambridge University Press.

Leisering, L., & Mabbett, D. (2011). *Introduction: Towards a New Regulator State in Old-Age Security? Exploring the Issues.* London, England: Palgrave Macmillan.

Midgley, J. (1997). *Social Welfare in Global Context.* Thousand Oaks, CA: Sage.

Osborne, S. P. (2010a). The (New) Public Governance: A Suitable Case for Treatment? In S. P. Osborne (Ed.). *The New Public Governance: Emerging Perspectives on the Theory and Practice of Public Governance* (pp. 1-16). London, England: Routledge.

Osborne, S. P. (Ed.). (2010b). *The New Public Governance? Emerging Perspectives on the Theory and Practice of Public Governance.* London, England: Routledge.

Rawls, J. (1972). *A Theory of Justice.* Oxford, England: Oxford University Press.

古允文（2018）。減少不平等。載於簡又新（主編），**聯合國永續發展目標：策略、理論與實踐**（165-182頁）。臺北市：財團法人中鼎教育基金會。

古允文、張玉芳 (2021)。全球化與不平等：消除貧窮。載於簡又新（主編），**永續發展教育**（133-154 頁）。臺北市：財團法人中鼎教育基金會。

葉崇揚、古允文 (2022)。社會政策與社會工作專業之間的連結：以英國為例。**社會工作與社會福利學刊**，1，81-112。

詹火生、黃德福、古允文等 (2009)。**民眾對社會公平正義的看法**。臺北市：行政院研考會。

第十四章

永續發展之治理議題：全球夥伴關係──SDG 17

輔仁大學企業管理學系　教授
楊君琦

學習目標

- 聯合國永續發展目標第 17 項的發展背景。
- 全球與臺灣在全球夥伴關係的推動內容與現況。
- 推動全球夥伴關係的理論基礎。
- 推動全球夥伴關係的方法與案例。

14.1 發展背景與內容

　　隨著全球化的蓬勃發展，國與國之間的關係變得更加緊密，任何國家和區域發生的事情都有可能對全球產生深遠的影響，例如：2019 年底發生的 COVID-19，基於緊密相連的國際互動與相依的經濟，抗疫速度較快的區域仍需等待較弱勢區域復甦後，世界才能恢復秩序，但是，處於貧困和脆弱的區域和國家，不僅更容易受到病毒感染，疫情對經濟上的衝擊連帶影響了教育、婦女的家暴以及童婚比例，增加了更多的不平等，抗疫和復甦的進度將更為緩慢，進而影響全世界的復甦程度；因此，協助較弱勢的區域與族群建構本身的能力，將是推動地球永續發展的重要手段之一。

　　事實上，自 1992 年起，聯合國環境與發展會議通過《21 世紀議程》，正式倡議全球夥伴合作增能 (United Nations,1992)。歷經 1996 年、1997 年與 1998 年之年度會議後，2002 年永續發展世界高峰會通過《約翰尼斯堡執行計畫》(Johannesburg Plan of Implementation, JPOI)，再次強調包容性多邊主義、營造和平與發展的環境、促進彼此增長、推動可持續發展、深入人文交流、機制建設等議題的重要性，以及透過能力建構實現永續發展 (United Nations, 2002)。及至 2012 年，地球高峰會 (Rio+) 更加確認，要實現環境、社會和經濟共同的永續發展目標，跨層級建立全球夥伴關係是不可或缺的行動 (United Nations,2012)，「2030 永續發展目標」(Sustainable Development Goals, SDGs) 第 17 項 (SDGs 17, Strengthen the means of implementation and revitalize the Global Partnership for Sustainable Development) 因此誕生；之後經濟與社會理事會夥伴關係論壇 (ECOSOC Partnership Forum) 進一步闡釋 SDG 17 將貫穿 SDG 其他的十六項目標，強調透過全員參與和共同承諾，共同建立具有包容性和韌性的社會。期望各國在國家策略上涵蓋全球的技術、科學、財務、貿易和多元夥伴合作，協力促進永續願景。

　　在 SDG 17 引導下，國際間發展許多相關的行動計畫，較具代表性的有兩個：一是 2014 年小型島嶼開發中國家 (Small Island Developing States, SIDS) 會議提出的《薩摩亞途徑》(Samoa Pathway)，倡議在氣候變遷、永續能源、海

洋永續性、化學品和廢物管理以及融資等議題上，公私部門需充分合作 (United Nations, 2014)；另一個是 2015 年通過的「阿迪斯阿貝巴行動議程」(Addis Ababa Action Agenda)，主要倡議已開發國家承諾於 2020 年前共同募集 1,000 億美元，協助開發中國家能適應和減緩氣候變化的影響，以及在 2017 年全面啟動對不發達的國家賦能的行動，提供較弱勢的國家或區域在建構技術、科學和創新能力的協助，尤其是資訊與通訊技術 (United Nations, 2015)；為達成此財務、科學與技術共同成長的承諾，ECOSOC 不僅設立了財務發展 (Financing for Development, FfD) 論壇，引導與追蹤籌資計畫，更將此議題納入聯合國每年的永續發展高階政治論壇 (High-Level Political Forum, HLPF)，展現聯合國對合作共融共赴永續目標 SDG 17 的重視程度。

14.2　全球夥伴關係目標的內容與指標

一、全球夥伴關係目標介紹

SDG 17 涵蓋的細項與指標幾乎是所有目標最多的，且許多細項目標也與其他十六個個目標細項有所關聯，聯合國與臺灣在 SDG 17 的詳細指引項目有些差異，詳細內容如表 14-1。

聯合國 SDGs (UNSDG 17) 提供的行動框架有五個重點，簡要說明如後。

1. 籌措資金提升國際援助量（17.1 至 17.5）

強調發展國家應透過調動稅收、財政資源、債務融資、投資促進等途徑，籌措更多資金，提升國際援助的總量。

2. 建立透明、公平、非歧視的貿易制度（17.10 至 17.12）

重視貿易制度的公正性，協助中低開發或貧窮國家的發展。

表 14-1　**UNSDG 17 與 T-SDG 17 的內容**

UNSDG 17	T-SDG 17
17.1：強化國內資源動員，包括：透過向開發中國家提供國際支援，改善其國內稅收、和其他收益取得能力。	17.1：辦理友善環境科技移轉、普及與散布以提升能源效率、減少污染與增進廢棄物回收再利用。
17.2：已開發國家充分履行其官方發展援助承諾，包括：向開發中國家提供國民所得毛額 (Gross National Income, GNI) 中的 0.7% 作為政府開發援助 (Official Development Assistance, ODA)，向最低度開發國家 (Least Developed Country, LDCs) 提供國民所得毛額中的 0.15 至 0.2% 為開發援助。鼓勵開發援助提供方設定目標，提供占國民所得毛額至少 0.2% 的開發援助給 LDCs。	17.2：推動醫療合作計畫，協助特殊類型國家（低度發展國家、小型島嶼國家與非洲國家）在臺培訓醫事人員並提供受獎生獎學金在臺接受公衛醫療學科（醫科、護理、藥學等）相關專業訓練。
17.3：為開發中國家多方籌集額外的財務資源。	17.3：持續對邦交國（及部分開發中國家）優秀學生提供臺灣獎學金來臺留學。
17.4：透過政策協調，酌情推動債務融資、債務減免和債務重整，協助開發中國家實現長期債務永續性，並處理高負債貧窮國家的外部負債，以減輕其負債壓力。	17.4：持續協助在開發中國家推動改善當地水與衛生相關計畫。
17.5：為 LDCs 採用及實施投資促進方案。	17.5：辦理各項貿易援助類型技術協助計畫。
17.6：加強在科學、技術和創新領域的南北、南南、三角形區域與國際合作，以及強化依照相互議定條件提高知識交流，作法包括改善現有機制之間的協調（特別在聯合國層級），以及透過全球技術促進機制加強協調。	17.6：對開發中國家，持續以我國優勢協助其發展。並依據世界貿易組織 (World Trade Organization, WTO) 相關協定，給予該類國家特殊及差別待遇，另研議提高我國予低度開發國家之「免關稅免配額」優惠待遇。
17.7：按照共同議定原則，使用有利的條款和條件，包括特許權和優惠條款，針對開發中國家促進環保科技的發展、轉移、流通及擴散。	17.7：持續依國際社會的需求，辦理非常態性消除貧窮的計畫。
17.8：2017 年前，全面落實開發 LDCs 的技術庫，建立科學、科技與創新能力培養機制，並擴大其科技使用，尤其是資訊傳播科技 (Information and Communications Technology, ICT)。	17.8：積極參與 WTO 貿易與環境議題討論及談判，強化貿易與環境的相互支持，促進普遍、具規範基準、公開、不歧視及公平的多邊貿易體系。
17.9：強化國際支持，為開發中國家實施有效且鎖定目標的能力培養，以支援各國落實各項永續發展目標的國家計畫，包括南北、南南和三方合作。	17.9：運用雙邊及多邊環保合作計畫，以技術協助能量建構或公私部門及民間團體共同協力，提升開發中國家的環境管理與污染防治工作。
	17.10：持續與印尼、越南、泰國並開發與印度等國合作選送菁英來臺進修，促進國際師資培訓合作。

表 14-1　UNSDG 17 與 T-SDG 17 的內容（續）

UNSDG 17	T-SDG 17
17.10：在世界貿易組織下，建立一個全球性、遵循規則、開放、無歧視以及公平地多邊貿易系統，包括透過「杜哈發展議程」(Doha Development Aqenda) 完成協商。	
17.11：大幅增加開發中國家的出口量，尤其是在 2020 年前，讓 LDCs 的全球出口占比增加一倍。	
17.12：按照世界貿易組織之決策，如期對所有 LDCs 實施持續性免關稅、免配額的市場進入管道，適用於 LDCs 進口的原產地優惠規則，必須簡單且透明，有助其進入市場。	
17.13：透過政策協調與一致性來加強全球宏觀經濟穩定性。	
17.14：加強永續發展政策的一致性。	
17.15：尊重每個國家的政策空間和領導權，以建立及執行消除貧窮與永續發展的政策。	
17.16：透過多邊合作加強促進永續發展的全球夥伴關係，動員和分享知識、專業、科技與財務資源，支持所有國家，尤其是開發中國家實現永續發展目標。	
17.17：以夥伴關係的經驗和籌資策略為基礎，鼓勵和促進有效的公共、公私營和民間社會夥伴關係。	
17.18：2020 年前，加強協助開發中國家、LDCs 與小島嶼發展中國家建立能力，大幅增加其獲取高品質、即時且可靠的數據，包括按收入、性別、年齡、種族、族裔、移民、身心障礙、地理位置以及各國其他人口分類的各項數據取得。	
17.19：2030 年前，依據現有措施，制定衡量永續發展進程的方式，使國內生產總值 (Gross Domestic Product, GDP) 計算更為完善，並協助開發中國家培養統計能力。	

資料來源：1. UN The Sustainable Development Goals Report 2022, https://unstats.un.org/sdgs/report/2022
2. 行政院臺灣永續發展目標修正本 (2022)，https://ncsd.ndc.gov.tw/Fore/nsdn/archives/meet3/detail?id=06aed260-a583-4dd6-92d7-9e6c63349fb0

3. 政策／機制的一致性和差異性（17.13 至 17.15）

確保各國政策和機制的一致性，避免援助資源反被剝奪的情況發生，同時尊重各國的差異，推動在地性行動方案。

4. 加強全球、區域和公私合作的措施（17.6、17.9、17.17 與 17.18）

推動南北合作、南南合作、三方合作（即北方國家與特定南方國家攜手協助其他南方國家），以及公私部門之間的夥伴合作。

5. 進行知識傳播與增強技術（特重：通信與環保）（17.6 至 17.8 與 17.19）

以公平、正義為基礎，協助較弱勢地區與國家人民增能，尤其優先以善用通訊與資訊技術解決環境問題。

臺灣 T-SDG 17 追隨 UNSDG 17 發展，2019 年行政院永續發展委員會評估臺灣的人口結構、經濟樣貌、世界定位等條件，制定 T-SDG 17 十個細項目標，茲摘要五個重點說明如後。

1. 結合公私部門力量，從事友善環境的技轉（17.1 與 17.9）

運用雙邊及多邊環保合作計畫，以技術協助弱勢族群能量建構，公私部門及民間團體共同協力辦理友善環境科技移轉，提升開發中國家的環境管理與污染防治能耐。

2. 積極參與 WTO 組織，並與不歧視貿易之國際夥伴偕行（17.5, 17.6 與 17.8）

積極參與 WTO 貿易與環境議題討論及談判，並提供低度開發國家免關稅優惠待遇稅項，及辦理各項貿易援助計畫。

3. 以教育傳播為低度開發或開發中國家人民增能（17.2、17.3 與 17.10）

臺灣將持續為邦交國與開發中國家之優秀學生提供來臺就讀之獎學金，或為其培育教師，主要的國家有：印尼、越南、泰國和印度；對於低度發展國家、小型島嶼國家與非洲國家，推動醫療合作計畫，提供獎學金吸引夥伴來臺接受公衛醫療學科（醫科、護理、藥學等）相關專業訓練，協助非洲友邦培育醫事人員。

4. 協助開發中國家改善水與衛生 (17.4)

臺灣有著高水準的公共衛生專業，臺灣與國際合作的項目，責成外交部負責，除了重視衛生議題之外，也特重淨水的議題。

5. 支援非常態性消除貧窮計畫 (17.7)

除了既定的目標，T-SDG 17 依國際社會的需求，由政府直接投入資源，支援非常態緊急救難等消除貧窮計畫。

二、全球夥伴關係發展現況

依據 2023 年聯合國針對永續發展推動進度報告顯示，世界各國在實現 SDG 17 上，雖然已在援助、匯款流動和數位化等方面取得進展，但對於低度開發國家的資助仍面臨重大挑戰，地緣政治和民族主義崛起使得實現國際合作更加困難；而開發中國家則面臨通膨、利率上升、債務負擔、競爭性優先事項和財政有限等多重挑戰，國家間的合作也充滿變數；UNSDG 17 發展現況詳如表 14-2，依金融、資通技術、貿易、資料監測四個構面說明如後。

表 14-2　UNSDG 的發展現況

分類	具體目標	現況
金融	17.1	根據約 130 個經濟體 2021 年資料，政府收入平均約占國內生產總值的 33%。此外，已開發經濟體的平均總體稅收負擔（稅收形式的收入）占國內生產總值的 26%，新興市場和發展中經濟體的平均總體稅收負擔占國內生產總值的 17%。各區域由稅收供資的政府支出比例穩定，2019 年，已開發經濟體的總體平均值約為 66%，新興市場和發展中經濟體為 60%，但這兩組經濟體 2020 年的總體平均值大幅下降至約 52%，2021 年反彈至約 58%。
	17.2	2022 年，官方發展援助淨流量為 2,060 億美元（按時價計算），與 2021 年相比，實際成長 15.3%。這是有紀錄以來的最高成長率，主要是由於各國增加了對難民的支出和對烏克蘭的援助。然而，官方發展援助總額占國民總收入的比例低於 0.7% 的目標，2022 年達到 0.36%，2021 年為 0.31%。此外，2022 年流向非洲國家的雙邊官方發展援助淨額共計 340 億美元，與 2021 年相比，下降 7.4%。

表 14-2　UNSDG 的發展現況（續）

分類	具體目標	現況
金融	17.3	COVID-19 重塑了各國對開發中或低度開發國家的發展支出，官方永續發展捐贈在 2020 年超過 1,000 億美元，並在 2021 年達到 1,180 億美元。2021 年，官方優惠貸款總額為 550 億美元，官方非優惠貸款總額為 1,070 億美元，與 2019 年相比，分別增加 37% 和 51%。但是，開發中國家從現在到 2030 年需要約 3.9 萬億美元，以投資於實現永續發展目標所需的轉型，前述數額與這個估計數有很大差距。
	17.4	已開發國家以及低收入和中等收入國家的債務水準在 COVID-19 期間達到創紀錄的高位，增加了對經濟增長不利影響的可能性。2021 年，低收入和中等收入國家的外債總額增加 5.6%，達到 9 萬億美元，主要是受短期債務增加的影響。截至 2022 年 11 月，全球 69 個最貧窮國家中，37 個國家面臨債務危機，四分之一中等收入國家面臨財政危機。
資通信技術	17.8	2022 年，估計世界人口的 66%（53 億）使用網際網路，較 2015 年的 40%（30 億）增加不少，但全球 2022 年使用網際網路的男性比女性多 2.59 億。且與 COVID-19 期間相比，網際網路用戶數量的成長放緩，因此若不增加基礎設施和網路技能的投資，到 2030 年實現人人有網路的目標將十分困難。
	17.6	固定寬頻用戶繼續穩步增長，過去十年平均年增長率為 6.7%，2022 年全球每 100 名居民將達到 18 個用戶，明顯高於 2015 年的 11 個用戶。雖然固網連接在中上收入和高收入國家的家庭中很常見，但在低收入國家，由於價格高和缺乏基礎設施，固網連接狀況不佳。
	17.7	根據 2020 年監測資料顯示，無害環境技術貿易總額為 23,640 億美元，自 2015 年以來，增長了 5%。
貿易	17.10 17.12	2020 年全球加權平均關稅約為 2%，自 2017 年以來沒有變化，低於 2015 年的 2.6%。2020 年的資料顯示，農產品和服裝的關稅稅率仍然最高，約為 6%，其次是紡織品，為 4%，工業品為 1.4%。已開發國家向發展中國家、小島嶼開發中國家和低度開發國家提供的特殊關稅待遇保持不變。
	17.11	2021 年，低度開發國家出口在全球商品貿易中的份額為 1.05%，過去三年幾乎沒有變化。2021 年，所有開發中國家出口在全球商品貿易中的份額為 44.4%，與 2016 年相比，增加 3.1 個百分點，在過去五年中，份額持續增加。

表 14-2　UNSDG 的發展現況（續）

分類	具體目標	現況
資料監測	17.18	2022 年，147 個國家和領土報告已制定符合《官方統計基本原則》的國家統計立法；156 個國家和領土報告實施了國家統計計畫，其中 100 個計畫的資金全部到位，遠高於 2016 年 81 個國家實施國家統計計畫，17 個計畫的資金全部到位。然而，由於 COVID-19 的長遠影響以及規劃的人力和財力有限，許多國家統計局還在執行已過期的統計活動策略計畫，這些計畫可能無法充分涵蓋不斷變化的發展目標和新出現的資料需求。
	17.19	2020 年，用於資料和統計的國際資金為 5.42 億美元，較 2018 年下降了 20%。雖然減少的部分原因可能是 COVID-19 引起的政策轉變，但也可能是因為資料監測仍存在長期挑戰。

由表 14-2 可得知，協助開發中國家改善稅收已有相當的進步，政府支出由稅收供應的比例穩定，代表政府足夠支應公共發展，2019 年開發經濟體稅收支應公共發展平均約 66%，新興市場和發展中經濟體約為 60%，但是，可能因為疫情影響，2020 年全球經濟體平均下降至 52% 左右，在 2021 年反彈至約 58%；可是，2022 年開發中國家和中低收入國家的債務水準創下歷史新高，至 2022 年 11 月，全球 69 個最貧窮國家中，有 37 個陷入或正處於高風險的債務困境中，極需要先進國家的協助。

在強化數位化和網路使用上，2015 年約有 41% 的全球人口會使用網路，及至 2022 年，估計有 66% 的世界人口（53 億）會使用網路，惟固定寬頻用戶率只有 18%，且低度開發國家的基礎設施相對昂貴，訂閱率明顯落後，而全球使用網路的性別也以男性居多，2030 年若想要實現數位平權的目標，需增加低度開發國家基礎設施和數位技能的投資，與提升女性使用數位工具的機會。

T-SDG 17 的進度依友善環境、醫療合作、水與衛生及貿易援助四個面向說明如後。

首先，在友善環境科技移轉方面，臺灣實施了友善環境科技、永續消費與生產等計畫，總投入高達 1 億 9,692 萬美元，協助友邦提升永續能量，例如：在宏都拉斯，我國技術團透過生質燃料粒提升家戶能源，成功收集並再利用 74 噸廢置林木，創造生質燃料粒，促進當地環境永續發展；其次，在醫療合

作計畫方面，臺灣積極推動與邦交國的合作，包括：提升醫療資訊管理、孕產婦及嬰兒保健等計畫，已經在多個邦交國取得實質成果，截至 110 年，共完成人員能力建構 4,926 人，這不僅提升了當地的醫療水平，也提升了臺灣的國際形象；第三，在水與衛生相關計畫方面，臺灣與宏都拉斯、海地等國家展開技術前置準備計畫，協助當地供水暨衛生服務公司進行管線維護和水資源保護，提供穩定暨衛生的供水服務，有效改善社區生活環境與減少傳染病風險；最後，在貿易援助計畫方面，臺灣在巴拉圭推動蘭花產業、中小企業輔導體系能力建構，在瓜地馬拉協助中小企業創業育成等項目，充分透過技術協助和經營管理諮詢，提升了當地企業的競爭力。

除了透過與邦交國的合作，臺灣也積極參與國際事務，在教育傳播面，推動臺灣獎學金計畫，於 2023 年提出「國際新型專班計畫」，預計投入約 52 億臺幣，規劃至 2026 年培育 18,000 名國際生來臺就讀，除了強化國際共融，同時也期望藉此政策緩解臺灣少子化的人口問題。

14.3 相關理論與原理

面對全球分工的趨勢，有些國家經濟發展迅速，有些國家經濟發展遲緩，面對貧窮議題，不是單一國家或專業機構可以解決，而經濟發展較好的國家並不一定願意無償性地提供全球公共產品，如何善用利益關係人 (stakeholders) 間的協同合作，尤其透過特定的制度安排，結合公私部門的各自優勢，促進多方共享資源與分攤風險，創造「綜效」以及「共同附加價值」(Klijn and Teisman, 2003:137)，或許更能夠解決超越國界、跨國或國內的衝突、環境、生態、資源和氣候等問題，共同邁向地球永續。

據此，聯合國全球治理委員會 (UN Commission on Global Governance) 於 1995 年發表了《我們的全球夥伴關係》(Our Global Neighborhood)，倡導全球治理 (global governance) 與公私協力夥伴關係 (Public-Private Partnerships, PPPs)，全球治理涵蓋多層次體系的協作，包括：強調全球層次、區域層次（鄰近國家之間）、國家層次、地方層次（城市之間）等。公私協力夥伴關係強調

各利益關係人在雙方或多方在互利的狀況下，共創多贏；值得一提的是，2016年至2030年的永續議程，倡議商業對社會的責任，認為「商業是善的重要支持」(Business as the force for Good)，因為商業掌握了社會主要的資源，企業有責任與義務成為推動永續的夥伴，同時企業也可以在協同合作中發掘企業的永續發展方向。

14.4 推動案例與反思

一、台糖公司：巴拉圭蘭花計畫

臺灣台糖公司與臺灣農業投資公司及國際合作發展基金會攜手合作，推動了「巴拉圭蘭花商業生產輔導計畫」，旨在促進巴拉圭蝴蝶蘭產業的發展，該計畫於2019年12月派遣專業技術人員前往巴拉圭，協助該國建立高品質的蝴蝶蘭產業與商業模式。透過此計畫，希望提高當地蝴蝶蘭的品質，開拓高端市場，促進該國的經濟發展，同時創造更多就業機會。

蝴蝶蘭產業的發展對巴拉圭有著重大的助益，深深影響了當地經濟和社會，台糖移轉的技術提升了當地蝴蝶蘭的品質，不僅創造了當地的就業機會，巴國更外銷蝴蝶蘭賺取外匯，實現了SDGs中的「消除貧窮」和「促進經濟增長」的目標，而透過技術與資源的分享，對巴國的「優質教育」和「促進性別平等」目標上也產生了積極影響。蘭花合作計畫同時推廣了臺灣的花卉品種，讓台糖有效進入了巴拉圭及鄰國的高端花卉市場，台巴共創利基市場，兩國永續發展都有了實質的成果，正是SDG 17期望達成的目標。

二、華碩文教基金會：縮短數位落差，培育國際人才

數位化浪潮不斷改變著我們生活，華碩文教基金會以數位包容計畫積極參與改變社會中的數位落差，讓每個人都能平等參與數位社會。這項計畫的核心涵蓋了多項重要措施，包括：再生電腦捐贈、建置數位學習中心、推動數位培

育、發起國際志工服務、舉辦數位樂學營等，嘗試建構一個多元而實質的數位包容生態系統。

其中「再生電腦數位培育計畫」，不僅進行電腦的回收再利用，更透過合作夥伴的協助，將整修後的電腦捐贈給缺乏資訊設備的弱勢族群，除了在臺灣捐贈上千台再生電腦，超過兩萬名臺灣弱勢兒童、青少年、婦女、銀髮及身障人士受惠外，更透過國際志工服務，與亞太經濟合作組織 (Asia-Pacific Economic Cooperation, APEC) 合作，捐贈超過 2 萬多台資訊設備，在 39 個國家建立了多達 500 間數位學習中心，受益人次超過 55 萬。這項計畫不僅改善了當地居民的生活水準，並奠定了華碩未來發展的基礎，例如：某非營利組織於柬埔寨設立了 36 所教育中心，為當地提供了免費的電腦訓練課程以及英文基礎教育，華碩文教基金與之合作捐贈了再生筆電，不但實現華碩在全球推動數位平等的承諾，同時也達到聯合國永續發展消除貧窮、提供優質教育、促進性別平等、培育科技創新人才等多項指標；而深入柬埔寨偏鄉地區，將臺灣及 ASUS 的標誌印刻在數以萬計柬埔寨學生的心中，也為企業永續發展奠定基礎起步，促進企 永續。

此外，透過這樣的數位包容計畫，也達到減少電子垃圾、降低污染，成為「循環型社會」的典範，證明全球夥伴關係與跨國的合作，可以從建立「共融」到「共榮」的社會起步，促進企業永續。

三、舊鞋救命：跨越國界，踏出愛的足跡

深耕非洲十餘年的加拿大牧師 Allen Remley 和宣教士楊右任夫婦，有感於非洲撒哈拉沙漠以南地區超過百萬名學童每天上學需花費六十分鐘以上，許多光腳走路的孩子生命受到沙蚤的威脅，常無法活過五歲，於 2014 年發起了「舊鞋。救命」計畫，在臺灣募集二手鞋送至烏干達；而後，為了致力於將愛心資源引入烏干達貧弱村落與學校，2015 年創立了社團法人舊鞋救命國際基督關懷協會，致力於提供赤貧地區基督信仰、醫療、教育、水資源、穩定飲食、經濟收入等基礎需要，協助培育領袖以建立永續自主系統，為永續發展的社會體系奠基。

「舊鞋。救命」目前協助的地區遍及：肯亞、烏干達、史瓦帝尼、南蘇丹、坦尚尼亞、奈及利亞、馬拉威、多哥等赤貧偏鄉地區，透過專案管理與青年培力方式，協會與世界各地的青年志工消除地區、種族、信仰的差異，走進非洲被遺忘的角落；除了提供物資捐助，更將裝載物資的貨櫃變成教室、診所、教會與社區關懷點，同時在當地鑿井供應乾淨水源，教導畜牧及有機農業；透過與社區、學校、與當地的教會和非營利組織合作，該計畫為孩子們提供基本的生活必需品，創造了教育和醫療的機會，培育了當地的領袖，促進當地的發展，體現永續發展目標第 17 項：「不能遺漏任何人」（Leave no one behind）的精神，而這項計畫也讓臺灣人對非洲地區有了進一步的了解，開拓了發展的方向，達到共榮永續。

14.5 結語

SDG 17 倡議透過展開多層次的合作解決全球挑戰，尤其是疫情、經濟不平等和氣候變遷等問題。然而觀察全球 SDG 17 的發展現況發現，我們儘管已經取得一些進展，但仍面臨整體發展的不均衡、低度開發國家的數位化和網際網路使用不普及，地緣政治和民族主義崛起、全球經濟通貨膨脹等挑戰，使得國際合作變得更困難。但是，要實現 2030 SDGs，各國政府、企業、非政府組織等秉持 SDG 17 的精神加強「全球夥伴關係」至關重要，惟有全球夥伴共同解決挑戰，才能全球共赴永續之境。

習題

1. SDG 17 的核心理念是什麼？請簡要說明其目的和意義。

解答 核心理念：旨在於「全球共同努力、邁向永續」。目的和意義：強化全球合作，加強國與國之間的夥伴關係，以實現其他 SDGs 的目標，達到「不遺漏任何人」（Leave no one behind）。

2. 請舉例說明夥伴關係在實現永續發展目標的重要性。

解答 在實現 SDGs 的過程中，政府、企業、學術界和非營利組織之間的合作是至關重要的。舉例來說，針對氣候行動 (SDG 13)，政府可以制定相應的法規，企業可以實施低碳生產，學術界可以提供專業知識，而非營利組織可以進行社區宣傳和參與。這樣的夥伴關係不僅能夠整合各方資源，還能夠在不同領域形成協同效應，提高永續發展目標的實現效率。

3. 請列舉一項臺灣永續發展目標第 17 項的細項目標，並舉一實例說明成果。

解答 細項目標 17.4「持續協助在開發中國家推動改善當地水與衛生相關計畫」，此目標以「淨水與衛生」出發，為了確保人人都能享有充足、安全的水源，在臺灣實行之相關計畫方面，臺灣與宏都拉斯、海地等國家展開前置準備技術協助計畫，協助當地供水暨衛生服務公司進行水資源保護和管線維護，提供穩定暨衛生的供水服務，這對於改善社區生活環境、減少傳染病風險有著重要的意義。（其他例子也可以）

4. 請簡要說明全球治理和公私協力夥伴關係在促進實現永續發展目標的效益。

解答 全球治理的作用：全球治理在建立有效的國際機制和規則，以應對全球性挑戰，這有助於形成共同的價值觀和協力機制，推動各國共同參與永續發展目標的實現。公私協力夥伴關係的作用：公私協力是政府、企業和非營利組織之間的合作，通過整合各方的力量和資源，實現永續發展目標。例如：政府可以提供政策支持，企業可以投入技術和資金，非營利組織可以提供社區參與和宣傳，形成一個協同合作的夥伴體系，推動永續發展目標的實現。

參考文獻

Klijn, E. H., & Teisman, G. R. (2003). Institutional and Strategic Barriers to Public–Private Partnership: An Analysis of Dutch Cases. *Public Money & Management*, *23*, 137-146.

United Nations. (1992). *Addis Ababa Action Agenda*. Retrieved from https://sustainabledevelopment.un.org/content/documents/2051AAAA_Outcome.pdf.

United Nations. (1992). *Agenda 21*. Retrieved from https://www.un.org/zh/documents/treaty/21stcentury.

United Nations. (2002). *Johannesburg Plan of Implementation*. Retrieved from https://www.un.org/esa/sustdev/documents/WSSD_POI_PD/English/WSSD_PlanImpl.pdf.

United Nations. (2012). *Future We Want*. Retrieved from https://www.un.org/zh/documents/treaty/A-RES-66-288.

United Nations. (2015). *Sids Accelerated Modalities of Action (S.A.M.O.A.) Pathway*. Retrieved from https://www.un.org/ohrlls/sites/www.un.org.ohrlls/files/samoapathway.pdf.

United Nations. (2022). *The 17 Goals*. Retrieved from https://sdgs.un.org/goals.

United Nations. (2023). *The Sustainable Development Goals Report 2023: Special edition*. Retrieved from https://unstats.un.org/sdgs/report/2023/.

台灣糖業公司 (2023)。友善邦誼台糖協助巴拉圭發展蘭花產業有成。取自 https://www.asusfoundation.org/about.aspx。

行政院國家永續發展委員會 (2022)。**臺灣永續發展目標修正本**。取自 https://ncsd.ndc.gov.tw/Fore/nsdn/archives/meet3/detail?id=06aed260-a583-4dd6-92d7-9e6c63349fb0。

行政院國家永續發展委員會（2022）。SDG 17 建立多元夥伴關係，協力促進永續願景。取自 https://ncsd.ndc.gov.tw/Fore/SDG17。

財團法人華碩文教基金會（2008）。華碩文教基金會緣起與宗旨。取自 https://www.asusfoundation.org/about.aspx。

舊鞋救命國際基督關懷協會（2022）。不只是舊鞋，救命。取自 https://www.step30.org/plan。

第十五章

結論：挑戰與展望

台灣永續能源研究基金會　董事長
簡又新

學習目標

- 聯合國永續發展目標現況與未來推動之關鍵領域。
- 企業永續面臨之關鍵性議題與因應方式。

全世界人類正身處在歷史上轉變最大的時代，尤其全球所聚焦對抗的氣候變遷議題，以及其所衍生而風起雲湧的國際 ESG 浪潮，在歷史上從未發生如此大變化。2015 年聯合國氣候峰會公布的《巴黎協定》，期望共同阻止全球暖化趨勢，各國政府及企業紛紛呼應達成 2050 年淨零排放目標；同年，聯合國宣布十七項 2030 年永續發展目標，指引全球共同努力、邁向永續。2023 年正已達 2016 年至 2030 年永續發展目標 (Sustainable Development Goals, SDGs) 期間的半途 (halfway to 2030)，各國政府正積極檢視目標達成情形。是故，2015 年至 2050 年將是人類歷史文明發展上轉變最快的時期。

本章將說明聯合國永續發展目標現況與未來推動之關鍵領域，以及在此過程中企業永續所面臨的關鍵性議題與因應方式。

15.1　永續發展目標現況與推動之關鍵領域

一、永續發展目標現況

永續發展目標通過後的初期，的確產生了一些有利的趨勢與成果，依據聯合國「全球永續發展報告」(The Sustainable Development Goals Report, 2023) (UN, 2023) 指出，如極端貧困和兒童死亡率持續下降，防治愛滋病毒和肝炎等疾病方面，以及性別平等目標都取得積極成果，最貧窮國家電力供應增加，可再生能源在能源組合中的比重也增加，全球失業率恢復到 2008 年金融危機前的水平，海洋保護區覆蓋的國家管轄水域比例在五年內增加了一倍以上等。但很明顯的，這些進展多數是脆弱的，而且大多數過於緩慢，特別是新冠肺炎 (COVID-19) 大流行、俄烏戰爭和氣候相關災害使本已步履蹣跚的進展更加困難。現在是敲響警鐘的時候了，在通往 2030 年的道路中點，永續發展目標陷入了困境。

「不遺落任何一個人」(leave no one behind) 此決定性原則，即共同努力，建設一個健康、繁榮的地球，確保每個人的權利和福祉，是每個國家對於「2030 年永續發展議程」的共同承諾。但通往 2030 年的路程已經過半，檢視

目前已獲得 SDGs 進展趨勢數據的約一百四十個具體目標中,此承諾卻面臨無法兌現的危險,永續發展目標逐漸不可企及,當代人和子孫後代的希望和權利也在消失。因此,我們需要在承諾、團結、融資和行動方面實現根本性的轉變,使世界走上更好的道路,國際社會必須立即採取這樣的行動,人類在面對嚴峻挑戰的時刻,應齊心克服困難。

聯合國每年舉行的永續發展目標高峰會 (UN SDG Summit) 應成為每個進展階段真正的轉折點,高峰會必須驅動世界迫切需要的政治承諾和突破,糾正國際金融體系核心所存在的歷史性不公正現象,使最脆弱的國家和人民享有更美好未來的公平機會,高峰會亦必須提出一個完整及有效拯救人類和地球的計畫。

通往 2030 年的時間已經過半,根據實際情況的評估顯示 (UN, 2023),大約 50% 的具體目標略微或嚴重偏離軌道;超過 30% 的具體目標沒有變化或倒退到 2015 年基線以下(如圖 15-1)。按照目前的趨勢,到 2030 年仍將有 5.75 億人生活在極端貧困中,只有約三分之一的國家能夠實現將國家貧困程度減半的目標;令人驚訝的是,目前世界的飢餓情形處於 2005 年以來的最糟狀況,

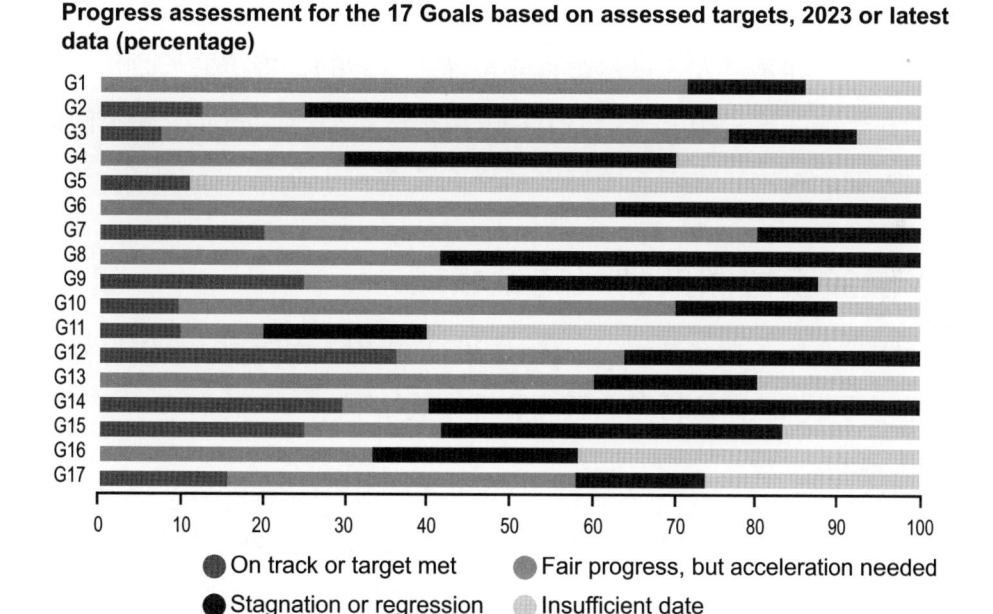

資料來源:UN, 2023

圖 15-1　聯合國十七項永續發展目標之進展評估

更多國家的糧食價格仍然高於 2015 年至 2019 年期間；按照目前的發展趨勢，消除法律保護方面的性別差距和消除歧視性法律將需要兩百八十六年。在教育領域，多年投資不足和學習損失造成的影響是到 2030 年約有 8,400 萬兒童將失學，3 億上學的兒童或青年將在離開學校時不會讀寫。由上資訊可知，人類亟需加大努力，確保永續發展目標不偏離軌道，積極取得進展，朝著人人享有永續的未來前進。

　　人類現行的各種經濟和政治制度最短視之處，就是對自然生態的破壞越演越烈，然而目前仍有一個小小的機會之窗，可將全球氣溫上升限制在 1.5°C，預防最嚴重的氣候危機影響，為處於氣候變遷前沿的人民、社區和國家確保氣候正義，但這個機會之窗正在迅速關閉。二氧化碳含量持續上升，已達到兩百萬年來從未見過的水平，按照目前的進展速度，到 2030 年，可再生能源將只能占能源供應的一小部分，約 6.6 億人仍用不上電，近 20 億人將依賴會造成污染的燃料和技術進行烹煮。

　　人類的生命和健康在很大程度上依賴大自然，但要制止毀林行為，可能還需要二十五年的時間，而全球大量物種正面臨滅絕的威脅。在實現永續發展目標方面缺乏進展是普遍現象，但人類的集體失敗對開發中國家和世界最貧窮及弱勢人民的衝擊非常之大，這是數百年全球不公義的直接結果，而且這種不公義迄今仍在上演。面對氣候、COVID-19 和經濟不公義的疊加影響，使得許多開發中國家缺乏可用於實現永續發展目標的資源。

二、永續發展目標推動之關鍵領域

　　聯合國「全球永續發展報告」(UN, 2023) 指出，面對永續發展目標進度落後之窘況，需要採取緊急行動的五個關鍵領域如下：

1. 加速因應行動

　　各國元首和政府首腦應當再次承諾在國家和國際兩個層級採取為期七年的加速、持續和變革性行動，以兌現永續發展目標的承諾，並要求加強社會凝聚力，確保所有人的尊嚴、機會和權利，同時通過綠色和數位轉型調整經濟方向，實現與《巴黎協定》將全球氣溫上升限制在 1.5°C 的目標相一致的堅韌軌

道。各國政府應具體承諾，徹底改革國際金融和經濟體系，使其能夠應對當今的挑戰，而不是 1940 年代的挑戰。20 國集團成員應進行前所未有的協作，支持所有開發中國家推進與永續開發目標和氣候有關的行動；會員國則應通過一項宏大和具有前瞻性的政治宣言，並在永續發展目標高峰會上就與永續發展目標有關的變革提出全球和國家承諾。

2. 消除貧困和減少不平等

各國政府應當推進具體、綜合和有針對性的政策和行動，以消除貧困、減少不平等、停止對自然生態的破壞、注重促進婦女和女孩的權利、增強最弱勢群體的權能。通過擴大社會保障最低標準覆蓋範圍和提供基本服務，落實不讓任何一個人掉隊的承諾；創造護理、數字和綠色經濟就業機會；緊急解決教育的深刻危機；加強促進性別平等的行動，利用數位技術縮小差距；支持接納因危機而流離失所的人；解決殘疾人等邊緣化群體受排斥的社會問題。各國領導人應支持加速應對氣候問題議程，推動一場公正的可再生能源革命，為處於氣候危機前線者確保氣候正義。此外，還必須落實「昆明─蒙特利爾全球生物多樣性框架」，努力進一步減少災害風險，建立綜合和永續的糧食、水和環境衛生系統，同時使人人享有健康環境的權利成為現實。

3. 加強治理能力和問責制

各國政府應當加強國家和國家境內各級單位的治理能力、問責制和公共機構，加快實現永續發展目標的進展步伐；實現永續發展目標必須成為國家規劃、監督機制和國內預算的核心重點；進行重大投資，以加強公共部門的能力，建立適當的數位基礎設施。想增強地方和國家以下各級政府的權能並給予支持，落實執行永續發展目標的工作，需要一個有效力的監管框架，使私營部門的治理模式與永續發展目標相一致。並重新推動獲取 SDGs 進展數據的做法，將永續發展目標的監測、後續行動和審查提升到一個新的水平，包括以此加強公眾參與制定政策和決策的程度。

4. 國際支持和投資

為確保開發中國家能夠在這些領域兌現承諾，國際社會應在永續發展高峰會上再次承諾落實「阿迪斯阿貝巴行動議程」(Addis Ababa Action Agenda)，

為開發中國家，特別是為處境特殊和面臨嚴重脆弱性的開發中國家，調動實現永續發展目標所需的資源和投資。

會員國應核可並實施從現在到 2030 年期間，每年提供 5,000 億美元融資的永續發展目標促進計畫，所須立即採取的行動包括：(1) 解決高債務成本和債務困擾風險上升的問題，包括將短期高息借款轉換為長期（三十年以上）低利率債務；(2) 大規模增加負擔得起的長期發展融資，特別是通過多邊開發銀行增加這類融資，調整特別提款權流向，使所有資金流動與永續發展目標保持一致；(3) 增加向所有有需要的國家提供應急資金之管道。會員國應確認並處理通過「布列敦森林制度」(Bretton Woods system) 對國際金融架構進行深入改革的必要性，包括為此加強開發中國家在國際金融機構治理中的發言權和參與度，以確保金融架構為所有開發中國家提供服務，並確保開發中國家在向基於可再生能源、具有氣候抗禦能力的包容性經濟轉型時，能夠緊急獲得贈款和長期優惠融資。此需要借鑒近年來以私人資金推動的經驗，包括修訂風險偏好和信用評級機構使用的標準，並調整政策和工具。

5. 強化多邊合作

會員國應當推動持續加強聯合國發展系統，提高多邊系統的能力，以應對新出現的挑戰，解決 2015 年以來國際架構中出現的與永續發展目標有關的差距和弱點。聯合國發展系統應繼續發揮關鍵作用，支持各國實現與永續發展目標有關國家之企圖心。自 2015 年以來，在數十年宏大的改革推動下，該系統提供的服務發生了很大變化，聯合國系統將繼續進一步提供各會員國支援。會員國應根據供資契約提供資金，確保駐地協調員系統得到充分資訊，並進一步為永續發展目標聯合基金提供資金，以此繼續支援駐地協調員和聯合國國家工作團隊，使其能夠作出貢獻。

聯合國秘書長古特雷斯在 2021 年於聯合國大會發布「我們的共同議程」(Our Common Agenda) (UN, 2021)，表示全球已有 150 萬人參加 2020 年初開始推動為期一年的聯合國全球倡議，向聯合國表達其關心的優先事項以及對國際合作如何影響未來的期望。這份報告基於該倡議的調查結果，參考各國不同領域領袖、知名團體的意見，提供建議和解決方案、行動構想，並展望聯合國未來的二十五年，迄今已有許多提議在支持加速實現永續發展目標。

會員國應在永續發展目標高峰會的承諾和指示的基礎上再接再厲，確保在對實現永續發展目標特別重要的其他領域取得進展，這些領域包括改革國際架構、著重國內生產總值之外的事項、加強數位合作，促進青年參與決策、改革教育、建立應急平台和推進新的和平議程。此外，還需要進一步採取行動，提高開發中國家在貿易和技術領域的能力，使全球貿易規則與永續發展目標保持一致，並建立效率和效力更高的技術轉移機制。

由歷史發展可知，人類的決心、團結、領導力和復原力可以克服最嚴重的困難。在第二次世界大戰造成破壞之後，出現聯合國和馬歇爾計畫等新的團結與合作形式，此時期還見證了全球定位系統、現代航空旅行和衛星通信的進步，以及加速非殖民化進程。而二十世紀 60 年代防止大規模饑餓和饑荒的行動促成行對農業和綠色革命的投資，其他較近的例子還包括：全球防治愛滋病毒，以及在 COVID-19 大流行期間，拯救無數生命和民眾生計的各類行動和倡議。這些成果絕非必然，而是人類凝聚共識、設定目標、團結一致、發揮創新和技術研發組合的結果，如人類要兌現 SDGs 的承諾，就必須在此危險時刻作出類似的行動。

15.2　企業永續之關鍵性議題

ESG 是聯合國全球盟約 (Global Compass) 在 2004 年提出的一個包含環境保護（environment）、社會共融（social）和公司治理（governance）的概念，也是企業永續主要的內涵。在全球經歷疫情時代後，企業營運環境越顯嚴峻，ESG 各項企業永續議題近年已成為國內外企業經營與管理的重要議題。過去企業重視 EPS 財務表現，ESG 則用於評估企業在環境、社會和公司治理的綜合表現，並作為評估企業永續發展的重要指標。近年來，越來越多投資者關注 ESG 資訊和其對企業的潛在影響，如針對氣候變遷的影響評估和風險控管等議題。為了滿足投資者的需求，企業永續資訊的揭露重要性已大幅提高，並且也應針對不同利害關係人及關鍵性議題，進行更有效性的溝通。以下將摘述近年來在國際永續發展潮流中，企業永續面臨之主要關鍵性議題與因應方式。

一、國際反漂綠趨勢興起，國際溫室氣體減量核實進入深水區

聯合國《氣候變化綱要公約》第 27 屆締約國大會 (COP 27) 於 2022 年 11 月 7 日至 11 月 19 日在埃及沙姆沙伊赫 (Sharmel Sheikh) 舉行，本次會議接續第 26 屆締約國大會 (COP 26) 的成果，強調締約國共同推動氣候行動 (Together for Climate Action Now)。本屆締約國大會針對《巴黎協定》中，減緩、調適、金融及合作等相關議題之各項具體實施技術細節及規範進行討論，其中有關氣候損失與傷害及氣候金融機制均為重點議題，尤其於會中所公布之聯合國反漂綠報告 (Greenwash Safeguards)，對於紛紛表態呼應 2050 年淨零願景的各國，尤其具有深切提醒的作用。

聯合國在 COP 27 締約國大會期間公布名為「Integrity Matters: Net Zero Commitments by Businesses, Financial Institutions, Cities and Regions」的聯合國反漂綠報告，針對企業、金融機構、城市、區域等非國家實體所提出淨零承諾，制定出十項淨零標準建議，以確保他們能提供可靠且全面的淨零承諾，實現淨零排放。聯合國反漂綠報告提出下列關鍵考量：淨零承諾於必須將升溫限制在 1.5°C 的情景下，目標涵蓋所有溫室氣體排放及其所有相關範圍，並應詳細而具體制定計畫，以實現淨零承諾，包括說明降低受轉型風險之產業和從業人員的影響。

目前許多非國家實體提出的淨零計畫，涵蓋了參與國際間自願性碳市場碳信用額度運作，由於其碳市場的運作標準、規則和嚴格性相當不明確，因此碳信用額度認定將成為未來推動自願性淨零倡議的嚴重挑戰。所有淨零自願倡議的參與方需加快努力，將其執行成果報告標準化，並以開放公開方式於公共平台提供其自願性淨零倡議相關訊息。我國雖非聯合國會員國，因政治因素暫時無法參與，但對於聯合國規範各國減量核實的共同規定，應該即時及確切的掌握資訊，使我國在達成 2050 年淨零轉型過程中所做的努力，受到國際社會的認可。

二、各國仿效歐盟碳邊境調整機制，碳關稅影響地域範圍擴大

歐洲議會 2023 年 4 月 18 日立法通過「碳邊境調整機制」(Carbon Border Adjustment Mechanism, CBAM) 並將於同年 10 月開始試行推動，2023 年 10 月至 2025 年底為過渡期，預計 2026 年正式實施。受管制的高碳產業製品，必須取得 CBAM 憑證後，產品才能進入歐盟。CBAM 第一階段納管水泥、鋼鐵、鋁、肥料及電力等五大高碳排產業。雖然此五大產業並非我國主要出口項目，但 CBAM 真正的影響係在於由此引發各國研訂碳關稅法令的風潮。目前美國、英國及日本等國亦已開始研擬類似 CBAM 的機制，如 2022 年 6 月由美國參議院提出美國版的 CBAM 碳關稅法案——「清潔競爭法案」(Clean Competition Act, CCA) 草案。若如期通過，美國預計將於 2024 年開始徵收碳稅，課徵的對象包含美國當地生產製造及從其他國家進口的產品，納管的產業包含化石燃料及煉油、石化、化肥、氫氣、己二酸、水泥、鋼鐵、鋁、玻璃、紙漿、造紙以及乙醇等行業。美國 CCA 之推動進程比歐盟 CBAM 更快且未規劃試行期，加以歷年來美國為我國廠商出口的最大市場之一，相對較歐盟 CBAM 對我國企業的影響其實更大。

我國企業以出口導向為主，這波風起雲湧的碳關稅趨勢，對臺灣出口廠商將會有產品成本升高、競爭力下降等深遠的影響，並將牽動未來數十年國際貿易趨勢與變局，我國企業不可不慎。政府單位近二年來為協助產業因應國際淨零排放，及綠色供應鏈減碳潮流衍生的碳盤查龐大的需求，已積極推動相關政策輔導與補助措施，協助國內產業建立碳管理能力。未來我國政府為協助產業界因應歐盟「碳邊境調整機制」、美國「清潔競爭法案」等跨國碳關稅規定，在國內除須提供廠商即時與有效的資源輔導外，在國際間可展現我國過去二十年來在溫室氣體量測、報告及查驗 (Measurable, Reportable and Verifiable, MRV)，以及減量相關認證管理經驗與成果，配合環保署徵收碳費認抵之可能性，透過國際認證論壇 (International Accreditation Forum, IAF) 推動之跨國交互認證，以及國際外交與貿易談判管道，建立相互認可之機制，為國內廠商爭取最大利益。

三、企業碳權取得窘急，臺灣碳權交易所應運而生

我國 2050 年淨零排放路徑兩大治理基礎之一的「氣候法制」工作，於 2023 年 2 月 15 日將「溫室氣體減量及管理法」修正為「氣候變遷因應法」並正式公告，2024 年正式實施。此次的修法除將 2050 年淨零目標入法外，亦將徵收碳費納入。有關碳交易方面，將鼓勵自願減量核發減量額度，以及逐步建立供需機制推動額度交易，行政院經跨部會研商後達成共識，籌組臺灣碳權交易所股份有限公司，並於 2023 年 8 月成立。碳權交易所第一階段將代購國外碳權，提供國內有需求的中小企業購買，以因應來自國內外不同利害相關者之減量要求；此外，碳權交易所並規劃提供企業界之諮詢服務，後續將配合環保署建置交易平台，逐步完備碳交易機制。

政府宣示碳權交易所的成立，標誌著我國企業溫室氣體減量與管理將進入另一新的階段，未來企業界對於碳權的種類、來源、取得及交易等程序與相關規範之專業知能，必須及早建立與準備，熟悉碳權交易與運作流程，降低購買無信用額度碳權之風險。政府單位亦應及早培訓國際碳權交易人才，參照國際規範建立有效透明之交易平台，以利接軌國際，合法取得及交易碳權。

四、生物多樣性繼淨零轉型後，成為企業永續新興重要議題

生態系統提供全球生物賴以維生的食物、淡水、空氣及環境，能緩解自然災害及調節氣候，尤其森林生態系統對於達成全球氣候中和的目標，以及海洋可緩解並調節氣候變遷的角色，皆已受到人類廣泛重視。2020 年世界經濟論壇 (World Economic Forum, WEF) 統計指出，全球有一半以上 GDP（約 44 兆美元）奠基在自然及相關服務上，故企業的營運與自然息息相關。另外，根據 WEF 2022 年全球風險報告指出，「生物多樣性損失」是未來十年內最嚴重的全球風險第三名，僅次於「氣候行動失敗」與「極端天氣」。凡此均顯示生物多樣性的健全與否，關係著自然生態系能否正常運行，也影響人類社會仰賴生物多樣性資源的各類活動。

2022 年 4 月，《聯合國生物多樣性公約》(Convention on Biological Diversity, CBD) 第 15 屆締約國大會 (COP 15) 於中國昆明召開，會前並公布

「2020年後全球生物多樣性框架草案」，作為未來十年全球在生物多樣性議題上的共同目標，受到高度關注與討論。在國際社會倡議方面，已由全球金融機構、企業、政府和民間社會等各方合作，仿效企業界已熟知的氣候相關財務揭露 (Taskforce on Climate-related Financial Disclosures, TCFD) 規範之架構，針對自然生態訂定自然相關財務揭露 (Taskforce on Nature-related Financial Disclosures, TNFD)，以協助全球組織管理及揭露與其企業經營相關之自然風險，提高與自然相關的金融風險透明度，並將自然融入金融和商業決策。

相對於 TCFD 議題已有國內外相關法令及國際倡議之大力推動，TNFD 議題於國際永續供應鏈之要求尚在醞釀當中，其規範之相關管理程序及技術準則亦尚在研議中，但因國內企業對其意涵與內容較為陌生，以及其與氣候變遷議題之高關聯性，後續影響實不容小覷，在此提醒企業界應持續關注此一永續新興重要議題。

15.3　結語：政府與企業之因應

全球氣候變化引發之影響空前廣泛，可能導致全球自然生態、環境資源、社會經濟的重大衝擊，因應全球氣候變化可能引發的衝擊，政府及企業之氣候治理需要發展並應用新思維、新策略及新技術才始能緩解。全球氣候治理自聯合國《氣候變化綱要公約》生效後，歷經《京都議定書》以至於《巴黎協定》，迄今已歷經三十年。我國政府已與國際 2050 年淨零排放進程齊步，企業也須學習調整經營模式與運作系統，進而減少氣候變遷造成之衝擊，創造更符合未來全球氣候變遷的有利契機，此亦將是國家與企業未來必須認真面對的關鍵議題。

近年來我國各政府單位針對淨零與永續議題相關政策之推動相當積極，如「臺灣 2050 淨零排放路徑及策略總說明」、「淨零排放路徑 112-115 綱要計畫」、「氣候變遷因應法」、「公司治理 3.0 永續發展藍圖」、「上市櫃公司永續發展路徑圖」及「上市櫃公司永續發展行動方案」，以及「綠色金融行動方案 3.0」等，積極因應國際發展趨勢，不斷地調校修正政府相關政策與策

略，因應速度之快、推動力度之高、影響之深遠，誠然為過去前所未見，確實值得肯定。

政府應選擇回應聯合國《全球氣候變化綱要公約》及《巴黎協定》的最有利定位，並持續確保淨零策略管理與國際接軌，積極落實因應氣候相關議題之策略及具體目標，推動有效的氣候治理政策。此外，宜強化與產業界之意見溝通，加速氣候變遷法相關子法與實施細則之訂定進度，在中央政府有力的主導氣候轉型下，責令各部會、地方政府各局處均全面配合 2050 年淨零排放路徑及推動各項綱要計畫。

企業在面對國內外來自碳定價（如碳費、碳關稅）相關之淨零排放要求與壓力，應先確認自身於產業價值鏈中之角色與定位，完整地認知國內外淨零排放相關政策及法規，以組織碳盤查、產品碳足跡及能源管理為基底，有效管控產品價值鏈所產生的碳足跡，以鑑別企業排放熱點，規劃能源管理及減碳做法。此外，企業高層應重視企業永續 ESG 相關議題，積極關注氣候變遷、永續金融、生物多樣性風潮中所衍生的企業風險，並應積極評估及制定減量或淨零目標之時機與期程，滿足不同利害相關者對於碳排放揭露資訊內容之要求，降低企業運營風險，並加快組織經營之淨零轉型，在永續浪潮中趁勢而為，再創新局。

習題

1. 試說明永續發展目標通過後，經人類社會努力所獲致之正面成果。

解答 依據聯合國「全球永續發展報告」指出，如極端貧困和兒童死亡率持續下降，防治愛滋病毒和肝炎等疾病方面，以及性別平等目標都取得積極成果，最貧窮國家電力供應增加，可再生能源在能源組合中的比重也增加，全球失業率恢復到 2008 年金融危機前的水平。

2. 何謂「2030 年永續發展議程」決定性原則及每個國家之共同承諾？

解答 「不遺落任何一個人」(Leave no one behind)。

3. 依據聯合國「全球永續發展報告」顯示，永續發展目標迄今之達成情形為何？

解答 大約 50% 的具體目標略微或嚴重偏離軌道，超過 30% 的具體目標沒有變化或倒退到 2015 年基線以下。

4. 聯合國「全球永續發展報告」指出，面對永續發展目標進度落後之窘況，需要採取緊急行動的五個關鍵領域為何？

解答 加速因應行動、消除貧困和減少不平等、加強治理能力和問責制、國際支持和投資、強化多邊合作。

5. 聯合國在 COP 27 締約國大會期間公布名為「Integrity Matters：Net Zero Commitments by Businesses, Financial Institutions, Cities and Regions」的聯合國反漂綠報告，針對企業、金融機構、城市、區域等非國家實體所提出淨零承諾，有哪些關鍵考量？

解答 淨零承諾於必須將升溫限制在 1.5°C 的情景下，目標涵蓋所有溫室氣體排放及其所有相關範圍，並應詳細而具體制訂計畫，以實現淨零承諾，包括說明降低受轉型風險之產業和從業人員的影響。

6. 請說明歐洲議會於 2023 年 4 月 18 日立法通過「碳邊境調整機制」之主要內容，及其對我國企業之影響。

解答 從 2023 年 10 月至 2025 年底為過渡期，預計 2026 年正式實施；受管制的高碳產業製品，必須取得 CBAM 憑證後，產品才能進入歐盟。CBAM 第一階段納管水泥、鋼鐵、鋁、肥料及電力等五大高碳排產業。我國企業以出口導向為主，這波風起雲湧的碳關稅趨勢，對臺灣出口廠商將會有產品成本升高、競爭力下降等深遠的影響。

參考文獻

United Nations. (2023). *The Sustainable Development Goals Report*. Retrieved from https://unstats.un.org/sdgs/report/2023/.

United Nations. (2021). Our Common Agenda. Retrieved from https://www.un.org/en/common-agenda.

Global Compass. (2004). Sign In. Retrieved from https://www.globalnikompas.cz/en.